本书得到以下项目的资助：
国家自然科学基金面上项目（71874151）
教育部人文社会科学研究规划基金项目（18YJA630134）
浙江省哲学社会科学规划课题（20NDJC127YB）

前沿·学术·经典
经管文库·管理类

农地利用的宏观转型诱导及其环境影响研究

Transition-induced Farmland Use and Its Environmental Impact

游和远／著

经济管理出版社
ECONOMY & MANAGEMENT PUBLISHING HOUSE

图书在版编目（CIP）数据

农地利用的宏观转型诱导及其环境影响研究/游和远著. —北京：经济管理出版社，2020.11
ISBN 978-7-5096-7743-8

Ⅰ. ①农…　Ⅱ. ①游…　Ⅲ. ①农业用地—土地利用—研究—中国　Ⅳ. ①F321.1

中国版本图书馆 CIP 数据核字（2020）第 245027 号

组稿编辑：杨国强
责任编辑：杨国强
责任印制：黄章平
责任校对：张晓燕

出版发行：经济管理出版社
（北京市海淀区北蜂窝 8 号中雅大厦 A 座 11 层　100038）
网　　址：www. E-mp. com. cn
电　　话：（010）51915602
印　　刷：北京虎彩文化传播有限公司
经　　销：新华书店
开　　本：720mm×1000mm/16
印　　张：14.5
字　　数：222 千字
版　　次：2020 年 12 月第 1 版　　2020 年 12 月第 1 次印刷
书　　号：ISBN 978-7-5096-7743-8
定　　价：98.00 元

序

农村土地制度改革与农地利用演变对于中国农村改革和农业发展至关重要，引导农地利用是中国破解“三农问题”的一个突破口。改革开放以来中国所发生的社会经济转型深刻影响了土地利用结构、时序、空间，土地利用也通过物质产出、空间容纳与环境供给保障了中国经济发展，土地利用与社会经济的宏观转型存在着复杂的相互作用。中国的农地利用有效保障了国家的粮食安全和农民的生产生活。但当前也存在着农地利用集约水平过高、农业景观破碎化、农地利用引起环境恶化等问题，农地利用在促进“农业高质高效、乡村宜居宜业、农民富裕富足”方面可发挥的作用仍然有待突破。

当前涉及农地利用影响因素的研究很多，游和远完成的专著《农地利用的宏观转型诱导及其环境影响研究》在已有文献的基础上，将过往更多关注微观的农户特征、耕地禀赋、农业生产环境等因素对农地利用的影响，拓展到农地利用变化背后无法抗拒的宏观转型的力量，拓展到宏观转型对农地利用影响后所发生的环境效应，拓展到农地利用对人的健康的影响。纵观全书，该书具有以下三个特点：

第一，提出了一个宏观转型诱导农地利用变化的分析框架。农地经营主体背后存在着微观的农地利用影响因素更容易被直观地观察到，但本书观察到了微观的农地利用影响因素并不能摆脱宏观转型的影响。研究中从复杂的宏观转型中寻找到了构建可量化的多维度的农村转型体系和经济转型指标体系的思路，解释了宏观尺度的社会经济转型中单一变量以及多变量构成的特定维度对农地利用变化的作用。这对于理解当前农地利用出现的偏差诱因，判断宏观社会经济政策对农地利用的作用，寻找引导农地可持续利用的路径都有重要启发。同时，这一研究将过往分散的宏观尺度变量对农地利用的影响统一到了宏观转型这一框架下，分析框架具有较好的推广性。

第二，明确并运用了符合转型期生态文明的农地利用价值取向。无环境污染的农地利用在当前技术水平下实现起来非常困难，而农地利用同样需要打造人与自然和谐共生的发展新格局，实现绿色利用促进农业绿色发展。书中提出包含环境污染的非期望产出应作为农地利用的成本，客观存在也无法回避，但这个成本应该是“可接受环境影响”。书中将碳排放作为农地利用获得期望产出的必要环境成本，提出了碳排放效率有效下的适度农地集约利用，这实际上强调了农地利用需要在增加经济产出与降低环境负面影响等非期望产出中寻找到一种均衡，这对于当前如何实现稳定农业生产与改善农村农业环境之间的平衡具有重要启发。

第三，揭示了“宏观转型—农地利用—环境影响—人的发展”发生复杂关系的路径。不论是宏观转型对农地利用的环境后果的影响，以及农地利用对人的健康的影响，在逻辑上很多时候并不存在直接的可观察关系。书中结合中国当前的农地制度改革，引入了中介变量，以农地流转这一中介变量贯通起城镇化与农地利用碳排放，以农地利用投入这一中介变量贯通起农地流转与人的健康，从而探寻了潜在的宏观转型、农地利用与环境影响三者间存在的作用路径，这在一定程度上拓展了涉及农地利用的研究深度与广度，也有利于更加全面地观察农地利用变化的起源、过程与结果。

作者对本书的研究始于博士阶段对土地利用的碳排放问题的关注，在博士阶段作者认为土地利用所存在的对环境的损害或许是当前实现土地利用经济目的必须承受的成本，但土地利用的生态影响与资源强度应该降低到一个至少与土地估计承载能力一致的水平，从而可以保障土地利用的可持续性，基于这个判断，作者发表了系列论文。近年来，作者将研究的视野更加前移，关注农地利用变化中无法规避的社会经济转型的驱动作用，试图寻找到农地利用变化某种程度上同样也是宏观转型的一个伴生的过程，农地利用所存在的环境问题也是宏观转型的一个成本，从而希望更加客观全面地判断当前中国农地利用的影响因素及其控制路径。作者的研究不断加深对农地利用中更加细致领域的观察，并取得可信可靠的研究成果。这也是我认为本书是一个扎实的研究的重要表现。

乡村振兴的伟大征程必将深刻影响整个农村的社会经济面貌，也同样在未来相当长的时间内与农地利用及其利用后的结果发生复杂的相互作用，这其中仍然还有很多问题悬而未决。可以预计，未来这一领域仍然是土地科学及其与之相关的交叉学科的研究热点，也希望作者可以在这一领域里作出更多的贡献，取得更多的突破。这本书的出版，凝聚着多年来作者在该领域辛勤的付出。希望这本书的出版，能为国土、农经、地理、环境等领域相关学者的研究和有关部门的工作提供有益的参考。

吴次芳

2020 年 9 月 30 日于浙江大学华家池

前言

20世纪70年代末中国开始改革开放，随着社会经济发生剧烈的转型，中国逐步从高度集中的计划再分配经济体制向市场经济体制转型；从农业的、乡村的、封闭的传统社会向工业的、城镇的、开放的现代社会转型。在此过程中，土地这一最基本的生产要素利用的结构、时序、空间等不断发生演变。农地利用同样支撑着中国创造财富，农地不仅通过自身的农业生产满足国家农产品的需要，而且通过农地非农化促进了城市的快速发展。千差万别的农地利用背后是无数个复杂多样的农地经营主体所包含的微观农地利用影响因素，但微观农地利用影响因素并不能摆脱宏观转型的影响。

引导农地利用，可持续利用农地是重构农业生产、壮大农村集体经济、实现城乡统筹发展的必由之路。为了更好地理解宏观转型对农地利用的影响机制，判断“可接受环境影响”的农地利用价值取向，以及分析农地利用对环境和人的健康的影响，本书在对国内外文献进行综述后，观察了农地利用的数量特征变化（集约变化）、农地利用的空间结构特征变化（农业景观变化）以及农地利用的污染性投入变化，解释了宏观转型对农地利用特征改变的诱导；探究了农地集约利用中的碳排放效率以及以农地流转为中介的城镇化对农地利用碳排放的影响，解释了农地利用对碳排放的影响以及低碳排放价值取向的农地利用优化；分析了农地流转通过农地投入强度对癌症发病率的影响，解释了农地利用对健康的影响。具体方法与结论如下：

（1）构建包括区域城镇化、农业产业化和农业商品化在内的农村转型指标体系，综合层次分析法、德尔菲法和熵权法的三种权重计算农地利用集约度，运用多元回归模型和冗余分析模型分析农村转型对农地利用集约度变化的诱导。在浙江省实证区的研究发现：

城镇人口比重和农业生产满足能力与投入强度呈正相关。城镇人口比重、二三产业发展水平和城乡收入差距与产出强度呈正相关，粮食播种面积比重和经济作物比重与产出强度呈负相关。农业科技服务和粮食播种面积比重与利用度呈正相关，农业机械化与利用度呈负相关。冗余分析表明，区域城镇化的单一影响与农业商品化的单一影响相似。这些影响高于农业产业化的影响。同时，区域城镇化和农业商品化在2个维度共同影响中发挥了最重要的作用。区域城镇化、农业产业化和农业商品化的3个维度共同影响最大。农地利用集约度的变化更多地受到区域城镇化和农业商品化的影响。

（2）构建包括全球化、分权化与市场化在内的经济转型指标体系，解译时间序列遥感图像，量化景观指标，运用结构方程模型对农业景观变化与经济转型之间的关系以及不同空间规划区中的土地利用/覆被因素进行可视化和比较。在浙江省宁波市实证区的研究发现：

农业景观变化在两个空间规划区呈现相似的趋势；然而，农业景观变化在非城市规划区比城市规划区更重要。在非城市规划区农业景观以更快的速度转变为分散、不规则、减少和孤立模式。两个空间规划区的经济转型驱动因素和土地利用/覆被中介因素存在显著差异。对于城市规划区，经济转型通过建设用地形态变化和水域空间密度增加影响农业景观变化。对于非城市规划区，经济转型通过林地形态变化和建设用地空间密度增加影响农业景观变化。此外，农业景观变化决定因素的相对重要性在两个空间规划区之间有所不同。在城市规划区，市场化对农业景观变化的影响发挥了更为关键的作用，而非城市规划区的分权化对农业景观变化的影响更大。

（3）运用向量自回归模型，完成单位根检验、协整检验、格兰杰因果检验、脉冲响应函数分析和方差分解，分析由城镇人口比重和二三产业比重表征的城镇化对农药使用强度、化肥使用强度和农膜使用强度三类农地利用中的污染性投入变化的诱导。在湖北省实证区的研究发现：

城镇人口比重和二三产业比重冲击后，农药使用强度最初的响应分别为正值和负值，响应持续上升。城镇人口比重和二三产业比重冲击后，化肥使用强度的初始响应分别为正值和负值；反应先减少后增加。城镇人口比重冲击后，农膜使用强度的响应先增大后减小，但二三产业比重冲击的响应则相反。此外，对其自身冲击，农药使用强度、化肥使用强度和农膜使用强度的响应在最初为正向响应，并呈现下降趋势。基于方差分解，自身的冲击，解释了初始阶段农药使用强度、化肥使用强度和农用薄膜使用强度变化的原因。然而，随着时间推移，城镇人口比例的增加在后期农药使用强度的变化中起着至关重要的作用。同样，城镇人口比例对农膜使用强度变化的贡献持续增加。

（4）构建农地集约利用度计算模型与农地集约利用投入产出指标，计算中国 31 个省份的农地集约利用度；基于松弛测度模型，构建 SBM 模型投入产出指标，计算各省份的农地集约利用碳排放总效率、技术效率与规模效率。研究发现：

农地集约利用程度高低与农地集约利用碳排放总效率高低并不保持普遍一致；农地集约利用碳排放总效率有效省份集中分布在西部地区，农地集约利用度较高的长三角、珠三角、京津冀地区主要省份的农地集约利用碳排放总效率普遍较低；区域农地集约利用碳排放技术效率不足是导致总效率偏低的主要原因，而规模效率不足对总效率影响较小。因此，提高农地利用集约水平与控制农地利用碳排放量容易陷入两难选择的困境，理想的碳排放效率可以寻找到以碳排放作为成本，有适度的农地利用集约水平。针对总效率无效省份，给出调整投入冗余量、期望产出不足量与非期望产出冗余量的低碳优化方案，并构建结合了东部、中部、西部地区区域农地利用与经济发展特点的低碳优化策略。

（5）构建城镇化—农地流转—农地利用碳排放分析框架，关注城镇化的人口城镇化、就业城镇化、土地城镇化三个方面，选择农地流转规模、农地流转去向、流转耕地用途分别作为中介变量，并在控制农业经济因素、农业结构因素、农业规模因素以及东部、中部、西部区域差异后，运用中介效应检验模型实证分析城镇化对农地利用碳排放的影响路径。研究发现：

人口城镇化对农地利用碳排放有显著负向影响；人口城镇化对农地流转规模、农地流转去向以及流转耕地用途三个中介变量均产生显著正向影响；

在人口城镇化和农地利用碳排放之间，农地流转规模存在遮掩效应而中介效应不成立，农地流转去向、流转耕地用途发挥部分负向中介效应；人口城镇化对农地利用碳排放均产生负向直接效应。就业城镇化对农地利用碳排放存在显著负向影响；就业城镇化对农地流转规模、农地流转去向以及流转耕地用途三个中介变量均产生显著正向影响；在就业城镇化和农地利用碳排放之间，农地流转规模产生正向完全中介效应，农地流转去向以及流转耕地用途则产生负向完全中介效应。土地城镇化对农地利用碳排放存在显著负向影响；土地城镇化对农地流转规模、农地流转去向以及流转耕地用途三个中介变量均产生显著正向影响；在土地城镇化和农地利用碳排放之间，农地流转规模产生正向完全中介效应，而农地流转去向、流转耕地用途中介效应均不成立。

（6）基于“农地流转—污染性投入”构建农地利用对健康的影响分析框架，分析由农地流转比重、非粮种植比重和非农户比重表征的农地流转，通过农药使用强度、化肥使用强度这 2 个中介变量，影响食管癌发病率和直肠癌发病率这 2 个健康变量的特征。完成 ADF 单位根检验、Johansen 协整检验以及格兰杰因果检验这 3 个前置检验确定实证模型，再运用状态空间模型和中介效应检验模型动态视角检验各变量间的影响路径。在浙江省萧山区实证区的研究发现：

在农用地利用影响健康的过程中，农地流转直接效应和污染性投入强度的中介效应并存：化肥使用强度对食管癌、直肠癌发病率有显著的正向影响，农药使用强度对食管癌发病率有显著的正向影响；农地流转比重对化肥使用强度有着显著的负向影响，非粮种植比重对化肥、农药使用强度有显著的正向影响，非农户比重对化肥使用强度有显著的正向影响；农地流转比重、非粮种植比重对食管癌发病率有显著的正向影响，非农户比重对食管癌、直肠癌发病率有显著的正向影响；化肥使用强度在农地流转比重、非粮种植比重、非农户比重与食管癌发病率之间存在显著的中介作用；化肥使用强度在非农户比重与直肠癌发病率之间存在显著的中介作用；农药使用强度在非粮种植比重与食管癌发病率之间存在显著的中介作用。

目 录

❶ 绪 论

1.1 研究背景

转型期，中国的土地利用伴随着改革开放40多年来的宏观转型。改革开放40多年来，中国逐步从高度集中的计划再分配经济体制向市场经济体制转型；从农业的、乡村的、封闭的传统社会向工业的、城镇的、开放的现代社会转型（刘守英，2018）。在此过程中，人们的生产生活方式、社会各主体的利益诉求、国家发展战略、土地利用技术等不断发生调整，直接或者间接地不断影响土地这一最基本的生产要素利用的结构、时序、空间等。这就要求通过千差万别的土地利用来支撑中国创造财富，改变城乡形态，实现经济转型。改革开放以来，中国的农地利用发生了深刻变化。比较典型的一个案例是家庭联产承包责任制的出现：改革开放前，在人民公社体制下，集体控制农地使用权，并采用了平均主义的农地产出分配方式；改革开放后，家庭联产承包责任制取代了人民公社体制下的生产队制，国家通过将农田平等分配给个体农户，集体农业转变为家庭农业。家庭联产承包经营责任制有效地调动了农民的生产积极性，提高了农业生产率（Lin，1992）。

农地利用变化的影响因素众多。在微观尺度上，农地利用变化的影响因素主要涉及影响农户微观行为的因素（王秀圆和阎建忠，2015），农户特征、耕地禀赋、农业生产环境等与农户农地利用行为密不可分。农户特征中，农业劳动力数量、年需换工数量、健康水平、户主年龄、户主教育水平、农业收入、家庭收入等直接影响农地利用特征（Anley et al.，2007；王秀圆和阎建忠，2015；阎建忠等，2010）。另外，农户土地利用目标差异与农地利用方式有着紧密关系（孔祥斌等，2010）。在更高尺度（中观尺度与宏观尺度）上，农地自然条件是制约农地利用的基本因素，一般情况下，耕地质量较好，相同投入条件下产出较高（Wang et al.，2015）。城镇化水平也是中观尺度与宏观尺度上影响农地利用的关键因素之一（Jiang et al.，2013），城镇化的人口城镇化、经济城镇化和社会城镇化等细化特征都与农地利用的劳动力集约度和农业机械集约度有着紧密关系（柯新利和马才学，2013）。但是，一个很明显的现实是，无论影响农地利用变化的农户微观行为的因素，还是更加宏观的城镇化水平等因素，其背后是更加宏观的中国社会经济发展变化的因素。本书选择农地利用变化的宏观转型诱导及其环境影响，一些让人深思的社会现象也是重要原因。

（1）农地利用是否受宏观转型的诱导[①]。现实中农地利用是由无数个单一的农地经营者实现，因此已有研究很容易观察到农地利用变化受到个体农地经营者特征的影响。但当需要引导农地利用时，却发现靠逐个改变无数个单一的个体农地经营者困难重重。这里有个问题就需要思考，诸如微观的农户特征、耕地禀赋、农业生产环境等是影响农地利用的关键因素，但在这些微观的农地利用影响因素背后，是否存在着宏观转型的诱导，也就是说，这些微观的农地利用影响因素是否存在着更加宏观的社会经济转型的驱动。因此有必要探究农地利用与宏观转型之间的关系，这不仅有利于更加深刻地理解农地利用的影响因素，也为引导区域农地利用提供宏观政策的建议。

（2）农地利用的高度集约是否在环境影响可以接受。粮食安全是中国社会经济稳定的基石[②]。确保国家粮食安全是中国土地政策的根本出发点之一。因此保持一定的农地利用的投入强度在当下的中国是稳定包括粮食产出在内

① 关于宏观转型的内涵，具体见文献综述部分“宏观转型研究”。

② 新闻办就《中国的粮食安全》白皮书有关情况举行新闻发布会［EB/OL］. http：//www.gov.cn/xinwen/2019-10/14/content_5439603.htm，2019-10-14.

的农产品产出的条件之一。但我们又不得不看到中国仍然是世界上使用农药和化肥最多的国家，特别是高集约化农区，宏观尺度下的单位面积农地上所投入的农药、化肥、农膜等农用化学品远超世界平均水平（仇焕广等，2014；You，2016a；张桃林等，2006）。高强度的农用化学品投入存在着巨大的环境风险，是农村水体面源污染与土壤污染的主要原因。因此，有必要平衡农地集约利用与农地利用环境影响。寻找到当下可以接受的作为一定代价的农地利用环境后果，以实现以农业产出为目标的农地集约利用。

（3）农地利用的环境影响是否受宏观转型的影响，在当前建立起两者之间关系的中介变量是什么。在关注农地利用的经济产出的同时，需要判断农地利用的环境影响。在判断农地利用可能受宏观转型诱导的基础上，有理由判断农地利用的环境影响也可能受到宏观转型的影响。一个简单的现象是近几十年中国农村的环境发生了显著恶化①。但宏观转型对农地利用的环境影响的途径及其规律仍然是模糊的，以及在复杂的农地利用变化中，也应该寻找一个典型的可以标识中介变量，构建起农地利用与环境影响之间的关系。

（4）农地利用是否存在广泛的对人的健康的影响。农地利用最直接结果是生产出供人食用的农产品。一定程度上农地利用的产品跟人的健康存在着与工业品更加直接的联系。除此之外，农地利用可能存在的环境污染通过环境暴露而在更广泛的空间里对人的健康存在影响。因此，有理由相信农地利用对人体健康存在影响。在微观上，诸如农产品农药残留等，更容易去识别农地利用对人体健康的影响。但在宏观上，区域的农地利用是否存在对健康显著性的影响则有待进一步识别。

实现理想的农地利用，是众多学者一直努力思考的问题，上面提到的一些现象、问题与思考只是农地利用中存在的一小部分问题。然而要解决这些问题，并不容易。其中两个关键问题是亟待思考的：第一，农地利用如何在中国迅速的宏观转型中作出反馈，我们如何引导农地利用的可持续利用；第

① 一方面，工业和城市污染正向农业农村转移排放；另一方面，来自农业本身的污染也相当惊人。详见报道：中国农村环境正拉响警报污染总量超工业［EB/OL］. http：//money.163.com/photoview/0HH40025/18784.html#p=AN7VIVFC0HH40025&from=tj_wide，2015-04-15.

二，农地利用如何在经济产出和环境影响之间寻找到平衡点。要破解上述两个关键问题并不容易，其背后的逻辑实际上是如何以农地利用为对象，构建起转型期“土地制度—土地利用—人的发展—环境影响”这一全景式土地资源可持续利用治理场景。本书基于研究背景中提到的四个疑惑，围绕着农地利用，观察了农地利用的数量特征变化（集约变化）和农地利用的空间结构特征变化（农业景观变化），分析宏观转型对农地利用特征改变的诱导；观察了农地利用污染性投入的变化以及碳排放的变化，探讨宏观转型下农地利用的环境影响；明确了碳排放效率有效下的适度农地集约利用，分析农地利用的碳排放效率及其低碳优化，选择了农地投入强度为中介变量，解释农地流转对人的健康的影响。研究试图为更深层次理解转型期中国的农地利用变化规律和环境效应提供一个新视角的分析框架。

1.2 研究目的与研究意义

1.2.1 研究目的

中国土地管理中，主要将土地类型分为农用地、建设用地和未利用土地。尽管从自然属性看，三种土地类型都是人类可持续发展中不可或缺的资源，但在中国快速城镇化进程中，中国的土地政策一直在强调保护耕地等农用地，并因此采取了世界上最严格的耕地保护政策。其原因有二：一是中国有 14 亿人口，粮食安全是中国永远无法回避的头等大事；二是中国规模庞大的农地不断地转变为建设用地，满足中国城镇化进程中对建设用地的需求。不可否认，在中国，农地的保护与利用不得不经常让步于社会经济发展的需要。为此，我们需要去剖析到底是什么因素影响着农地利用的变化，这对于保护农地实现农地可持续利用至关重要。当我们面对着无数个复杂多样的农地经营主体时，似乎很容易观察到微观影响因素对农地利用的影响。但微观影响因素背后的整个宏观的社会经济转型，在逻辑上它必然塑造着千差万别的农地利用微观影响因素。同时，农地作为农村最重要的生产资料，也是当前实现城市与农村之间的“剪刀差”的制度安排①，社会经济转型中也可以直接通过土地制度安排影响农地利用。因此，有必要探究宏观转型诱导农地利用变化的规律。

农地利用的环境风险是客观存在的。农地利用过程中伴随着大量的污染性投入，在管控措施不到位的时候，污染性投入很可能导致坏的环境影响。农地利用的环境影响显然也与个体农地经营者的特征有关系，但按照宏观转型与农地利用之间潜在关系的逻辑，有必要分析宏观转型对农地利用环境影响的作用。除此之外，尽管不否认农地利用需要追求一定的经济产出而付出一定的环境代价。只是这个环境代价在当前是否合理，也需要一个科学的判断。因此，本书选择了农地利用污染性投入以及农地利用的碳排放两个观察点，以分析宏观转型对农地利用环境影响的作用以及农地利用可接受的环境代价。

“人的发展”是农地利用最终的目的，而健康是“人的发展”的最根本需要。因此有理由分析农地利用对人的健康影响。但做这个分析时，有几个问题需要回答。首先，宏观尺度还是微观尺度的研究尺度问题，既是判断区域性的健康问题，也是个体健康受农地利用的影响。其次，研究的时点问题，是瞬时的健康风险，还是一定时间跨度的健康结果。基于整个研究的设计，本书同样试图从区域的尺度去判断一定时间跨度内农地利用的变化对健康的影响。然后，选择哪一类的健康指标作为分析对象。当前中国涉及疾病的数据多数涉密。在数据可收集的前提下，选择“癌症”这一中国关注度较高的公共健康作为切入点。最终本书将初步探索宏观转型中农地利用对癌症发病率的影响。

1.2.2 研究意义

（1）在实践上，科学研判了典型地区宏观转型诱导农地利用变化及其环

① 新中国成立以来，工农业产品之间的价格差是最早的城乡之间的“剪刀差”。土地有偿使用制度建立起来后，通过征地制度而发生的土地增值，以及土地增值收益在农村和城市之间不平等的分配被认为当前城乡之间的“剪刀差”。

境影响的现实特征及其引导路径。

农地利用是中国解决“三农”问题的一个突破点。围绕着农地利用，诸如“三权分置”改革等政策一直在推进中，可持续的农地利用是重构农业生产与农村集体经济的必由之路。但附着在农地利用上的利益诉求，外部环境的变化不断诱导着农地利用的变化，以及由此产生的环境风险却是随之出现的新问题。深究之，其根源在于家庭承包经营制下的农业经营主体对农地的利用，不仅受微观农户特征等因素的影响，更加宏观的社会经济转型也不断推动着农地利用的变化。同时，过度强调农地利用的经济产出，很容易忽视农地利用的外部性。为此，本书构建模型分别分析了宏观转型对农地利用特征改变的诱导以及宏观转型对农地利用的环境影响的改变，揭示其现实特征。同时，基于典型区域的实证，研究中得到的规律性的结论和提出的政策启示，为相关部门提供经过严谨论证的引导转型期可持续的农地利用的工具。

（2）在理论上，增加了农地利用与农地利用环境影响问题的研究广度与深度。

本书属于宏观转型、土地利用与生态环境的交叉领域。本书按照“宏观转型—农地利用—环境影响—政策启示”的逻辑，在中国转型这一时代背景下，直观地观察了农村转型诱导农地利用的集约变化，经济转型诱导农地利用的景观格局变化，分析了城镇化诱导农地利用的污染性投入变化以及农地利用碳排放的影响及其受城镇化驱动的规律，全面探究了宏观转型与农地利用变化内在的逻辑关系，增强了研究的理论性和系统性。同时，现实问题分析中采用多元回归模型、冗余分析模型、结构方程模型、VAR 模型、DEA 模型、中介效应分析模型等，并且在处理土地利用的空间结构时，采用了遥感数据分析，多方法的运用进一步增强论证的科学性与可信性。

1.3 研究方法与技术路线

1.3.1 研究方法

（1）文献研究。文献研究提供了开展逻辑分析的依据。笔者阅读整理了国外学者在关于宏观转型与农地利用及相关环境问题等方面研究公开发表的学术论文及可获的部分工作报告，从而熟悉了西方学者做研究的方法与思路，并分析当前国内研究存在的优缺点，进一步明晰了研究的方向和目标。

（2）多元回归模型与冗余分析模型。选择逐步回归程序来解决多重共线性问题，从而分析因变量与自变量之间的关系。冗余分析是一种提取和汇总一组响应变量中的变化的方法，可以通过一组解释变量来解释。冗余分析是一种直接梯度分析技术，它总结了一组解释变量“冗余”（即“解释”）的响应变量分量之间的线性关系。冗余分析通过允许在多个解释变量上回归多个响应变量来扩展多元线性回归。因此，冗余分析被用于包含多指标的某一维度对因变量的解释。在本书中，宏观转型的某一维度很难用单一指标描述，因此选择冗余分析可以观察宏观转型的某一维度（方面）对需要观察的因变量的影响。

（3）结构方程模型方法。结构方程模型弥补了部分无法直接定量变量的定量解决问题。通过结构方程模型建立经济转型诱导农地利用的景观格局变化分析模型，通过引入合适的潜变量对本质上具有模糊性和复杂性，从而使需要多变量观察的农业景观变化、经济转型、景观特征进行定量分析。

（4）向量自回归（Vector Auto Regression，VAR）模型。VAR 模型用于捕捉不同情景下随机扰动对变量的动态影响，并且 VAR 模型中的每个变量都有一个方程，该方程基于其自身的滞后和其他变量的滞后解释其演变。VAR 模型用以分析城镇化对农地利用中污染性投入的冲击。

（5）数据包络分析（Data Envelopment Analysis，DEA）模型。DEA 模型分

析多投入多产出条件下的相对效率具有优势。但在传统 DEA 工具中，需要通过“污染物作为投入处理”或者“数据转换函数处理”等途径将其纳入效率分析模型中，但同时也存在破坏真实性与效率结果不精确的问题。非径向非角度 SBM 模型，则直接将非期望产出纳入产出，从而实现将松弛变量直接放入目标函数中的目的，也避免了径向和角度选择差异所带来的偏差。这一方法解决了将农地利用的环境影响作为“非期望的产出”纳入 DEA 模型。

（6）中介效应分析模型。中介效应是指自变量 X 通过一个或一个以上中介变量 M 影响因变量 Y 的作用程度。研究中介效应主要目的是探究自变量对因变量影响的机制和路径，即自变量是直接影响因变量，还是通过中介变量间接影响因变量。中介效应分析模型中的 Bootstrap 方法被选择用以观察基于农地流转的中介变量，城镇化对农地利用碳排放的影响。

1.3.2 技术路线

图 1.1 为本书的技术路线。

首先在数据准备阶段，完成统计资料、文献资料和空间数据的收集与整理。基于“宏观转型—农地利用—环境影响—政策启示”的分析框架，在农地利用的宏观转型诱导分析阶段，完成农地利用的集约变化——农村转型诱导，农地利用的景观变化——经济转型诱导，农地利用的污染性投入变化——城镇化诱导三部分内容的分析。

其次在农地利用的环境影响分析阶段，完成农地利用集约化的碳排放——基于效率的分析，农地利用碳排放的城镇化影响——基于农地流转的中介作用，农地利用对健康的影响——基于“农地流转—污染性投入”分析三部分内容的研究。

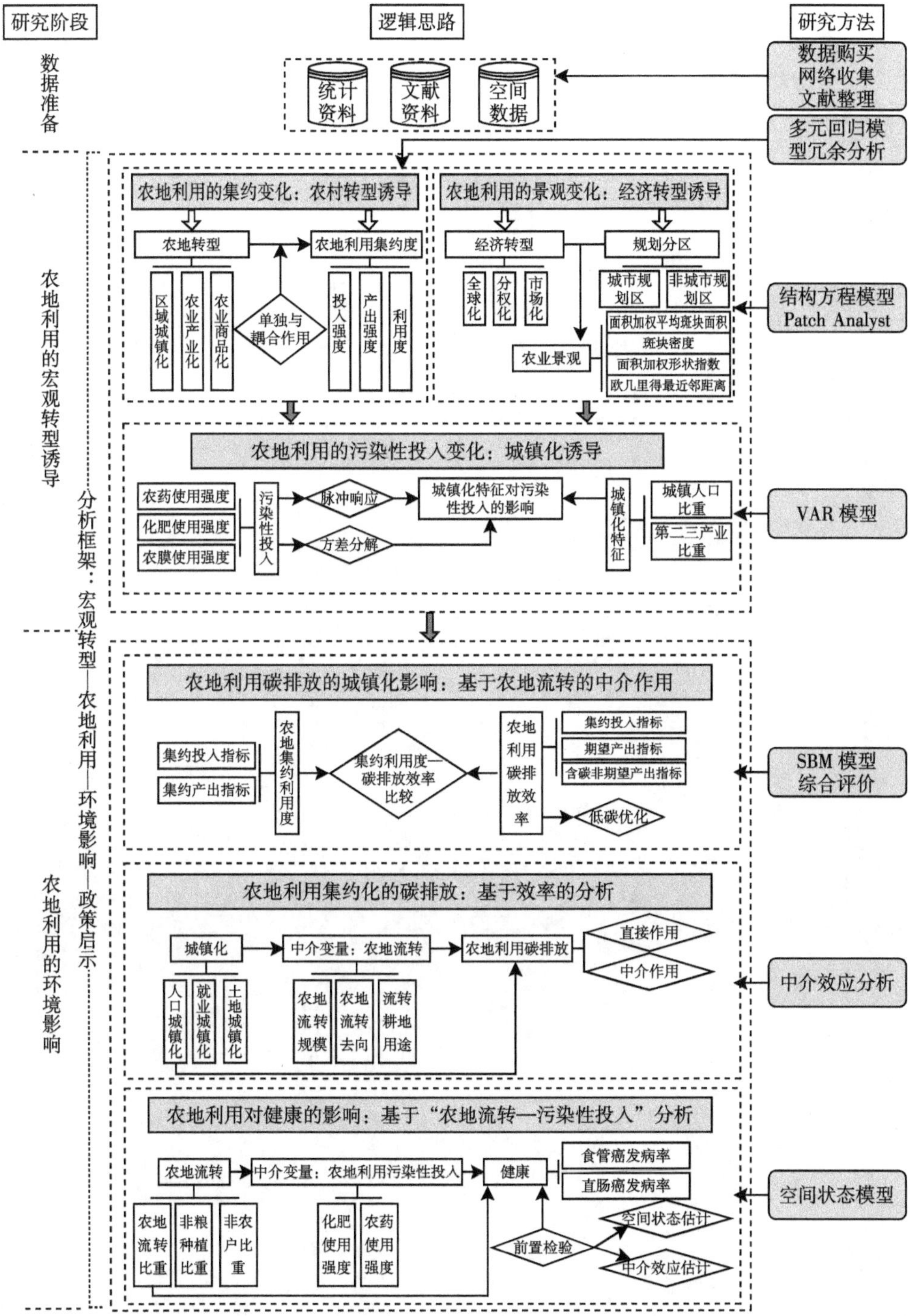
研究阶段
逻辑思路
研究方法
数据准备
统计资料
文献资料
空间数据
数据购买
网络收集
文献整理
多元回归模型冗余分析
农地利用的宏观转型诱导
农地利用的集约变化：农村转型诱导
农地转型
农地利用集约度
区域城镇化
农业产业化
农业商品化
单独与耦合作用
投入强度
产出强度
利用度
农地利用的景观变化：经济转型诱导
经济转型
规划分区
全球化
分权化
市场化
城市规划区
非城市规划区
面积加权平均斑块面积
斑块密度
面积加权形状指数
欧几里得最近邻距离
农业景观
结构方程模型
Patch Analyst
农地利用的污染性投入变化：城镇化诱导
农药使用强度
化肥使用强度
农膜使用强度
污染性投入
脉冲响应
方差分解
城镇化特征对污染性投入的影响
城镇化特征
城镇人口比重
第二三产业比重
VAR 模型
分析框架：宏观转型—农地利用—环境影响—政策启示
农地利用的环境影响
农地利用碳排放的城镇化影响：基于农地流转的中介作用
集约投入指标
集约产出指标
农地集约利用度
集约利用度—碳排放效率比较
农地利用碳排放效率
集约投入指标
期望产出指标
含碳非期望产出指标
低碳优化
SBM 模型
综合评价
农地利用集约化的碳排放：基于效率的分析
城镇化
中介变量：农地流转
农地利用碳排放
直接作用
中介作用
人口城镇化
就业城镇化
土地城镇化
农地流转规模
农地流转去向
流转耕地用途
中介效应分析
农地利用对健康的影响：基于“农地流转—污染性投入”分析
农地流转
中介变量：农地利用污染性投入
健康
食管癌发病率
直肠癌发病率
农地流转比重
非粮种植比重
非农户比重
化肥使用强度
农药使用强度
前置检验
空间状态估计
中介效应估计
空间状态模型

图 1.1　技术路线

❷ 文献综述

2.1 宏观转型研究

宏观转型的内涵丰富[①]。在已有研究中，更多关注经济转型。但经济转型只是宏观转型的一个方面，社会层面的转型同样会伴随着经济转型。宏观转型应该与西方学术中的广义转型论中的社会转型（Socail Transformation）的内涵接近，它是包括了经济体制转变、社会结构变动、社会形态变迁以及转型在内的一个逐渐变化的过程（刘少杰，2014）。宏观转型是整个社会从一种类型向另一种类型转变的过渡过程，即是从“传统型”向“现代型”的转变（王帆宇和朱炳元）。刘少杰（2014）对广义转型论中的社会转型在内涵上进行了阐述，认为社会转型包括经济体制转变，指从计划经济体制转变为社会主义市场经济体制；社会结构变动的含义则比较宽泛，其基本含义是社会的各种构成要素及其相互关系都发生了明显变化，亦即个体交往、分层流动、群体组织、制度关系、利益格局以及行为方式、生活方式和价值体系都发生了总体性变化；社会形态变化，即中国社会发生了从传统社会向现代社会、农业社会向工业社会、封闭社会向开放社会的变迁；而社会转型的过程论，

① 本书中提到的宏观转型的内涵，没有统一的科学定义。本书用宏观转型来描述社会经济转型的多个维度，并统筹全书中涉及社会经济转型的多个方面的内容。

则认为中国社会进入转型期，社会生活各方面开始了一个逐渐变化的历史过程（刘少杰，2014）。本书中宏观转型的内涵与之阐述的社会转型内涵相似。如果描述改革开放以来的中国宏观转型，简单地讲，就是改革开放40多年来，中国逐步从高度集中的计划再分配经济体制向市场经济体制转型；从农业的、乡村的、封闭的传统社会向工业的、城镇的、开放的现代社会转型（刘守英，2018）。

经济转型是宏观转型的核心组成部分。以经济领域中的转型为基础所引发的论争构成了整个转型研究中一条绕不开的研究主线（王谦和文军，2019）。关于经济转型的文献主要集中在前社会主义国家（苏联、中国和越南）（Havel，2014；Kemper et al.，2015；Li et al.，2015；Müller et al.，2013；Su et al.，2011b；Zeković et al.，2015）和一些发展中国家（如印度和保加利亚）（Ivanova et al.，2006；Mittal and Kashyap，2015）。苏联和东欧国家的经济转型的最重要特征是资本主义化，即社会主义经济制度向资本主义经济制度的转型，实现价格自由化、私有化与宏观经济稳定化（洪银兴，2006）。但经济转型的内涵应该更加多样，苏联和东欧国家的经济转型作为特殊时代的结果，有其特殊性。有人认为，经济转型最重大的变化包括土地使用权与所有权的分离，国际和国内贸易的自由化，以及土地资源和资本分配方式的变化（Mittal and Kashyap，2015；Müller et al.，2013；Su et al.，2011b）。欧洲复兴开发银行在其每年一度的《转型报告》的转型指标包括了价格自由化、企业改革、私有化、外汇和外贸自由化、竞争性政策、金融机构改革等（樊纲等，2011）。Wei（2012）归纳了中国经济转型的三个方面：全球化、分权化和市场化。国际贸易自由化使中国面临全球竞争。在全球化背景下，中国吸引了越来越多的海外贸易和投资，对土地的需求也随之增加（Breslin，2000）。市场经济转型的过程是解除政府管制，实现各类要素自由化流动和民众企业经济与政治自由权的回归过程（杨开忠等，2003；柯武刚和史漫飞，2003）。在土地方面，中央政府将权力下放赋予地方政府分配土地资源的权力（He and Zhu，2007）。地方政府为了满足财政需求，获得高经济增长作为政绩，热衷于开发土地市场和批准工业开发区（Wei and Leung，2005；Su et al.，2014f）。越来越多的经济刺激鼓励了急剧的城市扩张。市场化在中国指市场经济体制取代双轨过渡体制的改革过程（张建君，2008）。市场化从两个方面刺激了城市蔓延：一方面，私营企业和工业化的繁荣增加了对土地的需求（Chen et al.，2014；Gao et al.，2014）；另一方面，城市土地市场的发展也增加了土地供应（Ping，2011）。

除了经济转型之外的其他转型也是宏观转型的重要部分。在中国，经济转型中经济体制转轨指从高度集中的计划经济体制向市场经济体制转换。伴随的是社会结构转型指一个社会中社会地位及其相互关系的制度化和模式化的体系从传统型向现代型的转型（郑杭生，2009）。除此之外，宏观转型中，社会成员在价值观念、行为、社会心理等方面会发生转型（洪银兴，2006）。根据研究对象的不同，在上述传统的转型分类基础上，延伸出特定的转型概念。例如，农村地区的宏观转型通常被称为农村转型（Long et al.，2009）。农村转型的过程是广大农村已经从传统的“全耕社会”演进为“半耕社会”，或者说由传统的“农耕社会”演进为“农工社会”（刘奇，2007）。Long 等（2011）将农村转型描述为工业化和城镇化导致的经济和社会条件的变化。农村转型的内容包括主要劳动力非农化、次要劳动力农业化，主业副业化、副业主业化，农民收入多元化、非农收入成为增收；农村人口的城市化；封闭的小农经济走向世界经济一体化；农业经济向社会主义市场经济转变等（蔡运龙，2001）。

在当前中国强调新型城镇化的背景下，城镇化被认为是宏观转型一个典型的过程。城镇化的过程交织着经济转型以及其他方面的转型，但两者又存在着显著差别。城镇化是人口向城镇集中并由此推动城镇发展的过程，以及在此过程中经济结构、社会结构和生产方式的根本性转变（陆大道和陈明星，2015；姚士谋等，2014）。城镇化是多维的概念，城镇化内涵包括人口城镇化、经济城镇化（主要是产业结构的城镇化）、地理空间城镇化和社会文明城镇化（包括生活方式、思想文化和社会组织关系等的城镇化）（牛晓春等，2013；陈明星等，2009；王新越等，2014）。

2.2 宏观转型对农地利用的影响研究

宏观转型中农地利用会发生显著改变。乡村转型发展与土地利用转变密切关系，土地利用转型包括土地显性形态转型与隐性形态转型，当前乡村转型发展对耕地和农村宅基地的影响较大，其背后有中国特殊的城乡二元结构社会体制的重要影响（龙花楼，2012）。在城镇化进程中，快速城镇化加速了耕地的流失，导致耕地减少，这在广东、重庆等地的实证中得到了验证（韩德官，2014）。但从更长的时间跨度看，中国耕地数量变化趋势表现为北方增加，南方减少（Liu et al.，2018）。特别是全国第二次土地调查结果耕地数量比调查前多出了2亿多亩，中国城镇化与耕地数量之间的关系仍然有待进一步厘清（谭永忠等，2017）。城镇化也是中观尺度与宏观尺度上影响农地集约利用的关键因素之一（Jiang et al.，2013），城镇化的人口城镇化、经济城镇化和社会城镇化等细化特征都与农地利用的劳动力集约度和农业机械集约度有着紧密关系（You et al.，2018；柯新利和马才学，2013）。城镇化过程中形成的以农村劳动力转移为标志的农村“空心化”，随着成长期、兴盛期以及稳定期三个阶段的发展，导致农地集约利用水平经历增长、下降、再增长的过程（杨忍等，2013）。在可持续集约利用的视域下，城镇化改善了农地集约利用水平能够保护耕地资源（朱莉芬和黄季焜，2007）。而在观察工业化与农地集约利用水平的关系中，发现1952~1997年工业化与农地集约利用水平之间存在倒U形关系（Zhang et al.，2004）。工业化中对农业生产环节的支持会增加农地利用投入强度，农业技术的推广则会提高农地利用程度（You et al.，2018）。有关学者（马文军等，2018）进行的逻辑和方法梳理性研究，也具有参考价值。农地流转是农地利用中产权再配置的主要途径。已有研究对不同省市、地区的农地流转情况与社会经济变化的关系进行了分析。已有部分研究认为城镇化与农地流转之间存在双向互动关系（张学浪，2018；徐美银，2016；张平，2014；吴波，2011），一方面，农地流转为城镇化提供“人”

“地”“钱”三个不可或缺的要素，为城镇化的发展做好基础准备工作（吴波，2011）；另一方面，随着城镇化的推进，二三产业逐渐兴盛，农村劳动力为了获得更高的收入、改善生活条件，纷纷离开农村而转移至城镇进行非农就业，因而无暇顾及农地，进而选择将农地进行流转。但是，也有学者通过定量的手段发现城镇化与农地流转之间只存在单向因果关系，即我国的城镇化有效促进农地流转，但农地流转对城镇化的推动作用不显著（蔡为民和吴云青等，2017）。而包宗顺等（2009）发现，江苏农村土地流转中由于各地区经济发展水平有巨大梯度差异，导致农地流转存在明显差异。叶剑平等（2006）在17个省1773户农户的农村土地流转市场进行调查后，认为中国农地流转市场仍处于发育的初级阶段，同时农地流转市场表现出显著的区域差异性。农地流转与农业、农民和农村发展效率之间存在非均衡性，农民转型、农村转型滞后于农业转型，其中一个原因是农地流转中没有耦合并重视农地流转与农民转型、农村转型之间的关系，特别是农户的意愿（匡远配和陆钰凤，2016；夏玉莲等，2016）。

宏观转型背景下农业景观格局将发生重大变化。Long 等（2009）发现，在中国经济转型期间，苏锡常地区的农业斑块数量增加，而最大斑块面积减少。Brown 和 Schulte（2011）发现，随着时间的推移，艾奥瓦州的农业景观多样性整体下降。相反，Arvor 等（2012）发现，经济转型时期农业多样性增加。Su 等（2011）证明，随着时间的推移，中国杭嘉湖地区的农业景观变得不规则、破碎和孤立。在中国的苕溪流域（Su et al.，2014e）和钱塘江流域（Su et al.，2014d）也观察到类似的趋势。于伯华和吕昌河（2008）发现，工业发展是北京顺义地区耕地流失的主要驱动因素。而人口城市化和房地产发展则加速了耕地流失。Su 等（2014c）认为，农地碎片化是经济转型时期最明显的特征。Sreeja 等（2015）回顾了探索南营发展中国家生计转型后农业景观的研究。经济转型期间由大规模的农村—城市迁移驱动的城市蔓延是农地景观变化的决定因素（Ding and Lichtenberg，2011；Long et al.，2009；Müller and Sikor，2006；Su et al.，2011a；Su et al.，2014d）。袁艺等（2003）发现，1980~2000 年深圳在快速城镇化期间农地斑块数量先增后减，但面积一直保持下降的趋势。Anys 等（2003）运用遥感技术和 GIS 工具分析了摩洛哥地区城镇化对农地景观的影响。研究发现，从 20 世纪 70 年代到 90 年代，市区建筑物的扩张主要侵占了园地、牧场和旱地；郊区建筑物的扩张主要侵占了旱地、牧场和园地。一些研究还表明，经济转型后所发生的生活方式的转变和随后的种植结构变化也决定了农业景观变化（Arvor et al.，2012；Brown and Schulte，2011；Long et al.，2009；Su et al.，2014e）。

2.3 农地利用的负面影响研究

过度投入的农地利用对环境带来负面影响。农地利用集约度的提高，经常伴随着投入过量的污染性化学品，例如化肥、农药和薄膜，会产生严重的农业污染（Shen and You，2016；Huang et al.，2019b）。农业生产排放造成的地表水体面源污染是中国解决水污染问题中一个棘手的难题（闵继胜和孔祥智，2016；Sun et al.，2012）。重金属污染是农地利用过度投入对环境带来负面影响之一，重金属在农地生产活动带动下进入土壤，使其含量明显高于原土壤背景值含量，从而造成重金属对土壤环境的危害（张清海等，2011）。在中国东南部城市边缘地区的农地表层重金属污染受农业影响较大，化肥的使用是表层土壤重金属集聚的一个重要因素（Hu et al.，2018）。不同农地利用方式中肥料投入的质量和数量的差异是导致农地利用方式中土壤重金属累积差异的主要原因（Zhong et al.，2018b；白玲玉等，2010）。农地利用中化肥等高强度投入也会导致土壤酸化和盐渍化。在浙江省临安市过量施肥和酸雨导致以种植茶树、蚕桑和雷竹等经济作物的产业带土壤酸化（阮弋飞等，2016），土壤酸化会影响土壤中生物的活性，促使游离的锰、铝离子溶入土壤溶液中，对作物产生毒害作用（张桃林等，2006）；印度不良的农地排水系统将导致盐渍化，改良后的农地排水系统不仅可以缓解盐渍化，而且可以新增农地（Singh，2019）。因农膜可以暖化土壤和保持湿度，农膜污染在中国西北干旱地区也较严重（辛良杰等，2016）。要解决农膜污染导致的土壤结构破坏，水与营养运输不畅，从而影响农业生产环境和作物产出这些问题，推进土地利用机械化，更广泛地使用多功能农膜回收机械是一条解决问题的路径（Liu et al.，2014）。除此之外，农地利用中所投入的能源、化肥、农药、地膜以及水稻种植等同时也是重要的农业碳源（乔家君等，2012；李波和张俊飚，2012；黄祖辉和米松华，2011；田云等，2012；杨钧，2012），在技术水平相对稳定的前提下，增加碳源将导致碳排放规模扩大。

不恰当的农地利用对健康带来负面影响。大量排放的农业废水通过流域地表水和地下水的多次相互循环转化进而污染整个水系统（杜习乐等，2011；孙芹芹等，2011）。孙雄燕（2017）在研究滇池流域范围内土地利用变化对水体污染指标的影响时发现，该流域范围内建设用地显著增加，耕地显著减少，整个流域内的水体质量受到40年来土地利用变化的影响而日趋恶化，污染物得以削减程度降低，城镇建设用地对水环境的影响与其在流域内的面积和空间格局关系密切（欧维新等，2014）。谢梦等（2015）调查研究发现，在四川省盐亭县、福建省长乐县等多个消化道肿瘤高发地均发现当地居民饮用暴露面积广的受污染的池塘水或地表水，水污染的主要原因是农业化肥的使用及工业废水的排放。刘宏静（2008）以云南省宣威市来宾镇这个“癌症村”的土壤和农作物为研究对象，结果发现土壤中的致癌物质多环芳烃（PAHs）能被农作物吸收进入食物链，诱发人体癌症发生。邓绍坡等（2011）基于对浙江省台州市某镇的研究，研究发现当地居民致癌风险的主要途径是食物链，蔬菜大米等农作物是致癌危险物质多氯联苯（PCBs）和镉（Cd）的重要来源，是我国食品污染标准的130倍。农地利用与健康之间存在三条主要影响路径：第一，环境暴露路径：土地利用格局影响环境污染的分布，进而影响公共健康；第二，心理路径：土地利用影响公共设施可获得性和社交机会，进而影响心理健康；第三，行为路径：土地利用影响生产、体育和通勤方式，进而影响生理健康（Su et al.，2016a）。在环境暴露路径中，农地利用中产生的污染进入环境，不仅直接危害农业生态系统，而且也对区域水环境和人类健康产生严重危害（袁东波和陈美球，2018；Huijbregts et al.，2000；闵继胜和孔祥智，2016），过量使用化肥和农药的华北高产粮区农田系统潜在水体毒性和土壤毒性呈增长趋势（梁龙等，2011）。农地利用中，家庭与农田的近距离直接影响了使用农药后的毒性影响范围，从而对农业社区的儿童健康产生危害（Lu et al.，2000）。在心理路径中，良好的道路基础设施通过改善人与人之间的社会联系从而缓解人的沮丧和压力（Badland et al.，2015）。绿地和树木可以通过环境影响人的心理状态而减少精神疾病的发生（Factor et al.，2013）。在行为路径中，农地利用中的农药接触会对农业劳动者健康产生危害，对农业劳动者的神经系统、皮肤等产生急性或者慢性的毒害，并与农业劳动者的癌症患病率存在关联（Remor et al.，2009；杨志清，2006）。

已有研究一直在探寻降低农地利用负面影响的对策。降低农地利用负面影响的对策需要将政治、经济、社会、环境等多种因素纳入政策制定的视域（Gourley and Ridley，2005）。在控制过度投入的农地利用减少对环境带来负面影响方面，地域之间政策有显著差异：欧盟的命令控制型政策适用于涉及农户少、农业种植类型或农场类型同一的情况，美国的经济激励型政策适用于涉及农户较多、农产品市场体制比较完善、价格形成机制灵敏的情况，日本的公众参与型政策适用于相关农业团体较多、经济实力较强的地区（李芳等，2017）。在微观层面减少农地利用中的化学品投入的途径主要分为两类：一是直接控制化学品投入，限定化学品投入因素并限定间接监测的排放量（Helfand and House，1995）；二是间接经济激励减少化学品投入，对生产投入进行征税或补贴和对间接获取的排放量课税（Shortle and Horan，2001）。除此之外，教育与培训政策能够有效引导农户采用环境友好型技术，但适当组合间接经济激励减少化学品投入的政策措施则可以改善引导效果（罗小娟等，2013）。在控制不合理的农地利用减少对健康带来负面影响方面，控制好控制过度投入的农地利用减少对环境带来负面影响方面是前提条件（Liang et al.，2019；Hendryx et al.，2012）。在农地利用中通过健康评价构建起土地利用与公共健康的政策之间的内在逻辑是制度上的一个重要突破（Zhou et al.，2017）。土地管制政策对控制不合理的农地利用减少对健康带来负面影响有重要作用，土地污染场地政策应该在法律标准、监管机构、监管能力等方面实现对污染场地的可持续管理（骆永明等，2016）。在控制欠平等的农地利用减少对社会公平带来负面影响方面，要求管理者和决策者在规划和管理公共土地时，应该保证所有管理决策效应对所有群体是公平的（江海燕等，2010）。

2.4 文献评价及研究切入点

现有的文献研究成果，围绕着宏观转型、宏观转型对农地利用的影响以及农地利用的负面影响，从多个角度分析了转型期中国的特征以及在此过程中农地利用，现有的研究成果一定程度上解释了部分困扰人们的农地利用中的问题，但很多结论仍然没有定论，对于同样的一个问题总是存在争议。进一步对农地利用问题进行研究无非是两个目的：一是丰富现有农地利用转观点与分析方法，现有的研究或许会存在不完整或分裂成片的现象；二是尝试校正现有的观点与结论，尽管校正后的结论仍然需要更多后续研究验证与支撑，但提出新的看法对于理解可持续农地利用这样一个复杂问题具有显著的现实意义。

2.4.1 农地利用影响因素解释的不足

宏观转型对农地利用的影响研究综述中给出了目前主流的城镇化、工业化等对农地投入的数量与空间结构的影响。结合农地利用现实的证据，可以发现这些解释都有其合理性的一面。从研究逻辑上分类现有研究成果，关于农地利用影响因素的解释主要分为两类：一类主要借鉴现成的理论来论证农地利用影响因素的存在原因，其中制度与产权理论是被广泛采用的工具（曲福田等，2001；姚洋，2000）；另一类主要选择多元回归、因子分析、典型相关分析等计量工具（王秀圆和阎建忠，2015；颜丙金和石培基，2011；柯新利和马才学，2013）、GIS 和遥感分析等工具（Long et al.，2009；袁艺等，2003；Su et al.，2011）分析农地利用与农户禀赋、自然条件、社会经济等因素直接的关系。不过农地利用影响因素解释中一种现象需要引起注意，即在不同地方的实证区域分析，会产生同一可能致因的差异作用的结论（吴郁玲等，2012；王秀圆和阎建忠，2015）。当然不可否认地域上的差异和有限的农户样本会导致客观存在的检验差异，但分析的规范性与逻辑的完整性是否存在问题仍然有待思考。例如，在微观尺度，农地利用的直接参与者是农户在内的农业经营主体，剥离出来的涉及农业劳动力数量、年需换工数量、健康水平、户主年龄、户主教育水平、农业收入、家庭收入等诸多因素确实可以提供有效的信息来识别农地利用的影响因素。只是这些信息的作用是有限的，这些解释变量的背后是否存在着一个作用于这些解释变量的变量？特别是社会经济发展变化本身对农地利用产生了影响，这种影响隐藏在微观影响因素背后。因此将宏观转型纳入农地利用的影响分析框架中，是一个有意义的工作。文献综述中，总结归纳了已有宏观转型对农地利用的影响分析成果，但总体上已有涉及宏观转型对农地利用的影响分析，更多关注于一个特定方面对农地利用的影响，特别是近年来对城镇化与农地利用的关系是一个热点。但文献综述对“宏观转型”的综述中可以发现，宏观转型是一个内涵丰富的过程，并且它应该根据研究需要寻找到合适的描述宏观转型的指标体系。本书研究的切入点是选择一个更加全面描述宏观转型的变量体系来分析其诱导农地利用特定方面的规律和显示表现。某种意义上，本书研究的努力，在试图引导大家关注到，仅仅不断地去调控微观尺度的变量达到农地利用目的，可能是事倍功半，甚至是无效的。这或许能够提示农地利用在中国转型这一时代潮流中不由自主的过去与未来演变之路。

2.4.2 宏观转型下农地利用环境的问题

农地利用的负面影响研究中给出了过度投入的农地利用对环境带来负面影响。因此简单地去理解过度的化肥、农药、农膜等污染性投入存在着负面环境影响并不难。已有研究做了大量的工作。但这里隐藏着两个问题需要进一步探究：

(1) 什么是过度的投入。我们可以追求一个完美的农地利用，实现有限投入下最大化期望产出，并且不需要承担环境污染等非期望产出，但这个在当前技术水平和农地利用目的的双重约束下，显然不能够实现。因此当前提出了一个概念可持续集约利用，用以解决两者之间的集约利用与可持续利用之间的矛盾[①]。在本书研究中，则完成一个分析，明确“可接受环境影响”的农地利用价值取向。而农地利用的环境效率是一个可能的选择。本书研究，选择农地利用碳排放为切入点，将碳排放作为农地利用获得期望产出的必要环境成本，提出了碳排放效率有效下的适度农地集约利用。

（2）宏观转型是否作用于农地利用环境影响。农地利用的环境影响也存在着尺度上的差异，大尺度上的研究主要集中在流域范围内的面源污染等问题。在完成宏观转型对农地利用的诱导分析后，需要进一步思考的是，宏观转型对农地利用发生影响后，是否会进一步对其利用后的环境影响产生作用。这一作用是否存在中介变量，如何去寻找到有意义的中介变量。因此，本书研究将分析宏观转型对农地利用中污染性投入的影响和碳排放的影响。本书研究所选择的研究切入点对思考农地利用中的价值取向和环境风险，以及宏观转型对农地利用环境影响的作用路径都是有意义的。

2.4.3 宏观尺度农地利用对人的健康分析不足

农地利用的最终目的是满足人的需要，而健康是人的最重要的需要之一。人的健康最重要的影响因素包括四个方面：环境因素、行为生活方式因素、生物遗传因素和医疗卫生服务因素（杨晓忠和施桂兰，2002）。在已有的文献中，分析了不恰当的农地利用对健康带来负面影响，其落脚点主要是通过分析农地利用造成的负的环境影响，进而损害了人的健康。但农地利用可能对健康的影响在已有文献中有两点没有得到全面的解释。

（1）区域的农地利用特征对区域的人的健康的影响。已有文献对健康的影响分析更注重微观尺度的判断，即农地利用导致的具体的污染物排放或者残留对特定群体产生的危害。但区域的农地利用特征对区域的人的健康的影响在已有研究中并不多见。实际上，农地利用产生的环境影响不仅仅是点状的，它通过污染排放和食物链，产生包括城镇人口在内的面状的健康影响。

---

① 联合国粮食及农业组织提出了作物生产的可持续集约化，其内涵是可持续集约化着眼整个景观、疆域和生态系统来优化资源利用和管理。农民必须以较少投入和更高单产在同样面积土地上实现更大产出。具体参见 http：//www.fao.org/policy-support/policy-themes/sustainable-intensification-agriculture/zh/。

（2）农地利用对人的健康的影响路径是怎么样的。偏向于自然科学的研究关注于诸如化学、生物领域的递进性的影响规律。但我们不得不思考以下问题，这些自然科学领域的影响发生之前，农地利用发生了什么改变。这种农地利用影响，除了本书研究文献综述中涉及的宏观转型对农地利用的影响，还有农地产权（姚洋，1998；何凌云等，2001）、农户特征（王秀圆和阎建忠，2013）、耕地禀赋（花晓波等，2013）、农业生产环境（Hao and Li，2011）等因素。

结合文献综述中关于宏观转型对农地利用的影响研究和农地利用的负面影响研究，本书研究以农地利用中的污染性投入为切入点，尝试以农地利用污染性投入强度为对象，并往前寻找到当前农村土地改革中大规模推进的农地流转这一农地产权运行方式[①]，建构起宏观实证区内“农地流转—农地利用—健康影响”这一分析框架。本书研究所选择的研究切入点最终服务于寻找“宏观转型—农地利用—环境影响—人的发展”这一全景式可持续农地利用。

① 农地流转可以产生边际产出拉平效应、交易收益效应，可以实现土地适度规模经营，可以实现效用替代与冲击缓和作用。农地流转对农地利用有着深刻的影响。

3 农地利用的集约变化：农村转型诱导

3.1 引 言

本章关注了宏观转型诱导农地利用的数量变化[①]，选择农地利用的集约变化作为切入点，分析农村转型对农地利用集约水平的影响。过去几十年来，农业集约化在发展中国家广泛传播（王秀圆和阎建忠，2015；Bonny，2011；Xie et al.，2016；阎建忠等，2010；Siebert et al.，2010）。它旨在利用有限的农田资源，通过适度的投入来满足不断增长的人口，从而最大限度地提高产量。在中国，农地利用同样走了一条集约化的道路。中国庞大的人口规模以及有限的农地资源，同时面临着城镇化进程中持续的农地非农化和存在的耕地撂荒，农业投入不可能显著减少（You，2017；Zhong et al.，2016）。但是农地利用的集约化水平不是稳定不变的。一方面，提高农地利用集约化水平是提高农地产出的最重要手段，中国用世界 9%的耕地，养活了世界近 20%的人口[②]。但伴随的是中国消耗了全球 30%以上的化肥和农药（Wu et al.，2018），中国已成为世界上最大的农药使用者（Huang et al.，2002）。另一方

① 农地利用的数量主要描述农地利用中投入产出的数量等特征，它是农地利用功能实现最直观的表达。

② 第二次全国土地调查主要数据成果公报显示我国耕地数量为 20.3 亿亩，比土地变更调查的耕地数量多出了 2 亿亩。因此，比传统上说的中国用世界 7%的耕地的表述，有所差异。

面，农地的集约利用对生物多样性、生态系统服务和公共卫生带来了各种影响和威胁（张桃林等，2006；You and Zhang，2016；Tsiafouli et al.，2015；白玲玉等，2010）。例如，在中国湖北省，农业污染随着与污染相关的农业投入强度的增加而恶化（You，2016a）。同时，化肥的过度使用已成为中国农业面源污染的主要原因（Lu and Xie，2018）。此外，由于职业性接触农药和食用农药污染的食品，农业集约化给东南亚国家人口的健康带来风险（Lam et al.，2018）。过度的农地利用会导致地力的下降，要维持同样的生产效率需要更多的生产要素投入。因此，控制农地利用集约水平，稳定并降低化肥农药等投入强度，也是农地利用中的路径。

已有研究在不同尺度上探寻影响农地利用集约水平的因素。在微观尺度上（地块），农地利用集约水平的影响因素主要观察影响农户微观行为的因素（王秀圆和阎建忠，2015），农户特征、耕地禀赋、农业生产环境等与农户农地集约利用行为密不可分。农户特征中，农业劳动力数量、年需换工数量、健康水平、户主年龄、户主教育水平、农业收入、家庭收入等直接影响农地利用集约水平（Anley et al.，2007；王秀圆和阎建忠，2015；阎建忠等，2010）。另外，农户土地利用目标差异与农地利用集约水平有着紧密关系（孔祥斌等，2010），伴随着农户土地利用目标从物质生存到物质生存与利润优化，再到利润最大化，最后到景观效用最大化，农地投入强度经历了先增后减的过程（孔祥斌和张凤荣，2008）。耕地禀赋中，承包地面积与人均实际耕地面积等耕地禀赋特征在农户农地集约利用中有着重要影响（花晓波等，2013）。农业生产环境中，距市场（集镇）的距离、耕地灌溉条件、社会关系等也对农地集约利用水平发挥影响（Hao and Li，2011）。不同实证区的同样的农户特征、耕地禀赋、农业生产环境对农地集约利用影响存在差异：在自然条件不同的大渡河上游河谷与半山区（花晓波等，2013），在经济发展水平存在差异的宿迁市宿豫区和扬州市泰兴市（Lu et al.，2012）。在更高尺度（中观尺度与宏观尺度）上，农地自然条件是制约农地利用集约度的基本因素，一般情况下耕地质量较好，相同投入条件下产出较高（Wang et al.，2015）。但农业气候适宜度也直接制约着我国农地集约度的空间布局（燕群等，2008），例如在甘肃省以黄河为界，降雨等差异导致甘肃省河东与河西农用地集约水平存在显著差别（颜丙金和石培基，2011）。同时，自然灾害特别是持久性自然灾害将严重制约农用地集约利用（Li and Wang，2003）。城镇化水平也是中观尺度与宏观尺度上影响农地利用集约水平的关键因素之一（Jiang et al.，2013），城镇化的人口城镇化、经济城镇化和社会城镇化等细化特征都与农地利用的劳动力集约度和农业机械集约度有着紧密关系（柯新利和马才学，2013）。城镇化过程中形成的以农村劳动力转移为标志的农村空心化，随着成长期、兴盛期以及稳定期三个阶段的发展，导致农地利用集约水平经历增长、下降、再增长的过程（杨忍等，2013）。而在观察工业化与农地利用集约水平的关系中，发现1952~1997年工业化与农地利用集约水平之间存在倒U形关系（Zhang et al.，2004）。区域经济水平也对农地利用集约水平有着显著影响，例如北京市大兴区、河北省曲周县和内蒙古自治区武川县的比较中发现，地区经济发展水平同农地利用集约度呈显著正相关，经济发展将带来资金投入逐步替代劳动投入的趋势（张琳等，2008）。除此之外，政策因素，例如耕地占用税、农业贷款率和农业政策以及土地整治等土地工程措施也与农地利用集约水平的变化有着关联（倪超等，2014）。

在观察到多样的影响农地利用集约变化的因素后，发现诸多因素都与农村转型有着千丝万缕的联系。城镇化的人口城镇化、经济城镇化和社会城镇化本身就是农村转型的一部分。同时，农业劳动力数量、年需换工数量、健康水平、户主年龄、户主教育水平、农业收入、家庭收入等直接影响农地利用集约水平的农户特征，改革开放以来，随着中国农村农业的发展发生了深刻的变化。已有研究中初步揭示了经济转型对农地利用集约度的影响。城镇化导致人口结构发生重大变化，对农地利用集约水平产生复杂影响。You（2016a）发现，在城镇化过程中，农药使用强度随着城镇人口比例的冲击而持续上升，而化肥使用强度的响应在受到城镇人口比例冲击后先下降后上升。Li等（2013）揭示了人口城镇化驱动的城市扩张降低了农地利用集约水平。农村地区的宏观转型通常被称为农村转型（Long et al.，2009）。Long等（2011）将农村转型描述为工业化和城镇化导致的经济和社会条件的变化。农村转型导致的地区差异与农地利用集约水平和农业生产率的变化有着密切的关系（Chen et al.，2009；Ali，2007；柯新利和马才学，2013；Long et al.，

2009)。然而，呈现城镇化、产业化等农业生产转型特征的多维变量对农地利用集约水平的影响并未引起广泛关注。同时，很少有研究探讨城镇化、产业化等农业生产转型对农地利用集约水平的共同影响。因此，在分析宏观转型对农地利用集约水平的影响时，应将农村转型中同时发生的城镇化、产业化和其他农业生产转型视为一个整体。本书研究试图选取多维指标来描述农村转型，并分析农村转型对农地利用集约水平的影响。

本章的研究主要完成四个方面的工作：①多维度量化农地利用集约度；②分析农村转型对农地利用集约度的影响；③分析农村转型各维度对农地利用集约度的单一影响和共同影响；④讨论政策启示。

3.2 农地利用集约度测度框架

鉴于农地利用集约度内涵的复杂性，农地利用集约度缺乏一致的定义(Erb et al.，2013)。传统上，农地利用集约度的定义是基于农地利用过程中投入与产出的关系。Brookfield（1972）将农业集约化描述为用劳动力、资本或技术替代农业投入。因此，农民必须找到利用有限的农田资源获得更高长期产量的途径。Shriar（2000）将农地利用集约化定义为通过增加单位面积的投入来提高农地生产力的过程。同时，一些定义强调了在农业中人类与农业的互动。Dietrich 等（2012）将农地利用集约度定义为人类活动导致的产量放大程度。

根据农地利用集约度的定义，提出了一种多维框架的农地利用集约度评价方法[①]。因为农地利用集约度首先反映了农地利用过程中投入与产出的关系，因此投入强度和产出强度被认为是评估农地利用集约度的两个关键维度（朱会义等，2007；花晓波等，2013；Kühling et al.，2016；Zhang and Li，

① 农地利用集约利用评价的方法很多，具体可参见文献综述：吕晓，牛善栋，李振波等. 中国耕地集约利用研究现状及趋势分析［J］. 农业工程学报，2015，31（18）：212-224.

2016）。同时，农地利用集约度的定义隐含着人类与农业的相互作用。在以往的研究中，影响农业生产力的灌溉指数、复种指数和复垦农地也被认为是揭示其他农业活动特征的典型指标（Xie and Liu，2015；Chadha and Sharma，1982；Li et al.，2013；Boserup，1965）。这些指标可分为描述农地利用程度这一农地利用集约度的维度。因此，在本书研究中，农地利用集约度指标被分为三个维度，包括投入强度、产出强度和利用度。

已有研究定量化了农地利用集约度。在已有研究中，综合评估是较常见的用于评估农地利用集约度的方法（燕群等，2008；Shriar，2000；Zhang et al.，2012）。它强调在每一个维度上用多指标来评价农地利用集约度，其理由是独立指标之间存在相互作用。一种代表性的相互作用是农业投入之间的替代，如资本投入和劳动力投入之间的替代。传统上，农地利用集约度的测度采用两种基本形式，即投入产出的实物价值形式和经济价值形式（朱会义等，2007；花晓波等，2013；Chen et al.，2009，Xie et al.，2016；张新焕等，2012；林英彦，1999）。本书研究选择了实物价值形式，因为若选择经济价值形式，那么就要确定农业生产中的投入和产出的各个价格，但在较长的时间跨度内价格受到通货膨胀等影响存在显著差异。指标权重在综合评估中起着关键作用。权重确定方法包括主观方法和客观方法（Weng et al.，2017）。主观方法包括层次分析法（Park and Han，2002）、德尔菲法（Dalkey and Helmer，1963）等。客观方法包括熵权法（Pan et al.，2015）、主成分分析法（Maggino and Ruviglioni，2009）、Ma 式客观权重法（Ma et al.，1999）等。权重确定的主观方法基于专家评估，但有时会包含主观性和不确定性。客观的权重确定方法以数学模型为基础，但客观权重忽略了数学模型所不能提供的指标之间的不同重要性。为了提高权重确定过程的可靠性，本书研究同时采用了主观方法和客观方法综合法，并对这些方法的一致性进行了测试。本书研究所确定的农地利用集约度测度框架选择了综合评价法，并通过多种权重综合确定权重方法，最终从投入强度、产出强度和利用度三个维度对农地利用集约度进行测度。

3.3 研究方法

3.3.1 研究区域

浙江省位于中国东部沿海，与上海省、江苏省、安徽省、江西省和福建省接壤。它是改革开放以来中国最发达的地区之一。浙江省属亚热带湿润气候，冬季凉爽，夏季漫长而炎热。浙江省素有“鱼米之乡”之称，得益于湿润的亚热带气候，浙江省农作物的生长季节长。浙江省平原和盆地约占总面积的1/4，有肥沃的冲积土壤。浙江省人口密度高，有精耕细作的传统，农地利用长期保持较高的集约水平，以保障当地人口的农产品需要。同时，浙江省是中国改革开放的前沿阵地，浙江省农村发展取得的巨大成就在中国极具代表性。改革开放以来，在经济快速发展的进程中，浙江省农村发生着持续不断的转型①。浙江省农村转型不可避免地极大地改变了浙江的农业生产，其中就包括农地利用的集约水平变化。因此，本书研究选择浙江省为实证区，从而为分析中国农地利用集约变化与农村转型之间的关系提供一个典型的实证案例。

3.3.2 农村转型指标体系构建

区域城镇化、农业产业化和农业商品化是以往研究中描述农村转型的三个重要维度（蔡运龙，2001；Long et al.，2011；刘奇，2007；Chen et al.，2009；Ali，2007）。在参考这一框架的基础上，初步选取了15个指标来描述浙江省的农村转型特征。再运用专家小组评估来估计15个指标的适合度

① 浙江省的农村改革被认为中国农村改革最成功的案例。在人多地少的浙江省，改革开放以来浙江省农村成为中国最富裕、城乡差距最小的农村之一。但浙江省农村改革的巨大成就并不主要来自农业的发展，而是主要来自农村二三产业的巨大发展。因此，浙江省的发展历程深刻揭示了整个农村转型对农地利用的影响。其背后的逻辑与规律，更满足当前乡村振兴发展思路下的农村转型。

(Maes et al., 2011)。5位土地资源管理和农村发展领域的专家组成了本次研究的专家评估小组。5位专家从四个方面对这些指标进行了评判：规模适度性、可验证性、适宜性和区分性（Qiu et al., 2015; Weng et al., 2017）。指标的适合度分为从1（非常不适合）到4（非常适合）的顺序等级：1（非常不适合）、2（不适合）、3（适合）和4（非常适合）。此外，专家们可以对每个指标进行评论。专家小组评估的判断过程和判断标准如下：①至少有一位专家对表现不佳的指标给出了很低的评价（所有判断标准均小于2），该指标被丢弃。②过滤因指标缺点而受到专家严厉批评的指标。③对评判标准的四个方面赋予相同的权重，并计算这些指标的平均适应度得分。④在农村转型的每一维度，保留三个得分最高的指标，除非这些指标专家认为内涵非常相似。根据专家的判断，最终保留了农村转型的9个指标（见表3.1）。其中指标属性若为+，则意味着指标值增大，该维度正向改善；若指标属性若为-，则意味着指标值增大，该维度负向退化。

表3.1 农村转型指标体系

维度	指标	单位	定义	指标属性
区域城镇化	城镇人口比重（UPP）	%	城镇人口占总人口的比重	+
	二三产业发展水平（DSTI）	–	第二三产业生产总值占地区国内生产总值的比重	+
	城乡收入差距（URIG）	–	农村居民人均纯收入与城镇居民人均可支配收入之比	+
农业产业化	农业机械化（AGM）	–	机耕地面积与耕地面积之比	+
	农业科技服务（ASTS）	10^3人	第一产业就业人数与农业技术占农业技术人员人数之比	–
	农业生产满足能力（SCAP）	人	农业劳动者人均剩余粮食产量与城市人均粮食消费量之比	+
农业商品化	粮食播种面积比重（GSAP）	–	粮食播种面积与农作物播种面积之比	–
	经济作物比重（PCCY）	–	经济作物产量占作物总产量的比重	+
	粮食商品化率（GCR）	–	商品粮基地粮食产量占粮食总产量的比重	+

农村转型指标选择的原因归纳如下：首先，区域城镇化指标反映了一个人口从农村向城市迁移的过程（Su et al., 2014b；柯新利和马才学，2013；

You，2016c）。随着城镇人口的增长，它对二三产业有着重要的影响（You，2016c）。与此同时，由于城镇化进程中农村与城镇之间的资源配置发生了变化，城镇化对城乡经济失衡产生了巨大影响。因此，选取了3个变量来描述区域城镇化，包括城镇人口比重（UPP）、二三产业发展水平（DSTI）和城乡收入差距（URIG）。农业产业化涉及持续的农业机械化（Kishida，2017）。此外，农业产业化的一个重要特征是在农业生产的不同阶段获得社会化服务和合作，如农业科技服务。农业科技服务在传统农业转型中起着关键作用。因此选择了农业科技服务（ASTS）作为农业产业化的一个指标。农业产业化可以提高农业生产对消费者需求的反应能力。因此，选择农业生产满足能力（SCAP）来描述农业产业化这一特点。另外，农业商业化刺激了农业生产的市场导向。浙江省不是中国的粮食主产区。同时，浙江省农民粮食生产的一个重要目的是自给自足。因此，粮食播种面积比重（GSAP）与农业商品化呈负相关。此外，经济作物生产和粮食商业化意味着农民种植经济作物以在市场上出售其农业产出（Su et al.，2017）。因此，选择了3个变量描述农业商品化，包括粮食播种面积比重（GSAP）、经济作物比重（PCCY）和粮食商品化率（GCR）。

3.3.3 农地利用集约度计算

农地利用强度从投入强度、产出强度和利用度三个维度进行描述（Erb et al.，2013；Li et al.，2013；Zhang and Li，2016；贺三维等，2012）。如表3.2所示。农地利用涉及各种类型的农业生产投入（Zhong et al.，2018a；牛毓君等，2013）。农地集约利用是增加单位农地上农业投入的过程，包括劳动力、农业机械、化肥和农药（Chen et al.，2009）。因此，投入强度选择包含4个代表性农业生产投入强度：农业机械使用强度、劳动投入强度、化肥使用强度和农药使用强度。农业生产率与投入强度密切相关。农地利用强度也可以描述为农地利用的产出强度（Dietrich，2010）。当农地利用强度的重点是产出强度时，产出强度可以用单位产出来衡量。单位面积、人均和单位时间被认为是分析产出强度的代表性单位（Turner and Doolittle，1978；邓楚雄等，2013；赵亮等，2014）。产出强度意味着一个单位投入的产出能力，如农田和农业生产中雇用的人员（Liu et al.，2016a）。同时，产量可分为粮食产量和作物产量（Chen et al.，2009；Levers et al.，2016）。因此，选择了反映农地利用过程中从事农业生产的一个人的生产能力的人均作物产量。构建的产出强度指标包括了涵盖地均粮食产量、人均作物产量和地均作物产量。农地利用强度的另一个维度是固定土地和时间内的种植频率，以及一个研究区域的农田垦殖情况（Chadha and Sharma，1986；Boserup，1965；Xie et al.，2018b）。农地利用度指标揭示了农地利用条件、种植频率和复垦农地面积的特征。考虑到灌溉有助于农作物的生长，靠雨水灌溉的农田导致诸如无规律、低集约的农业生产。因此，描述农地利用度的指标由灌溉指数、复种指数和土地垦殖率组成。

表 3.2　农地集约利用评价指标体系

维度	指标	单位	定义	指标属性
投入强度（IPI）	农业机械使用强度	千瓦/公顷	每公顷农地面积的农业机械功率	+
	劳动投入强度	人/公顷	每公顷农地面积从事第一产业的人数	+
	化肥使用强度	吨/公顷	每公顷农地化肥用量	+
	农药使用强度	吨/公顷	每公顷农地农药用量	+
产出强度（OPI）	地均粮食产量	吨/公顷	粮食产量除以粮食播种面积	+
	人均作物产量	10^4 元/公顷	作物产值除以第一产业的就业人数	+
	地均作物产量	10^4 元/公顷	作物产值除以农地面积	+
利用度（ULD）	灌溉指数	–	有效灌溉面积除以作物播种面积	+
	复种指数	–	一年中作物播种面积除以农田面积	+
	土地垦殖率	–	农地面积除以土地面积	+

根据 Filippini 等（2016）、Erb 等（2013）和 Kühling 等（2016）的研究成果，农地利用集约度的计算公式如下：

$$LUI_a = \sum_{i=1}^{n} w_i \frac{z_i - z_{i.min}}{z_{i.max} - z_{i.min}} \tag{3.1}$$

其中，LUI_a 由农地利用的投入强度、产出强度和利用度构成。n 是指标的个数。w_i 是选择指标的权重。Z_i 是第 i 个指标的原始值。$Z_{i.max}$ 和 $Z_{i.min}$ 是第 i 个指标的最大值和最小值。

指标权重在评价农地集约度中起着关键作用。虽然有许多方法可以用来确权重，但很难选择一项具体研究的普遍接受的方法。为了改进权重确定过程，我们采用了两种主观方法和一种客观方法来检验它们的一致性。主观权重方法包括层次分析法（Park and Han，2002）和德尔菲法（Dalkey and Helmer，1963）。层次分析法确定权重的主要步骤可以表述如下：①通过评价两个指标之间的相对重要性完成比较矩阵构建。②创建归一化比较矩阵，归一化矩阵中的每个值除以其列的和。③计算作为该新矩阵的每行的平均值的权重。④通过评价一致性指数进行可靠的估计。在这项研究中，选择了 5 位农地利用和农业生产领域的专家，为投入强度、产出强度和利用度构建 3 个比较矩阵。选择 1~9 线性标度来评估指标之间的相对重要性值。用于评估权重的矩阵中的相对重要性值是由 5 名专家赋值的原始值的平均值。德尔菲法是基于专家独立分析判断的一致性。用德尔菲法确定权重的原则步骤可以表述为：①根据主题选择一组专家。②初始权重根据他们的个人意见进行评估。③将初始权重返回给每个专家，由专家修改权重。④在每次反馈结束时，所有的权重都返回给能够决定是否有必要再进行一轮或结果是否可以接受的人。德尔菲法权重是 5 位专家分配给每个指标的一致权重的平均值。

客观权重方法是熵值法（Pan et al.，2015）。熵权法确定权重的主要步骤可以表述如下：①指标的原始值通过式（3.2）进行归一化。②用式（3.3）计算指标的熵值。③然后用式（3.4）计算指标的熵权。

$$I_{ij}=\sum_{i=1}^{n}\frac{x_{ij}-\min x_j}{\max x_j-\min x_j} \tag{3.2}$$

其中，I_{ij} 是第 j 个指标第 i 年归一化指标值，x_{ij} 是第 j 个指标第 i 年原始值，$\max x_j$ 和 $\min x_j$ 是第 j 个指标的最大值和最小值。

$$e_j=\frac{1}{\ln n}\sum_{i=1}^{n}P_{ij}\cdot\ln P_{ij}\text{，条件约束 }P_{ij}=\frac{I_{ij}}{\sum_{i=1}^{n}I_{ij}} \tag{3.3}$$

其中，e_j 是 j 个指标的熵，n 是第 j 个指标的样本数，如果原 $P_{ij}=0$，那么，$P_{ij}=0.000001+P_{ij}$。

$$w_j=\frac{1-e_j}{\sum_{j=1}^{n}(1-e_j)} \text{条件约束 } 0\leqslant w_j\leqslant 1,\ \sum_{j=1}^{m} w_j=1 \tag{3.4}$$

其中，w_j 是 j 个指标的熵权，m 是指标个数。

3.3.4　计量分析模型

运用多元线性回归分析了农地集约利用变化与农村转型之间的关系。其中，农地利用集约涉及的 3 个指标为因变量，农村转型指标为自变量。在模型中输入所有变量，并选择逐步回归程序来解决多重共线性问题。多元线性回归的数学公式表示为：

$$Y_t=\beta_{t0}+\beta_{t1}X_1+\beta_{t2}X_2+\cdots+\beta_{tr}X_r+\varepsilon_t \tag{3.5}$$

其中，Y_t 是第 t 个农地集约利用变量，X_r 是第 r 个农村转型变量，β_{tr} 是分析第 t 个农地集约利用变量中第 r 个农村转型变量的系数，ε 是随机误差。逐步回归过程包括正向选择、反向消除和双向消除。

为了评估农村转型的 3 个维度（区域城镇化、农业产业化和农业商业化）的相对影响，采用冗余分析法将解释的方差分解（Anderson and Cribble，2010；You，2016b；Heikkinen et al.，2005；Wan and Su，2016）。冗余分析法通过使用 CANOCO 程序（4.5 版）分析（ter Braak and Smilauer，2002）。分析农村转型维度与农地集约利用度之间的偏回归的每个步骤中所有典型特征值的和的值。所有典型特征值的和与总变异之间的比例代表了农村转型 3 个维度对农地集约利用度的相对影响。农村转型变量的作用被分为不同的部分：①由农村转型变量 1 个维度决定的单一影响；②由农村转型变量 2 个维度决定的共同影响；③由农村转型变量 3 个维度决定的共同影响；④无法解释的作用。

3.3.5　数据来源

农村转型变量的数据来源包括《浙江省统计年鉴》（1991~2016）和《中国农村统计年鉴》（1991~2016）。农地集约利用评价数据来源于《浙江省统计年鉴》（1991~2016）和《中国农村统计年鉴》（1991~2016）。因 1990 年和 2015

年两次调整了耕地面积统计标准,《浙江省统计年鉴》的耕地面积值小于20世纪90年代的真实耕地面积值。因此，本书研究从浙江省国土资源厅收集了土地变更调查结果中的耕地面积数据与园地面积数据。1990~2015年的耕地面积值保持相对稳定。结合浙江的实际，本部分研究的农地面积为耕地面积与园地面积之和。数据统计性描述如表3.3所示。

表3.3 数据统计性描述

	变量	最小值	最大值	平均值	标准差
农村转型	城镇人口比重	31.200	65.800	50.020	11.251
	二三产业发展水平	0.749	0.962	0.896	0.061
	城乡收入差距	0.402	0.569	0.455	0.049
	农业机械化	0.459	0.823	0.539	0.099
	农业科技服务	0.478	1.547	0.802	0.312
	农业生产满足能力	7.075	16.492	10.816	2.145
	粮食播种面积比重	0.475	0.746	0.608	0.101
	经济作物比重	0.141	0.342	0.262	0.083
	粮食商品化率	0.452	0.618	0.521	0.052
农地利用集约度	农业机械使用强度	4.300	9.630	7.472	1.784
	劳动投入强度	1.922	4.743	3.335	0.911
	化肥使用强度	0.299	0.372	0.346	0.018
	农药使用强度	0.021	0.035	0.030	0.004
	地均粮食产量	4.856	6.232	5.553	0.456
	人均作物产量	2480.808	59539.264	20467.392	17742.869
	地均作物产量	11706.043	114422.124	53931.631	32042.928
	灌溉指数	0.337	0.633	0.473	0.112
	复种指数	1.150	1.983	1.512	0.274
	土地垦殖率	0.182	0.228	0.199	0.016

3.4 实证结果与分析

3.4.1 农地利用集约度变化

采用层次分析法、德尔菲法和熵权法对农地利用集约度进行评价。在层次分析法中，一致性指标值低于 0.1，因此层次分析法构建的矩阵因其一致性而被接受用于评估权重。同时，在德尔菲法中，决定结果能否被接受的关键是 5 位专家分配给一个指标的权重值之差的绝对值小于 0.05。最终权重计算结果显示，三种权重确定方法计算结果之间存在差异性（见表 3.4）。为了检验三种方法中权重计算的合理性，进行了一致性检验。一致性检验显示所有系数（R^2）都超过 0.700（见图 3.1）。同时，层次分析法和德尔菲法在测度投入强度、产出强度和利用度的 R^2 系数超过 0.990。此外，R^2 的三种方法在测度产出强度也大于 0.990。虽然一致性检验反映了三种方法的差异，但高一致性表明层次分析法、德尔菲法和熵权法不会导致农地利用集约度评价结果的显著差异。为了综合三种权重确定方法的结果，选取了三种权重确定方法计算得到的权重的算术平均值来评价农地利用集约度。分析选定权重如表 3.4 所示。

表 3.4 数据统计性描述

变量	权重			
	层次分析法	德尔菲法	熵权法	算数平均值（确定的权重）
农业机械使用强度	0.284	0.288	0.298	0.290
劳动投入强度	0.134	0.125	0.371	0.210
化肥使用强度	0.346	0.335	0.159	0.280
农药使用强度	0.236	0.252	0.172	0.220
地均粮食产量	0.246	0.352	0.242	0.280

续表

变量	权重			
	层次分析法	德尔菲法	熵权法	算数平均值（确定的权重）
人均作物产量	0.260	0.304	0.456	0.340
地均作物产量	0.494	0.344	0.302	0.380
灌溉指数	0.261	0.266	0.343	0.290
复种指数	0.419	0.405	0.286	0.370
土地垦殖率	0.320	0.329	0.371	0.340

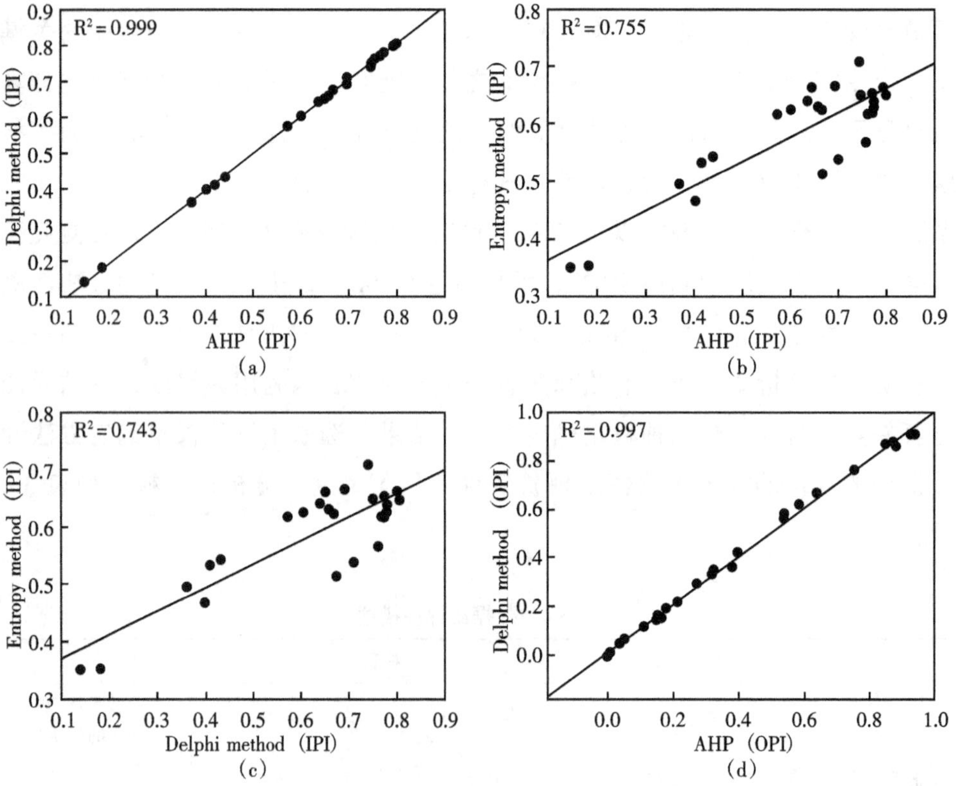

图 3.1 权重计算方法一致性判断

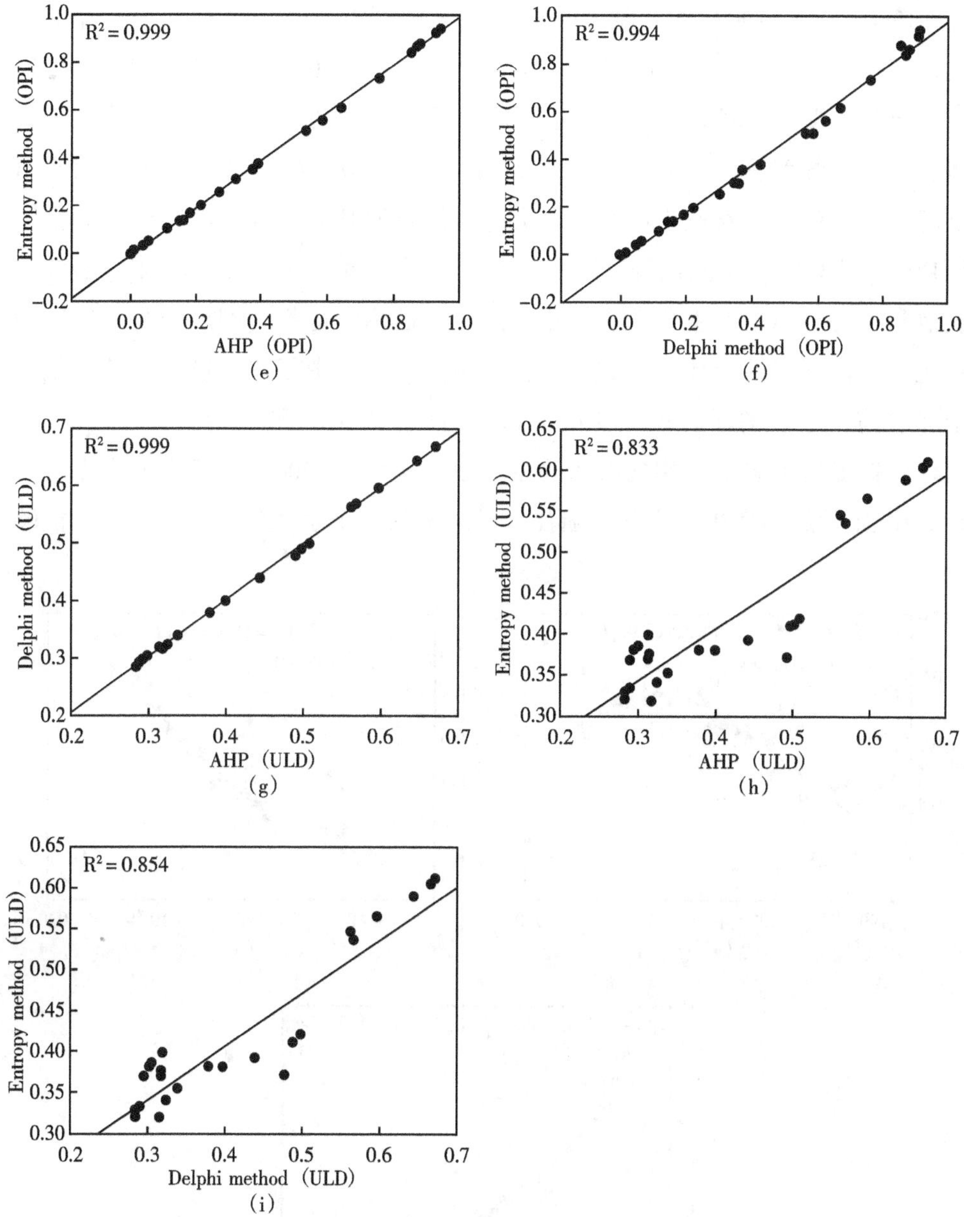

图 3.1 权重计算方法一致性判断（续）

注：①AHP（层次分析法）；Delphi method（德尔菲法）；Entropy method（熵权法）。②城镇人口比重（UPP），二三产业发展水平（DSTI），城乡收入差距（URIG），农业机械化（AGM），农业科技服务（ASTS），农业生产满足能力（SCAP），粮食播种面积比重（GSAP），经济作物比重（PCCY），粮食商品化率（GCR）。③投入强度（IPI），产出强度（OPI），利用度（ULD）。

1990~2015 年浙江省农地集约利用水平变化如图 3.2 所示。农地利用的投入强度在 1990~2015 年先增加后减少。它揭示了 1990 年以来浙江省存在着增加农地利用投入强度的过程。但是增长过程在 21 世纪的早期发生了变化。农地利用产出强度呈上升趋势。结果表明，1990~2015 年浙江省农地利用产出强度呈上升趋势，农业生产率有所提高。但农地利用的利用度在浙江省呈下降趋势。这表明土地利用程度减弱。这些结果表明，自 1990 年以来，浙江省农地利用集约利用发生着动态变化。同时，描述农地集约利用的 3 个维度的变化表现出不同的特征。自 20 世纪 80 年代以来，中国农业投入，特别是化肥和农药，迅速增加（Wu，2011；Su et al.，2011b；梁龙等，2011）。这一现象迅速提高了农地利用的投入强度（Chen et al.，2009）。但投入强度增长趋势在 21 世纪初发生了变化。浙江省是中国的一个发达省份，虽然农民能够

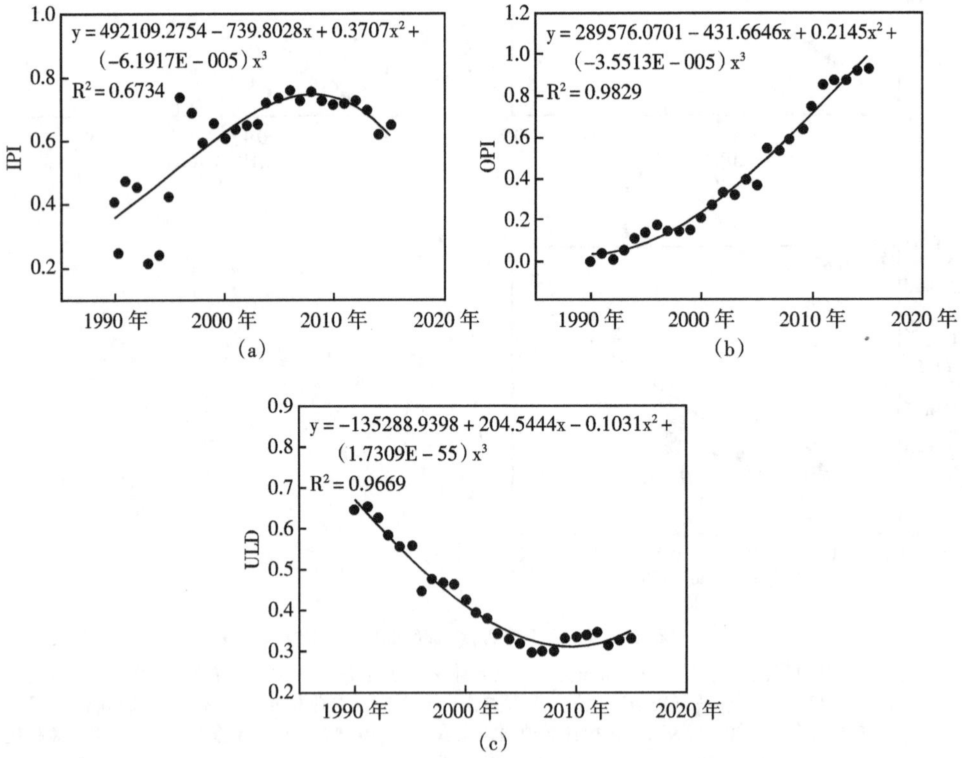

图 3.2　1990~2015 年浙江省农地利用集约度变化

注：投入强度（IPI），产出强度（OPI），利用度（ULD）。

承受较高的农业投入成本，但投入强度在 21 世纪初并没有保持这种增长趋势。造成这一现象的一个重要原因显然与浙江省剧烈的农村转型有关。与投入强度相比，自 1990 年以来，浙江省的产出强度一直保持稳定增长。产出强度的稳定提高表明经济效益仍然是浙江省农业生产的主要目标。浙江省是一个传统农业区，农地集约利用程度高。但利用度在 1990~2000 年有下降的趋势。在农村经济快速增长的过程中，浙江省集约利用农地并没有重视增加复种指数和开垦农地面积。综上所述，投入强度和利用度之间的变化趋势是相反的。因此，对投入强度和利用度变化发生作用的农村转型因素应该存在差异。同时，产出强度的变化规律有别于利用度，因此浙江省提高产出强度不能够通过同时提高投入强度和利用度实现。

3.4.2 农村转型过程

1990~2015 年浙江省农村转型的典型特征如图 3.3 所示。从区域城镇化分析，1990~2015 年浙江省城镇人口比重呈线性增长趋势，二三产业发展水平呈立方增长趋势。与此同时，1990~2015 年，城乡收入差距先下降后上升。这表明从城镇人口和二三产业生产总值描述的区域城镇化自 1990 年以来保持着增长趋势。但长期以来，快速城镇化扩大了农村居民和城市居民的收入差距。进入 21 世纪以来，收入差距扩大的趋势已经发生了转变。从农业产业化分析，农业机械化、农业科技服务、农业生产满足能力具有不同的时间变化特征。农业机械化先增加，后减少，再增加。农业科技服务则呈现下降趋势，意味着农业产业化水平有所提高，因为农业科技服务是负向的指标。农业生产满足能力呈上升趋势，到最高值后再下降。上述趋势揭示了农业产业化进程中，通过推进农业机械化来减少劳动力投入起着关键作用。但自 21 世纪初以来，农业技术推广已大大加强。但在农业产业化中，它并不能显著提高农业生产效率。同时进入 21 世纪，浙江省的粮食生产无法支持更多的城市居民。从农业商业化分析，粮食播种面积比重先有下降趋势，然后在拐点后上升，经济作物比重和粮食商品化率则与之相反的趋势。它们首先呈上升趋势，然后在拐点后下降。这意味着粮食播种面积比重、经济作物比重、粮食商品化率的时间变化呈现出相似的农业商品化趋势。自 1990 年以来，更多的农作物在市场上出售，而不是供自身家庭消费。粮食播种面积与农作物播种面积之比有所下降。但 21 世纪初以来相反的趋势表明农业商业化出现了下降。

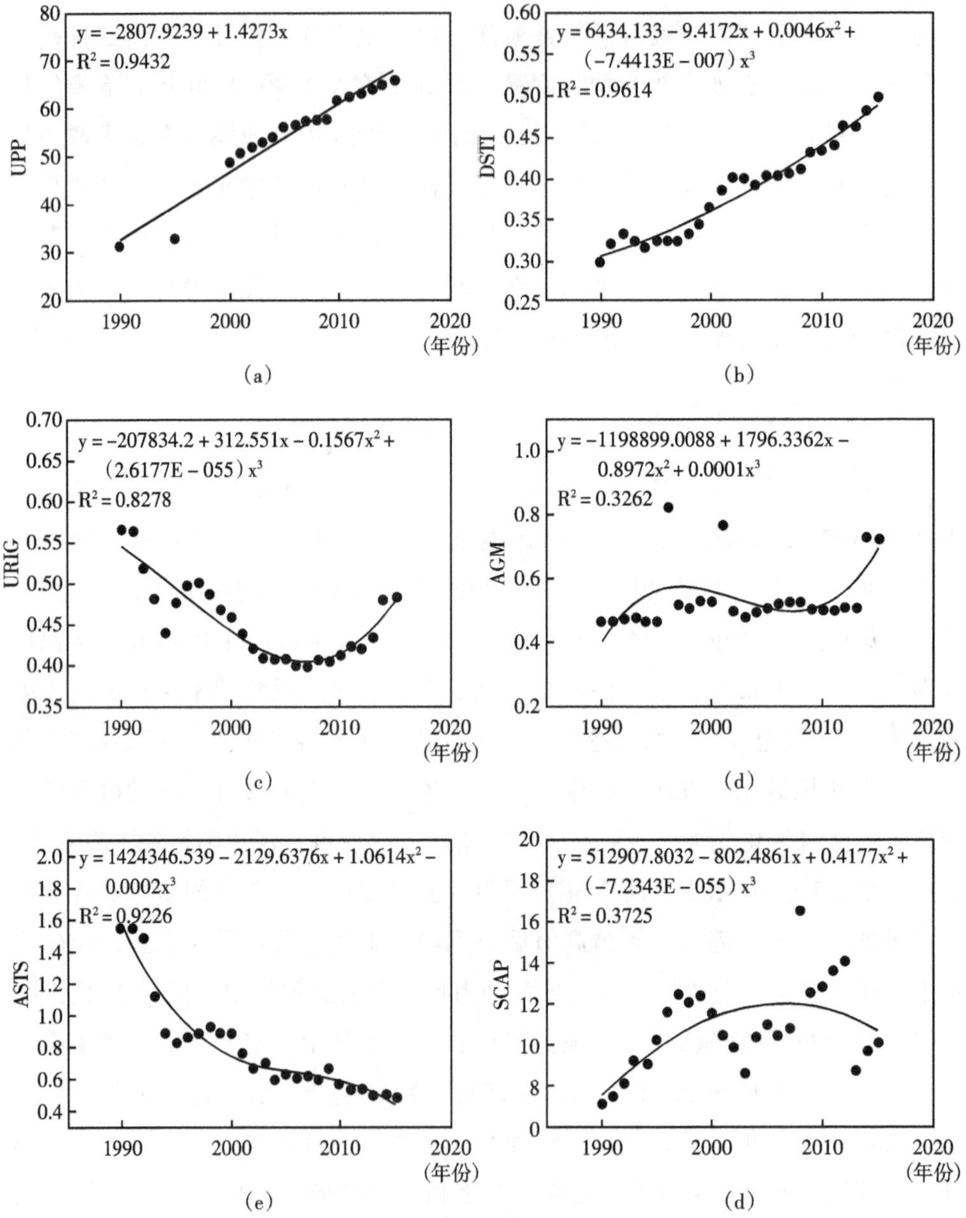

图 3.3 1990~2015 年浙江省农村转型变化

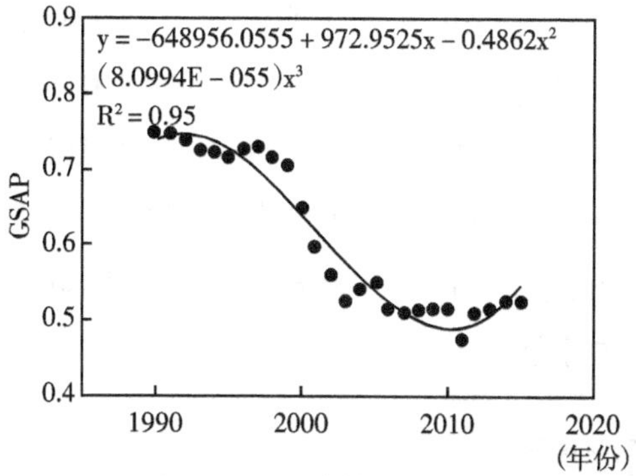

(g)

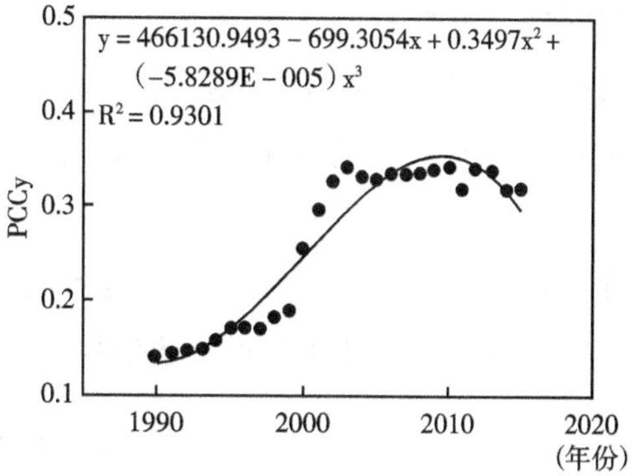

(h)

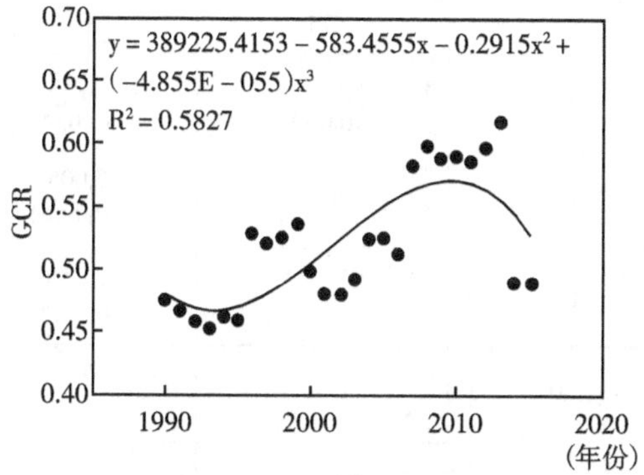

(i)

图 3.3 1990~2015 年浙江省农村转型变化（续）

注：城镇人口比重（UPP），二三产业发展水平（DSTI），城乡收入差距（URIG），农业机械化（AGM），农业科技服务（ASTS），农业生产满足能力（SCAP），粮食播种面积比重（GSAP），经济作物比重（PCCY），粮食商品化率（GCR）。

3.4.3 农村转型对农地利用集约度变化的诱导

表 3.5 显示了农村转型和农地利用集约度之间的关系。1990~2015 年，城镇人口比重和农业生产满足能力对投入强度产生了正相关。结果表明，减少农村人口，提高农业生产支持能力，可以提高农地利用中的投入强度。1990~2015 年，城镇人口比重、二三产业发展水平和城乡收入差距与产出强度呈正相关，而粮食播种面积比重和经济作物比重与产出强度呈负相关。这表明区域城镇化可以提高农业产量，包括地均粮食产量、人均作物产量和地均作物产量。同时，粮食播种面积比重是一个负向指标，因此描述农业商业化的变量对产出强度有多重影响。粮食播种面积比重的正系数表明农业商品化程度

的降低会降低农业生产效率，而经济作物比重的正系数表明农业商品化程度的提高会提高农业生产效率。农业科技服务和粮食播种面积比重与利用度呈正相关，而农业机械化与利用度呈负相关。这意味着农业产业化对利用度有负面影响。此外，农业商品化对利用度也有负面影响。而农村转型对投入强度发生影响的因素与利用度完全不同。但是，农村转型对产出强度的影响因素则与投入强度和利用度的影响因素存在部分的一致。

表 3.5 回归结果

Exploratory variables		Dependent variables		
		IPI	OPI	ULD
区域城镇化	UPP	0.008*** (0.000)	0.017** (0.024)	
	DSTI		2.005** (0.039)	
	URIG		2.056** (0.003)	
农业产业化	AGM			−0.127** (0.040)
	ASTS			0.182*** (0.000)
	SCAP	0.021** (0.018)		
农业商品化	GSAP		−3.633*** (0.000)	0.562*** (0.000)
	PCCY		−3.813*** (0.000)	
	GCR			
Adjust R^2		0.976*** (0.000)	0.979*** (0.000)	0.995*** (0.000)

Method：Stepwise Regression.

*** 表示 $p<0.01$，** 表示 $p<0.05$。

注：①城镇人口比重（UPP），二三产业发展水平（DSTI），城乡收入差距（URIG），农业机械化（AGM），农业科技服务（ASTS），农业生产满足能力（SCAP），粮食播种面积比重（GSAP），经济作物比重（PCCY），粮食商品化率（GCR）。②投入强度（IPI），产出强度（OPI），利用度（ULD）。

采用冗余分析法分解农村转型不同维度对农地利用集约度的影响（见图 3.4）。结果表明，区域城镇化的单一影响与农业商品化的单一影响相似。这些影响高于农业产业化的影响。同时，区域城镇化和农业商品化的 2 个维度的共同影响解释了 17.6%的总方差变化，在 2 个维度共同影响中起着最重要的作用。区域城镇化、农业产业化和农业商品化的 3 个维度共同影响最大。它解释了 56.9%的总变异。结果表明，农地利用集约度的变化更多地受到区域城镇化和农业商品化的影响。

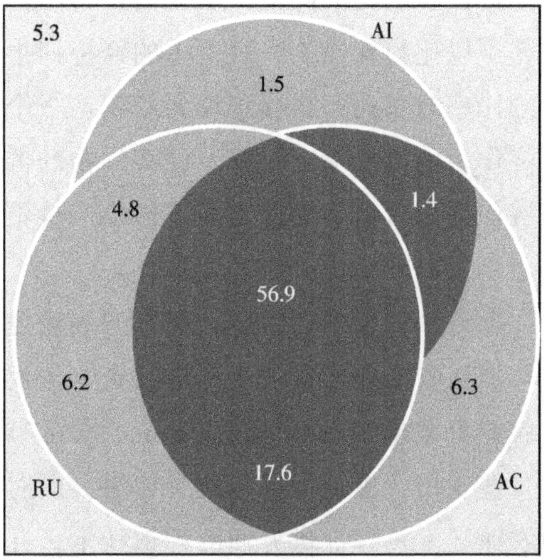

图 3.4　农村转型维度对农地利用集约度的影响

注：区域城镇化（RU）、农业产业化（AI）、农业商品化（AC）。

区域城镇化的典型特征是农村人口减少。由于劳动力从农业产业转移到第二产业和第三产业以获得更高的收入，用资本投入替代劳动力投入是城镇化的一个必然过程（Swinnen et al.，2015；Christiansen，2009）。因此，在区域城镇化过程中，农业机械、化肥和农药等投入大幅增加。区域城镇化对农地利用集约水平的影响与 Shi 等（2011）研究中的一个结论一致，即非农就业通过增加农用化学品的使用加剧了环境污染。这一发现也与 Wu 和 Meng（1997）的发现相一致：在中国 5 个省份进行的一项调查发现，将农户劳动力从农地转移出去可以增加粮食生产的资本投资，以替代劳动力。农业产业化也通过提高农业生产满足能力而发生投入强度增加。提高农业生产满足能力目的在于实现国家粮食安全（Babu et al.，2015）。

区域城镇化对产出强度有正向的影响。城镇人口比重和产出强度之间的正相关关系与 Huy 和 Nonneman（2016）的研究一致，该研究发现，农村向城市的迁移提高了越南湄公河三角洲地区的家庭农业产出。同时，在城镇化进程中，二三产业的快速发展也能改善产出强度，因为它能提供高产出的投入，促进市场的活跃。此外，城乡收入差距的扩大导致农业生产追求更高的单位投入产出以增加农民收入。农业商品化对产出强度有差异性的影响。由于粮食播种面积与作物播种面积之比的降低，农业商业化的增长可以增加产出强度，因为非粮食作物可以比粮食作物产生更多的经济回报。但是，经济作物产量与作物总产量的比率对农业产出有相反的影响。一个原因是，当经济作物产量增加时，经济作物的价格就会下降。经济作物的低价不能刺激农民在相同的地区增加经济作物的产量。浙江省经济作物产量不足是由省际间的经济作物贸易解决的。

农业产业化与农业商品化影响利用度。浙江省利用度与农业机械化之间负相关的关系可能与浙江省的地形有关系。浙江省有大面积的丘陵地带，丘陵地形不利于促进农业机械化（Vatsa and Saraswat，2003）。为了实现农业机械化，丘陵地区的一些农田会被选择撂荒或者休耕。同时，农业技术推广降低了利用度，因为农业技术可以提供方便的种植技术，并且在平坦地区增加了复种指数。农业商业化增加了利用度。增加粮食播种面积与作物播种面积的比例可以提高灌溉指数，因为水稻是浙江省最重要的粮食作物，其耗水量远远超过任何其他作物。

3.5 本章结论与讨论

本章研究揭示了浙江省农地利用集约水平与农村转型之间的关系。选择投入强度、产出强度和利用度来描述农地利用集约水平。农地利用集约度计算中所采用的指标权重是综合了层次分析法、德尔菲法和熵权法 3 种权重的算术平均值。区域城镇化、农业产业化和农业商品化构成了农村转型的典型特征。农村转型对农地利用集约度变化的诱导通过多元线性回归和冗余分析法分析。研究结果显示：城镇人口比重和农业生产满足能力与投入强度正相关。城镇人口比重、二三产业发展水平和城乡收入差距与产出强度呈正相关，而粮食播种面积比重和经济作物比重与产出强度呈负相关。农业科技服务和粮食播种面积比重与利用度呈正相关，而农业机械化与利用度呈负相关。同时，区域城镇化、农业产业化和农业商品化的三个维度的共同影响对农地利用集约度变化的作用最大。

基于本章的分析，可为未来土地利用的政策的优化提供启示①：

与污染相关的农业投入强度的增长导致了中国日益严重的非点源污染（You，2016a）。中国政府试图通过采取化肥和农药零增长的措施来控制与污染相关的农业投入。本章研究发现，浙江省农业投入强度的增长过程在21世纪初出现了停止的现象。因此，农地利用不能选择增加化肥和农药的使用强度来达到高产。提高农业投入强度的一个理想途径是提高农业机械的使用强度。显然，农业产出强度的降低可能导致农民生计水平的降低，农业生产无法保持可持续发展。因此，农地利用应着眼于提高农业投入的利用效率，以增加产出强度。利用度的选择应更加注重农田的生态保护。因此，应保持适度的农业基础设施投资增长，土地垦殖应避免占用生态用地。同时，应该鼓励部分农地进行休耕，实现藏粮于地（Xie et al.，2018c）。

农村转型的三个维度对农地利用集约水平有不同的影响。显然，农村转型的进程将会继续。为了达到适宜的农地利用集约水平，实现农地的可持续集约利用，我们应该对农村转型给予适当的引导。区域城镇化对投入强度和产出强度有正向影响。因此，应优化城镇化形式，以平衡投入强度和产出强度。在人口由农村向城镇转移的过程中，劳动力由农业向二三产业转移的关键是培养农村的技术型农民。有技能的农民愿意增加对农业基础设施的投资。也可以采用新的农业技术来减少肥料与农药的使用。此外，城乡收入差距应该缩小。一项重要措施是提高农产品价格，控制农业投入价格的增长。农业

① 中国的政策设计有典型的块状特征。部门与部门之间按照各自的需要以及所管理的范围，出台政策。但本书中农村转型与农地利用管理涉及的部门繁多，不是简单的国土部门、农村部门等能够单独完成政策设计的。这一点在下面的具体建议中没有展开，也是中国农地管理中需要注意的。

产业化应该加快。农业产业化中的农业技术推广，应在提高农业产量的同时，更加注重提高养分利用效率，最大限度地减少负面生态影响（Lu and Xie，2018）。为了促进农业产业化中的农业机械化，应减少农田的破碎化。应避免将生态土地，如森林、草地和湿地转变为农地而增加利用度。降低粮食播种面积比重和增加经济作物产量比重相结合，可以加速农业商品化。考虑到我国的国家粮食安全，粮食播种面积比例应保持稳定。

4 农地利用的景观变化：经济转型诱导

4.1 引 言

农地利用不仅具有数量上的特征，也具有空间结构的特征。结构同样影响着农地的功能[①]。第 3 章所分析的农村转型诱导农地利用的集约变化关注的是农地利用数量上的特征变化。本章则关注了宏观转型诱导农地利用的空间结构变化，选择农地利用所形成的农业景观作为切入点，分析经济转型对农业景观变化的影响。

农地利用的景观变化主要关注的是中国的农地在经历剧烈的非农化时，农地空间结构发生的变化，其中包括各种地类之间的转变，特别是农地向建设用地转变（袁艺等，2003；Long et al.，2009；Pandey and Seto，2015；汤茜和丁圣彦，2020；Pribadi and Pauleit，2015；Sreeja et al.，2015）。其结果是中国的农业可能缺乏复原力和可持续性（于伯华和吕昌河，2008；Huang et al.，2009a；Padgham et al.，2015；Su et al.，2016b；Xiao et al.，2015）。许多观察表明，农地持续的非农业利用会恶化生态环境（García-Ruiz and Lana-Renault，2011；Hou et al.，2014；Mekasha et al.，2014），因为农地覆被变化显著改变了生态系统服务的供给（Klimek et al.，2014；Lee et al.，2015；

① 按照景观生态学的观点，结构同样影响功能。

Potgieter et al.，2015）。

“景观农业学”为解决农地利用中面临的非农业利用相关挑战提供了一个合适的视角（Benoît et al.，2012）。运用“景观农业学”的方法分析农业景观变化，可以帮助处理农地利用中的资源管理问题（汤茜和丁圣彦，2020；Debolini et al.，2013；Kirchner et al.，2015；Liang et al.，2015；Murgue et al.，2015；Su et al.，2011a，2014a；汤茜和丁圣彦，2020）。农业景观变化包括农业活动区的空间结构（格局）和组成（数量和性质）的动态变化（Fu et al.，2006；Lee et al.，2015；Murgue et al.，2015；Paracchini et al.，2015；黄宝荣等，2014；Su et al.，2011a）。农业景观的一个或两个维度（结构和组成）以及不同的土地利用特征可以根据需要进行量化（Benoît et al.，2012；Murgue et al.，2015）。在处理非农业利用问题时，研究必须分析农业景观变化的过程、决定因素和后果（Su et al.，2011，2014d）。欧洲景观公约倡导致力于寻找农业景观变化的决定因素（Council of Europe，2000）。因此，确定农业景观变化的影响因素已成为农业资源管理和决策的主要优先事项。

土地利用/覆被（LULC）的变化以及非生物和生物因素被确定为塑造景观格局的直接决定因素（宋章建等，2015；Abdullah and Nakagoshi，2006；Baus et al.，2014；Hernández et al.，2015；孔祥伦等，2020；Liu et al.，2016b；Zhang et al.，2016）。作为土地利用/覆被变化的主要驱动力，社会经济发展对景观结构和功能有很大影响（Abdullah and Nakagoshi，2006；Parcerisas et al.，2012；Su et al.，2014d）。大量研究表明，社会经济因素是景观格局变化的重要间接决定因素（Liu et al.，2016b；Parcerisas et al.，2012；Su et al.，2014e；Xu et al.，2014；宋章建等，2015；汤茜和丁圣彦，2020；孔祥伦等，2020）。然而，社会经济发展总是无法摆脱政策和规划，完全控制景观格局的变化（Abdullah and Nakagoshi，2006；Xie et al.，2005）。因此，土地利用/覆被以及景观格局变化不仅受到社会经济因素的影响，也受制于政府的发展政策和规划（Abdullah and Nakagoshi，2006；Huang et al.，2009a）。因此，研究土地利用/覆被、农业景观变化、社会经济发展和政府规划之间的复杂关系对于提高农地管理效率至关重要。

中国 20 世纪 70 年代以后，整个国家从最初的社会主义根本上转变为市场经济。始于 20 世纪 80 年代的土地市场改革赋予地方政府批准土地使用的权力（Tao et al.，2010；吴次芳等，1996）。尤其是沿海地区的经济发达城市，政府逐步通过征地的“剪刀差”迅速增加地方政府的可支配财力。伴随的是大量农地转变为建设建设用地。此外，由于中国迅速融入世界经济体系，经济结构的调整因全球化而得到加强（Huang et al.，2015；You et al.，2016b）。在经济转型的推动下，中国农业景观优势度下降，景观格局变化加快（Fu et al.，2006；Liang et al.，2015；Su et al.，2011a；于伯华和吕昌河，2008；孔祥伦等，2020）。同时，中国土地利用处于两种不同的空间规划体系（城市规划区和非城市规划区）的控制之下，导致了规划对土地控制的差异（王向东等，2016；Liu et al.，2016b；Zhou et al.，2015a）。在这种情况下，比较不同空间规划区农业景观变化与经济转型之间的关系，是对上述分析问题的一个典型实证。然而，在这方面所做的研究仍然非常少。

遥感、地理信息系统和景观度量是描述和理解景观动态的有效工具（Parcerisas et al.，2012；Su et al.，2014c；Zhang et al.，2016；Zhou et al.，2015a）。结构方程模型（SEM）是一种多元统计工具，它试图估计因果路径并量化多个变量之间的直接或间接关系（Tabachnick et al.，2007）。通过建立一个假设模型和再现原始数据的协方差结构，结构方程模型考虑了中介效应的检验（Kelloway，1998）。已有研究表明，结构方程模型适用于景观、生态系统和社区尺度的农业环境研究（Pollman，2014；Santibáñez-Andrade et al.，2015；Su et al.，2016b；Wan and Su，2016）。因此，本书研究运用结构方程模型来研究农业景观变化与经济转型之间的关系以及中介因素。

本章的研究主要完成三个方面的工作：①描述农业景观变化与经济转型之间的关系；②探究它们的因果路径和土地利用/覆被的中介作用；③比较不同空间规划区之间的差异，并提供政策参考。

4.2 文献和概念框架

4.2.1 文献综述

关于经济转型的文献主要集中在前社会主义国家（苏联、中国和越南）（Havel，2014；Kemper et al.，2015；Li et al.，2015；Müller et al.，2013；Zeković et al.，2015）和一些发展中国家（如印度和保加利亚）（Ivanova et al.，2006；Mittal and Kashyap，2015）。苏联和东欧国家的经济转型的最重要特征是资本主义化，即社会主义经济制度向资本主义经济制度的转型，实现价格自由化、私有化与宏观经济稳定化（洪银兴，2006）。但经济转型的内涵应该更加多样，苏联和东欧国家的经济转型作为特殊时代的结果，有其特殊性。有人认为，经济转型最重大的变化包括土地使用权与所有权的分离，国际和国内贸易的自由化，以及土地资源和资本分配方式的变化（Mittal and Kashyap，2015；Müller et al.，2013；Su et al.，2011a）。欧洲复兴开发银行在其每年一度的《转型报告》的转型指标包括了价格自由化、企业改革、私有化、外汇和外贸自由化、竞争性政策、金融机构改革等（樊纲等，2011）。Wei（2012）归纳了中国经济转型的三个方面：全球化、分权化和市场化。国际贸易自由化使中国面临全球竞争。在全球化背景下，中国吸引了越来越多的海外贸易和投资，对土地的需求也随之增加（Breslin，2000）。市场经济转型的过程是解除政府管制，实现各类要素自由化流动和民众企业经济与政治自由权的回归过程（杨开忠等，2003；柯武刚和史漫飞，2003）。在土地方面，中央政府将权力下放赋予地方政府分配土地资源的权力（He and Zhu，2007）。地方政府为了满足财政需求，获得高经济增长作为政绩，热衷于开发土地市场和批准工业开发区（Wei and Leung，2005；Su et al.，2014f，2014g）。越来越多的经济刺激鼓励了急剧的城市扩张。市场化在中国指市场经济体制取代双轨过渡体制的改革过程（张建君，2008）。市场化从两个方面刺激城市蔓延。一方面，私营企业和工业化的繁荣增加了对土地的需求（Chen et al.，2014；Gao et al.，2014）；另一方面，城市土地市场的发展也增加了土地供应（Ping，2011）。

许多案例证明，在转型背景下，农业景观格局将发生重大变化。Long 等（2009）发现，在中国经济转型期间，苏锡常地区的农业斑块数量增加，而最大斑块面积减少。Brown 和 Schulte（2011）发现，随着时间的推移，艾奥瓦州的农业景观多样性整体下降。相反，Arvor 等（2012）发现，经济转型时期农业多样性增加。Su 等（2011a）证明，随着时间的推移，中国杭嘉湖地区的农业景观变得不规则、破碎和孤立。在中国的苕溪流域（Su et al.，2014e）和钱塘江流域（Su et al.，2014d）也观察到类似的趋势。于伯华和吕昌河（2008）发现，工业发展是北京顺义地区耕地流失的主要驱动因素。而人口城市化和房地产发展则加速了耕地流失。Su 等（2014c）认为，农地碎片化是经济转型时期最明显的特征。Sreeja 等（2015）回顾了发展中国家生计转型后农业景观的研究。经济转型期间由大规模的农村—城市迁移驱动的城市蔓延是农地景观变化的决定因素（Ding and Lichtenberg，2011；Long et al.，2009；Müller and Sikor，2006；Su et al.，2011a；Su et al.，2014d）。袁艺等（2003）发现，1980~2000 年深圳市在快速城镇化期间农地斑块数量先增后减，但面积一直保持下降的趋势。Anys 等（2003）运用遥感技术和 GIS 工具分析了摩洛哥地区城镇化对农地景观的影响。研究发现，从 20 世纪 70 年代到 90 年代，市区建筑物的扩张主要侵占了园地、牧场和旱地；而郊区建筑物的扩张主要侵占了旱地、牧场和园地。一些研究还表明，经济转型后所发生的生活方式的转变和随后的种植结构变化也决定了农业景观变化（Arvor et al.，2012；Brown and Schulte，2011；Long et al.，2009；Su et al.，2014e）。先前的研究极大地促进了我们对农业景观变化与经济转型之间关系的理解。然而已有的研究仍然有两个重要问题没有得到很好的解决：①土地利用/覆被、农业景观变化、社会经济发展和规划之间的复杂联系；②农业景观变化与经济转型的中介因素。

4.2.2 概念框架

在文献综述和专家咨询的基础上，本章提出了一个概念框架（见图 4.1）来可视化农业景观变化与经济转型之间的关系。

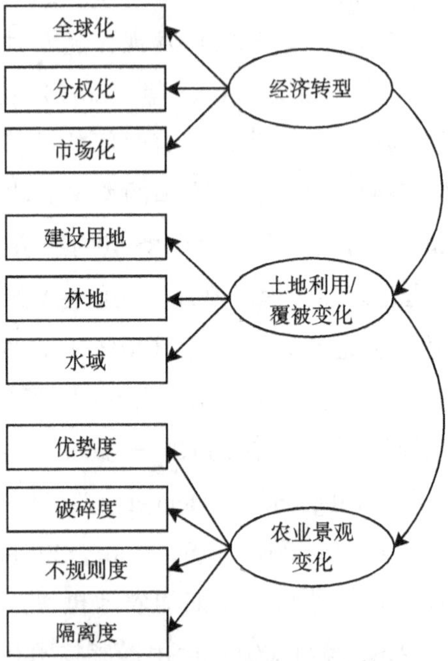

图 4.1 农业景观变化对经济转型的反馈概念框架

第一，过去的文献表明，在中国东部沿海，土地利用中，农业用地可以转化为建设用地、水体和森林（Liang et al.，2015；Long et al.，2009；Su et al.，2014d）。在概念框架中，三种土地利用/覆被类型作为中介因素，分别从面积、密度和形态三个方面进行景观度量。面积衡量特征，是土地覆被的基线描述。密度描述了土地覆被斑块的空间分布及其在空间上的相对距离。形态学代表土地覆被的结构，包括边缘、形状和聚集。

第二，在描述经济转型时采用了一个三维指标体系（全球化、分权化和市场化）。在全球化背景下，中国吸引了越来越多的海外贸易和投资，随之而来的是对城市土地的需求增加（Wei，2012），这就要求改变农业用地用途。权力下放赋予地方政府分配土地资源的权力（吴次芳等，1996）。市场化通过民营企业和工业化的繁荣增加了对土地的需求（蒋震，2014；Gao et al.，2014）。以往的研究表明，这种三维指标体系能够有效地反映中国经济转型的特征（Gao et al.，2014；Huang et al.，2015；Li et al.，2015；Wei，2012）。

第三，农业景观变化对经济转型的反应是通过量化农业景观变化指数和经济转型指标之间的复杂关系而产生的。

4.3 背 景

4.3.1 中国的空间规划

中国的空间规划体系从无到有，逐步完善。然而，它仍处于早期阶段，需要很长时间来调整。我国对土地利用空间详细布局的根据主要是两部专业的空间规划法，即《城市规划法》和《城乡规划法》，为编制空间规划提供了法律依据①。1990 年 4 月 1 日生效的《城市规划法》将土地利用管理和控制划分为两个空间域，即城市规划区和非城市规划区。城市规划区代表城市和郊区，在此范围内，应控制建设用地，以确保城市总体规划的土地使用模式。非城市规划区是指一个行政区域内城市规划区以外的区域。《城市规划法》标志着中国土地利用规划实践对空间概念的认可。然而，空间规划在实践中遇到了许多挑战。首先，这两个规划区已经通过社会经济和物质互动变得越来越紧密。双重规划形式不能有效地管理土地使用，以实现可持续发展模式。其次，不同行政级别的政府都参与了空间规划。没有协调机制来整合在不同行政系统框架下制定的土地利用。此外，总体规划仅在城市规划区实施，非

① 2018 年住建部城乡规划管理职责划入自然资源部。2019 年中共中央、国务院发布《关于建立国土空间规划体系并监督实施的若干意见》。意见提出，到 2020 年，基本建立国土空间规划体系，逐步实现“多规合一”。因此，在本书出版的时候，中国实际上不再编制单独的城市规划与土地利用规划，而统一编制国土空间规划。但本部门内容的撰写的时候，中国仍然在实行旧的空间规划体系。即使到 2020 年底，中国这一轮的国土空间规划是无法落地实施的。因此，本部分的研究对空间规划的分析，仍然按照旧的空间规划体系。

城市规划区未得到足够重视（官卫华等，2013；Liu et al.，2016b）。

为了有效解决上述问题，平衡城市和非城市规划区的发展，《城乡规划法》于 2008 年 1 月 1 日生效，《城市规划法》同时废止。在新法中，规划区的概念取代了城市规划区的概念。根据《城乡规划法》，规划区是指为城乡建设和发展的需要，在城市、乡镇和村庄中建立起来的区域。因此，土地规划空间领域被划分为不同的尺度。人们普遍认为，规划区的划定可以减少各级政府主导的空间规划领域的冲突。与《城市规划法》相比，《城乡规划法》更加科学。然而，仍然需要进行许多修改，以使其更加合理和实用。作为《城乡规划法》的基础，分析《城乡规划法》的实施及其影响，有助于《城乡规划法》的调整和完善。尽管这一课题意义重大，但很少有研究中国《城市规划法》的特点以及土地利用对空间规划的响应。

4.3.2 研究区域

浙江省宁波市位于中国东部沿海的中部[①]。它占地约 9800 平方千米，居住着 7800 万居民。受亚热带季风气候影响，气候温暖湿润，年平均气温 28.0℃，降雨量 1480 毫米，日照时数 1850 小时。浙江省宁波市主要有四种地貌类型，分别占 24.9%（山地）、25.2%（丘陵）、40.3%（平原）和 8.1%（盆地）。气候和地形特征为农业生产的形成和发展提供了有利条件。作物生长季节一年可达 300 天。浙江省宁波市因此被誉为中国东部沿海的农业生产基地。

浙江省宁波市作为中国东部沿海首批对外开放的城市之一，正处于经济转型时期。2015 年国内生产总值达到 8011 亿元，比 1979 年增长 300 多倍。宁波通过吸引外资和加快科技进步，积极融入世界经济。外商直接投资从 1979 年的 180 万美元增长到 2015 年的 42.3 亿美元。然而，在快速的经济转型过程中，也出现了大范围的农地非农化。此外，浙江省宁波市的土地利用受两种不同的空间规划体系（城市规划区和非城市规划区）的控制。具体而言，城市规划区实施土地利用总体规划，非城市规划区被诸如村庄规划等非

① 第 3 章选择了浙江省为实证区。在农地景观变化分析中，若浙江省为分析对象，实证区过大。并且本章的研究是基于空间规划背景，在中国能够具体实施空间规划最高层级的一般为市级规划。因此，本章选择浙江省宁波市为实证区。

系统的规划所管控（官卫华等，2013；Liu et al.，2016b）。这两个空间规划区显示了不同的土地利用灵活性和开发强度，这导致了农业景观变化的差异。浙江省宁波市是中国经济转型时期非农转型的典型。

4.4 研究方法

4.4.1 遥感数据和处理

利用 30 米分辨率的时间序列遥感图像提取土地覆盖信息（见表 4.1）。所有图像首先进行几何校正，然后导入 ArcGIS 9.3 平台。再依赖熟练的专业人员通过描绘目标多边形的边界并记录相应的土地覆被类型作为属性，直观地解释图像（1：50000 摄影测量比例）。结合研究目标和宁波市土地利用的实际特点，分析了四种土地覆被类型，包括农用地、建设用地、林地和水域。[①] 具体而言，首先解释 2013 年土地覆被图，然后将其用作追溯更新其他年份土地覆被信息的参考。Olofsson 等（2014）建议的方法被选择用于评估解释的准确性。参考点是通过分层随机抽样确定的，每年的总数为 240 个。2013 年 1.5 米分辨率航空照片中的 80 个点和 160 个实地观测点被用作参考点，这些点在空间中随机分布。对于其他年份，从高分辨率图像（SPOT 和 Quickbird）和历史航拍照片中选择 240 个随机分布的点。四个间隔年的土地覆被相应的精度如表 4.1 所示。

表 4.1 遥感数据源描述

No.	收集时间	传感器	Path/Row	OA（%）	Kappa（%）
1	1979.06.13	MSS	120/39；120/40	94.0	90.6
2	1985.04.24	Landsat 5	120/39；120/40	93.9	90.4
3	1988.10.09	Landsat 5	120/39；120/40	92.9	89.6

① 宁波市土地覆被解译图可向作者索取。

续表

No.	收集时间	传感器	Path/Row	OA（%）	Kappa（%）
4	1991.11.03	Landsat 5	120/39；120/40	92.5	89.0
5	1992.10.20	Landsat 5	120/39；120/40	93.9	90.6
6	1994.05.19	Landsat 5	120/39；120/40	94.0	90.8
7	1995.03.19	Landsat 5	120/39；120/40	94.1	91.5
8	1997.05.27	Landsat 5	120/39；120/40	92.3	89.1
9	1999.12.27	Landsat 5	120/39；120/40	92.0	89.9
10	2000.04.17	Landsat 5	120/39；120/40	91.7	88.5
11	2001.04.04	Landsat 5	120/39；120/40	92.7	89.3
12	2002.9.30	Landsat 5	120/39；120/40	91.5	88.2
13	2003.02.05	Landsat 7	120/39；120/40	92.7	89.6
14	2004.10.21	Landsat 5	120/39；120/40	93.3	90.3
15	2005.10.24	Landsat 5	120/39；120/40	93.6	90.5
16	2006.05.20	Landsat 5	120/39；120/40	92.8	90.0
17	2007.09.12	Landsat 5	120/39；120/40	93.2	90.3
18	2008.12.31	CBERS	365/67	90.7	87.6
19	2009.04.10	Landsat 5	120/39；120/40	91.6	88.3
20	2010.03.28	Landsat 5	120/39；120/40	93.9	90.6
21	2011.05.18	Landsat 5	120/39；120/40	92.2	89.9
22	2012.09.15	CBERS	365/67	90.7	87.5
23	2013.10.14	Landsat 8	120/39；120/40	94.5	91.7

OA：overall accuracy.

4.4.2 变量选择

有多种指标可用于描述景观变化。但适当地选择一组指标相比采用所有的指标来描述景观变化更有优势，因为指标总是呈现显著的冗余（Su et al., 2014e）。本书研究中的指标选择遵循以下标准：①农业景观特征的多维反映，包括面积、密度和形态；②与以往文献的可比性（Brown and Schulte, 2011；Fu et al., 2006；Lee et al., 2015；Liang et al., 2015；Su et al., 2011a；Zhang et al., 2016）；③低冗余度。基于文献综述，首先选择了一组 26 个指标（Brown and Schulte, 2011；Fu et al., 2006；Lee et al., 2015；Liang et al.，2015；Su et al.，2011a，2014d；Zhang et al.，2016）。然后应用皮尔逊相关分析，对于高度相关的指标对（|r|≥0.9），只保留一个（Su et al.，2014e）。进一步采用主成分分析法。在特征值大于1.0的成分中，保持负载超过0.75的指标（Cumming and Vernier，2002；Su et al.，2014e）。最后得到了反映农业景观格局的四个指标，包括面积加权平均斑块面积、斑块密度、面积加权形状指数和欧氏最近邻距离。指标计算的软件为Patch Analyst 4.0（Rempel，2008）。使用类似的方法，从一组24个原始指标中选择了8个经济转型指标（见表4.2）。包括三个维度：全球化、分权化与市场化。这些经济转型指标的数据来自宁波市政府有关部门的数据。

表4.2 宁波市经济转型指标选择

维度	指标	定义
全球化（Globalization）	外国直接投资（FDI）	外国直接投资总额
	国际贸易总额（TIT）	外贸总量
	国际旅游收入（ITR）	国际旅游总收入
分权化（Decentralization）	市级财政分权（MLFD）	市一级人均财政支出与国家一级人均财政支出的比率
	区县财政分权（PLFD）	区县级人均财政支出与市级财政支出之比
市场化（Marketization）	私营部门劳动者比例（PLFP）	私营部门劳动者与总劳动者之比
	私营经济比例（PEP）	私营经济增加值与地区生产总值之比
	房地产投资比例（REIP）	房地产投资与固定资产投资总额之比

4.4.3 统计分析和建模

T检验（与95%置信水平下的平均差异比较）被用于比较两类空间规划区之间的差异（Liu et al.，2016b）。运用结构方程模型研究了农业景观变化与经济转型的关系及其中介因素。作为一种先验统计技术，结构方程模型首先基于已有知识构建变量间结构关系的假设模型；然后对照观测数据的协方差矩阵测试模型的效率（Su et al.，2016b）。基于概念模型和原始数据，执行对应典型分析（McCune and Mefford，2006）来感知变量之间的可能联系，并探索它们对于不同空间规划区的因果关系。特征值用来表示解释变量的梯度。

此外，与主轴相关的向量相关性是定位因变量的基础（Santibáňez-Andrade et al.，2015）。同时，还对方差同质性进行了F检验，对正态性进行了夏皮罗—维尔克检验（Shapiro-Wilk test），对标准化进行了标准差模型。运用W-Statistics（Shapiro-Wilk test）计算，面积加权平均斑块面积（AREA）的p值是0.03，斑块密度（PD）的p值是0.07，面积加权形状指数（AWSI）的p值是0.02，欧氏最近邻距离（ENND）的p值是0.06。应用Box-Cox transformation对AREA和AWSI进行归一化。这些结果被用作建立假设模型的先验信息，如图4.2（a）和图4.2（b）所示。

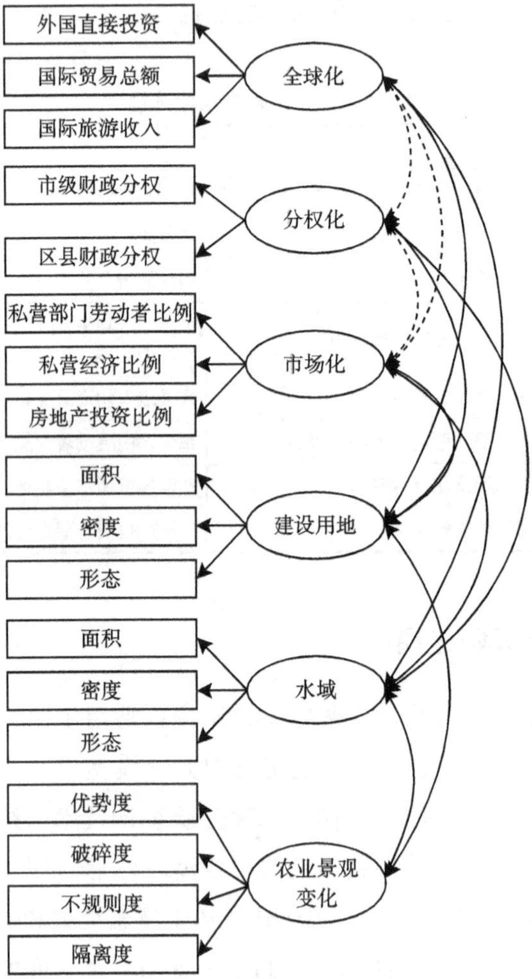

(a)

图4.2 假设模型

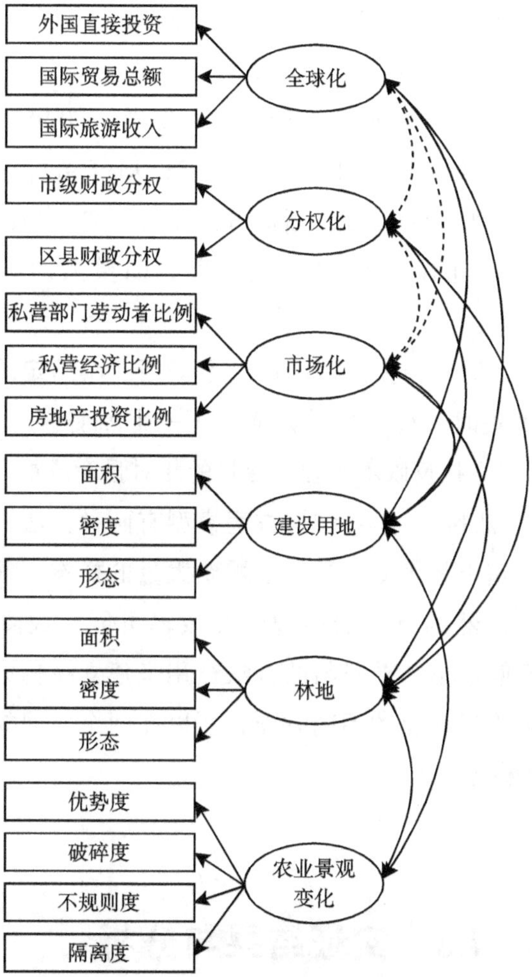

(b)

图 4.2 假设模型（续）

拟合优度测试用于估计假设模型的总体拟合度。Chi-square（χ^2）是模型性能的主要衡量标准（Grace，2008），它将模型中的协方差矩阵与观测数据的协方差矩阵进行比较。对于 χ^2 检验，零假设是两个模型之间不存在差异。没有自由度则意味着完美匹配。对于少于 200 个样本的情况，若 $p<0.05$，则拒绝零假设（Kelloway，1998；Pollman et al.，2014）。此外，一些增量和绝对拟合指数被可被作为 χ^2 检验的替代检验方法（Hu and Bentler，1995；Kelloway，1998；Koufteros，1999）。常用的替代指数包括 Root Mean Squared Error of Approximation（RMSEA）、Comparative Fit Index（CFI）、Goodness-of-Fit Index（GFI）、Adjusted Goodness-of-fit（AGFI）、Tucker-Lewis Index（TLI）。指标可接受的标准如下：RMSEA < 0.05、CFI 和 TLI > 0.95、GFI 和 AGFI < 0.90（Hu and Bentler，1995；Kelloway，1998；Koufteros，1999）。Critical Ratio（CR）用于估计模型的有效性。指标可接受的标准是 CR > 2.0 或者 CR < -2（Koufteros，1999）。此外，$R^2 > 0.5$ 也可以判断模型的有效性（Bollen，1989；Koufteros，1999）。

标准化系数用于帮助解释变量之间的关系。当一个给定的独立变量接收到一个增加的标准偏差时，标准化系数描述了一个因变量对应的单一响应。这样，标准化系数可以直接反映不同独立变量的相对强度或重要性（Koufteros，1999；Pollman et al.，2014）。建立结构方程模型有两种方法：最大似然法和偏最小二乘回归法。基于最大似然的方法需要大量的样本。假设样本数很小（N = 23），基于最大似然的方法的稳健性和效率可能大大降低（Su et al.，2016b）。因此，基于偏最小二乘回归的方法被用来建立结构方程模型。因四个指标衡量农业景观格局变化的不同方面，所以在两个空间规划区分别为四个指标建立结构方程模型。

4.5 实证结果与分析

4.5.1 农业景观变化描述

图 4.3 显示了两个空间规划区中四个指标的时间变化。在这两个区域，斑块密度呈快速增长。这意味着在经济转型期间，农业景观变得更加分散。面积加权形状指数和欧几里得最近邻距离也呈现出增长趋势，表明农业景观在两个空间规划区变得更加不规则和孤立。这两个地区的面积都在迅速下降。这表明，在经济转型时期，农业景观变得不那么占主导地位。

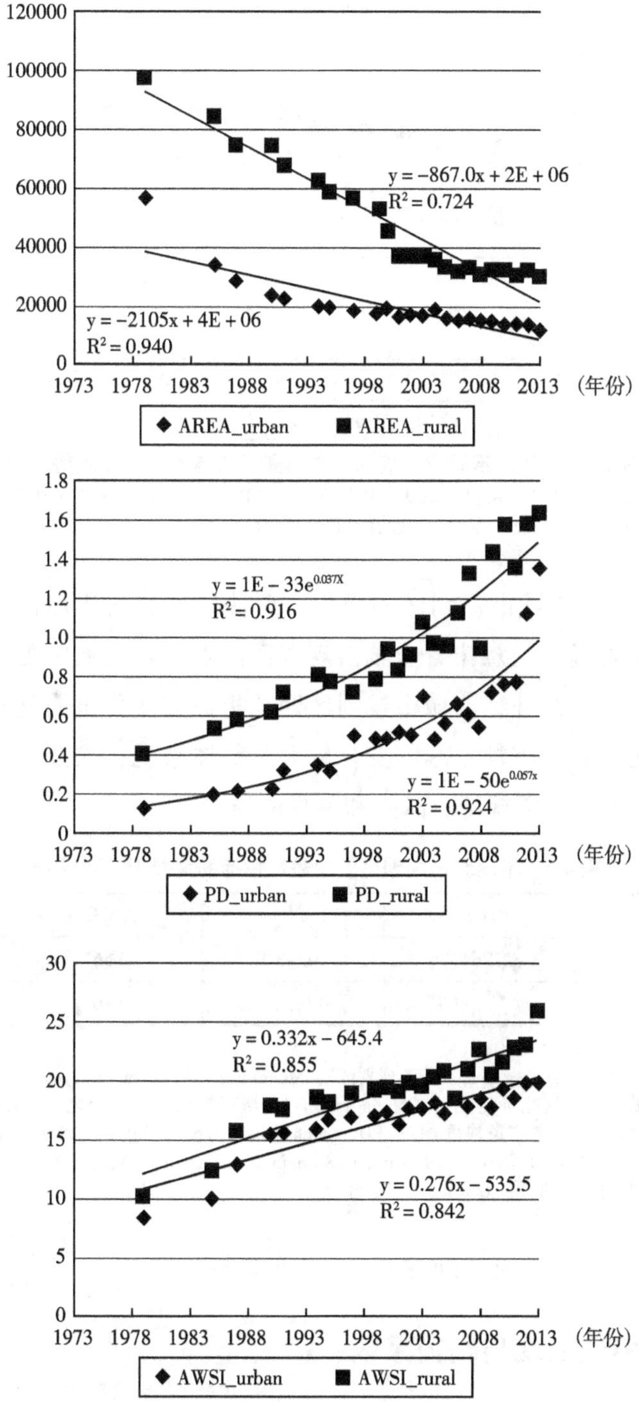

图 4.3　宁波市不同空间规划区 5 类景观指标时间变化趋势

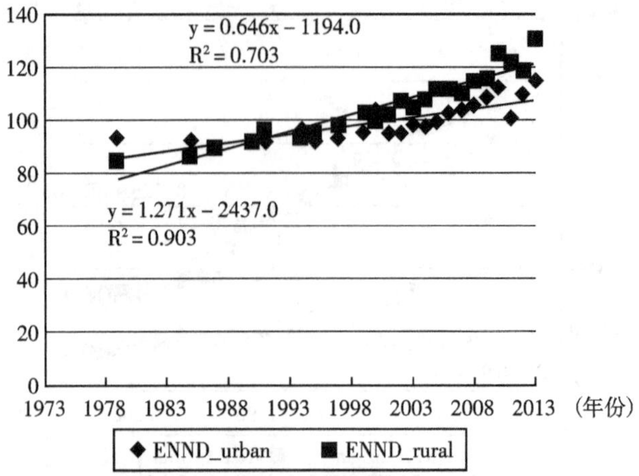

图 4.3　宁波市不同空间规划区 5 类景观指标时间变化趋势（续）

注：urban（城市规划区），rural（非城市规划区）。AREA（面积加权平均斑块面积）；PD（斑块密度）；AWSI（面积加权形状指数）；ENND（欧几里得最近邻距离）。

表 4.3 显示，非城市规划区的面积、斑块密度和面积加权形状指数值明显高于城市规划区。这意味着非城市规划区的农业景观通常更加分散、占主导地位和不规则。此外，非城市规划区四项指标的变化也明显较高。这表明农业景观变化在非城市规划区的变化较大。具体来说，农业景观以更快的速度变成了支离破碎、不规则、减少和孤立的格局。

表 4.3　不同城市规划区农业景观指标的 T 检验（双尾）[a]

	AREA	PD	AWSI	ENND
$M_{urban} - M_{non\text{-}urban}$	-27964^{**}	-0.43^{**}	-2.56^{**}	-5.75
$CM_{urban} - CM_{non\text{-}urban}$	-1.7^{**}	-0.12^{*}	-0.16^{**}	-0.14^{*}

* 表示 $p < 0.05$；** 表示 $p < 0.01$。

注：Murban，urban planning zone（城市规划区），Mnon-urban，Non-urban Planning zone（非城市规划区）；CMurban（城市规划区指标变化），CMnon-urban（非城市规划区指标变化）；AREA，area-weighted mean patch area（面积加权平均斑块面积）；PD，patch density（斑块密度）；AWSI，area-weighted shape index（面积加权形状指数）；ENND，Euclidean nearest neighbour distance（欧几里得最近邻距离）。

a 指标变化的计算公式如下（Liu et al.，2016b）：

$$C = \frac{V_2 - V_1}{V_1}$$

其中，C 是指标变化；V_2 是当年指标值；V_1 是往年指标值。

4.5.2　模型表现与路径系数

表 4.4 显示了城市规划区初始模型的统计描述。4 个模型的 χ^2 检验的 p

值都小于 0.05。建议修改初始模型。然后我们删除绝对值小于 2.0 且项目可靠性小于 0.5 的变量。最终模型如图 4.4 所示。所有拟合指数均达到模型可接受的水平。这表明该模型在解释城市规划区内经济转型、农业景观变化和土地利用/土地覆被之间的相互关系具有很强的说服力。特别是房地产投资比例、外国直接投资和区县财政分权是农业景观变化的关键间接决定因素。比较路径系数可以看出，房地产投资比例的影响大于外国直接投资和区县财政分权。这意味着市场化在城市规划区的农业景观塑造中起着关键作用。此外，建设用地面积和水域面积是面积加权平均斑块面积变化的主要直接决定因素，而建设用地形态和水域空间密度是斑块密度、面积加权形状指数和欧几里得最近邻距离的主要直接决定因素。这些结果表明，农业景观变化在很大程度上受到城市规划区内建设用地形态变化和水域空间密度增加的影响。

表 4.4 城市规划区原始假设模型的表现

Model 1 (AREA)	变量	CR	R^2	**Model 2 (PD)**	变量	CR	R^2
Globalization	**FDI**	**2.8**[a]	**0.57**	Globalization	**FDI**	**2.3**	**0.59**
	NIT	1.1	0.12		NIT	0.9	0.06
	TIT	2.1	0.46		TIT	2.2	0.41
Marketization	PLFP	1.4	0.35	Marketization	PLFP	1.0	0.12
	PEP	1.6	0.39		PEP	1.3	0.21
	REIP	**3.2**	**0.64**		**REIP**	**3.4**	**0.67**
Decentralization	MLFD	1.8	0.51	Decentralization	MLFD	1.2	0.41
	PLFD	**2.4**	**0.55**		**PLFD**	**2.2**	**0.51**
Construction land	**Area**	**2.6**	**0.79**	Construction land	**Area**	**2.8**	**0.63**
	Density	1.6	0.53		Density	2.5	0.43
	Morphology	**2.2**	**0.68**		**Morphology**	**2.6**	**0.60**
Water body	**Area**	**2.4**	**0.57**	Water body	Area	2.0	0.44
	Density	2.5	0.38		**Density**	**2.1**	**0.53**
	Morphology	1.2	0.24		Morphology	1.3	0.31
Fit indices	$\chi^2=5.67$ (p = 0.008)			Fit indices	$\chi^2=2.59$ (p = 0.011)		

续表

Model 3（AWSI）	变量	CR	R^2	Model 4（ENND）	变量	CR	R^2
Globalization	**FDI**	**2.4**	**0.56**	Globalization	**FDI**	**2.1**	**0.55**
	NIT	0.8	0.05		NIT	1.7	0.24
	TIT	2.1	0.45		TIT	1.8	0.53
Marketization	PLFP	1.2	0.35	Marketization	PLFP	1.2	0.37
	PEP	1.4	0.39		PEP	1.5	0.39
	REIP	**3.2**	**0.63**		**REIP**	**2.9**	**0.61**
Decentralization	MLFD	1.5	0.40	Decentralization	MLFD	2.3	0.46
	PLFD	**2.5**	**0.53**		**PLFD**	**2.5**	**0.52**
Construction land	**Area**	**2.9**	**0.62**	Construction land	**Area**	**2.3**	**0.48**
	Density	2.2	0.44		Density	3.0	0.55
	Morphology	**3.0**	**0.65**		**Morphology**	**3.2**	**0.56**
Water body	Area	1.0	0.13	Water body	Area	1.2	0.42
	Density	**2.4**	**0.52**		**Density**	**2.6**	**0.58**
	Morphology	1.5	0.33		Morphology	1.7	0.56
Fit indices	$\chi^2=8.43$（p = 0.023）			Fit indices	$\chi^2=2.55$（p = 0.032）		

注：Globalization（全球化），Decentralization（分权化），Marketization（市场化），FDI（外国直接投资），TIT（国际贸易总额），国际旅游收入（ITR），市级财政分权（MLFD），区县财政分权（PLFD），私营部门劳动者比例（PLFP），私营经济比例（PEP），房地产投资比例（REIP）。Agricultural land（农用地），Construction land（建设用地），Forest（林地），Water body（水域），Area（面积），Density（密度），Morphology（形态）。

a 加黑数字指变量达到可接受的水平。

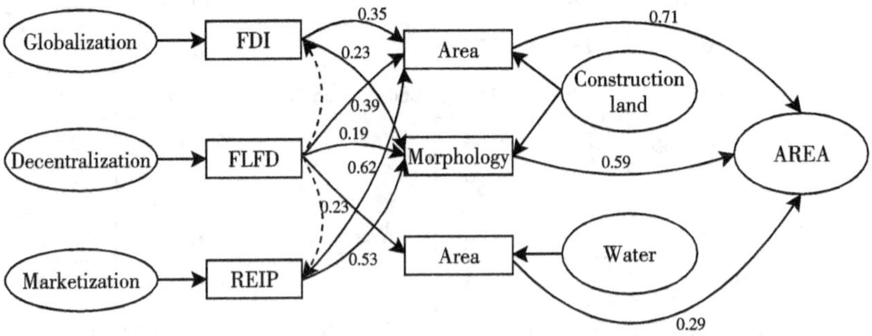

$\chi^2=4.77$（p = 0.12）；RMSEA = 0.02；CFI = 0.98；CFI = 0.82；AGFI = 0.77；TLI = 0.99

图 4.4　城市规划区经济转型与农业景观变化最终结构方程模型

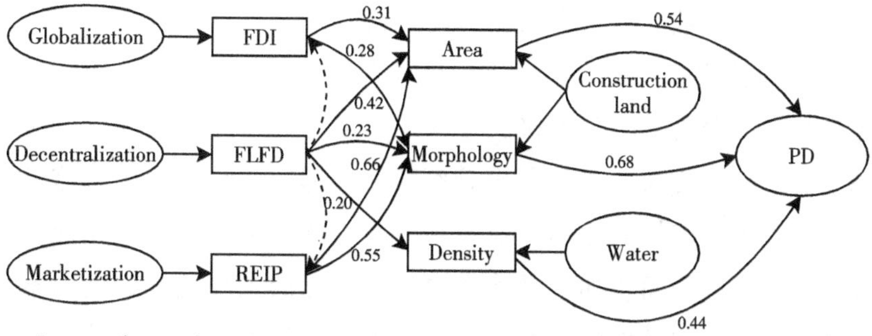

$\chi^2=3.11$（$p=0.09$）；RMSEA = 0.01；CFI = 0.99；CFI = 0.79；AGFI = 0.72；TLI = 0.99

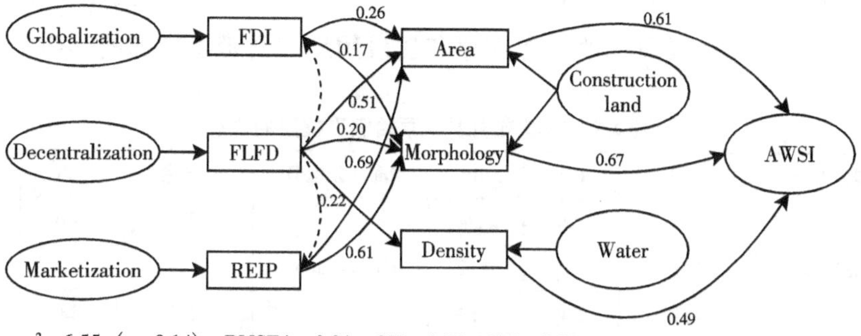

$\chi^2=6.55$（$p=0.14$）；RMSEA = 0.01；CFI = 0.99；CFI = 0.80；AGFI = 0.75；TLI = 0.98

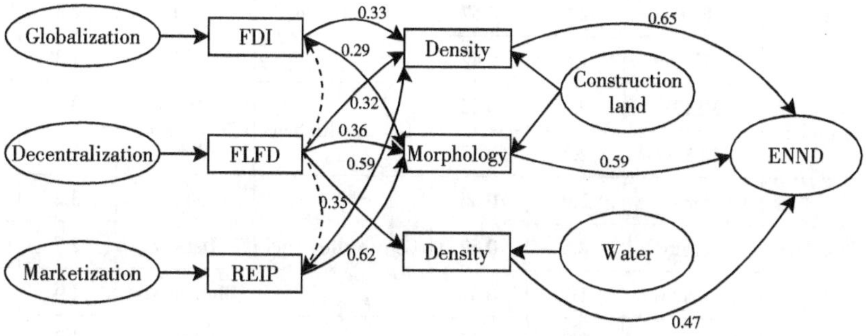

$\chi^2=3.46$（$p=0.07$）；RMSEA = 0.01；CFI = 0.99；CFI = 0.81；AGFI = 0.79；TLI = 0.99

图 4.4　城市规划区经济转型与农业景观变化最终结构方程模型（续）

注：Globalization（全球化），Decentralization（分权化），Marketization（市场化），FDI（外国直接投资），区县财政分权（PLFD），房地产投资比例（REIP）。Agricultural land（农用地），Construction land（建设用地），Forest（林地），Water body（水域），Area（面积），Density（密度），Morphology（形态）。AREA（面积加权平均斑块面积）；PD（斑块密度）；AWSI（面积加权形状指数）；ENND（欧几里得最近邻距离）。

表 4.5 显示了非城市规划区初始模型的统计描述。4 个模型的 χ^2 检验的 p 值都小于 0.05。建议修改初始模型。我们使用上述方法对模型进行了修正，最终模型如图 4.5 所示。所有拟合指数均达到模型可接受的水平。结果表明，

该模型能够很好地解释非城市规划区内经济转型、农业景观变化和土地利用覆被/变化之间的相互关系。私营部门劳动者比例、国际贸易总额和市级财政分权是农业景观变化的关键间接决定因素。通过比较路径系数可以看出，市级财政分权的影响要大于国际贸易总额和私营部门劳动者比例。这意味着权力下放在塑造非城市规划区的农业景观方面发挥着关键作用。此外，建设用地面积和林地面积是面积加权平均斑块面积变化的主要直接决定因素，而建设用地的空间密度和林地的形态是斑块密度、面积加权形状指数、欧几里得最近邻距离的主要直接决定因素。这些结果表明，农业景观变化在很大程度上受到非城市规划区内林地形态变化和建设用地空间密度增加的影响。

表 4.5 非城市规划区原始假设模型的表现

Model 1（AREA）	变量	CR	R^2	**Model 2（PD）**	变量	CR	R^2
Globalization	FDI	2.6	0.34	Globalization	FDI	1.6	0.31
	NIT	1.0	0.12		NIT	0.8	0.09
	TIT	**2.4**[a]	**0.54**		**TIT**	**2.6**	**0.59**
Marketization	PLFP	1.3	0.37	Marketization	**PLFP**	2.9	0.55
	PEP	**2.6**	**0.57**		PEP	2.3	0.47
	REIP	1.6	0.42		REIP	1.3	0.28
Decentralization	**MLFD**	**2.9**	**0.68**	Decentralization	**MLFD**	**3.1**	**0.64**
	PLFD	2.2	0.43		PLFD	1.8	0.57
Construction land	**Area**	**2.9**	**0.66**	Construction land	**Area**	**3.2**	**0.56**
	Density	**2.5**	**0.62**		**Density**	**2.7**	**0.64**
	Morphology	1.1	0.52		Morphology	1.4	0.44
Forest	Area	2.3	0.45	Forest	Area	1.3	0.15
	Density	0.9	0.05		Density	1.1	0.19
	Morphology	**2.1**	**0.51**		**Morphology**	**2.5**	**5.2**
Fit indices	$\chi^2 = 10.3$（p = 0.017）			Fit indices	$\chi^2 = 7.9$（p = 0.009）		
Model 3（AWSI）	变量	CR	R^2	**Model 4（ENND）**	变量	CR	R^2
Globalization	FDI	2.5	0.45	Globalization	FDI	1.7	0.53
	NIT	0.7	0.04		NIT	0.6	0.08
	TIT	**2.9**	**0.59**		**TIT**	**2.5**	**0.51**

续表

Model 3（AWSI）	变量	CR	R^2	Model 4（ENND）	变量	CR	R^2
Marketization	**PLFP**	**3.1**	**0.52**	Marketization	PLFP	2.3	0.46
	PEP	2.5	0.43		**PEP**	**2.8**	**0.57**
	REIP	1.6	0.18		REIP	1.2	0.23
Decentralization	**MLFD**	**3.3**	**0.68**	Decentralization	**MLFD**	**3.4**	**0.66**
	PLFD	1.5	0.52		PLFD	2.1	0.37
Construction land	Area	2.2	0.29	Construction land	**Area**	**2.6**	**0.59**
	Density	**3.1**	**0.64**		**Density**	**3.1**	**0.64**
	Morphology	**2.5**	**0.51**		Morphology	1.3	0.45
Forest	Area	0.8	0.11	Forest	Area	0.7	0.19
	Density	1.6	0.26		Density	1.5	0.40
	Morphology	**2.1**	**0.51**		**Morphology**	**2.9**	**6.2**
Fit indices	$\chi^2 = 9.5$（p = 0.029）			Fit indices	$\chi^2 = 6.7$（p = 0.034）		

注：Globalization（全球化），Decentralization（分权化），Marketization（市场化），FDI（外国直接投资），TIT（国际贸易总额），国际旅游收入（ITR），市级财政分权（MLFD），区县财政分权（PLFD），私营部门劳动者比例（PLFP），私营经济比例（PEP），房地产投资比例（REIP）。Agricultural land（农用地），Construction land（建设用地），Forest（林地），Water body（水域），Area（面积），Density（密度），Morphology（形态）。

a 加黑数字指变量达到可接受的水平。

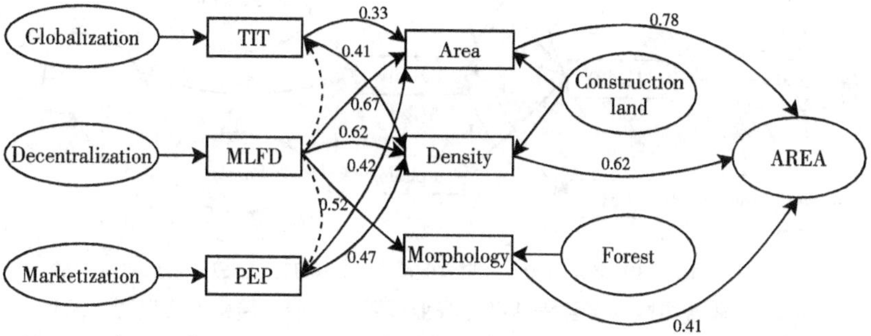

$\chi^2 = 9.88$（p = 0.35）；RMSEA = 0.01；CFI = 0.99；CFI = 0.78；AGFI = 0.71；TLI = 0.99

图 4.5　非城市规划区经济转型与农业景观变化最终结构方程模型

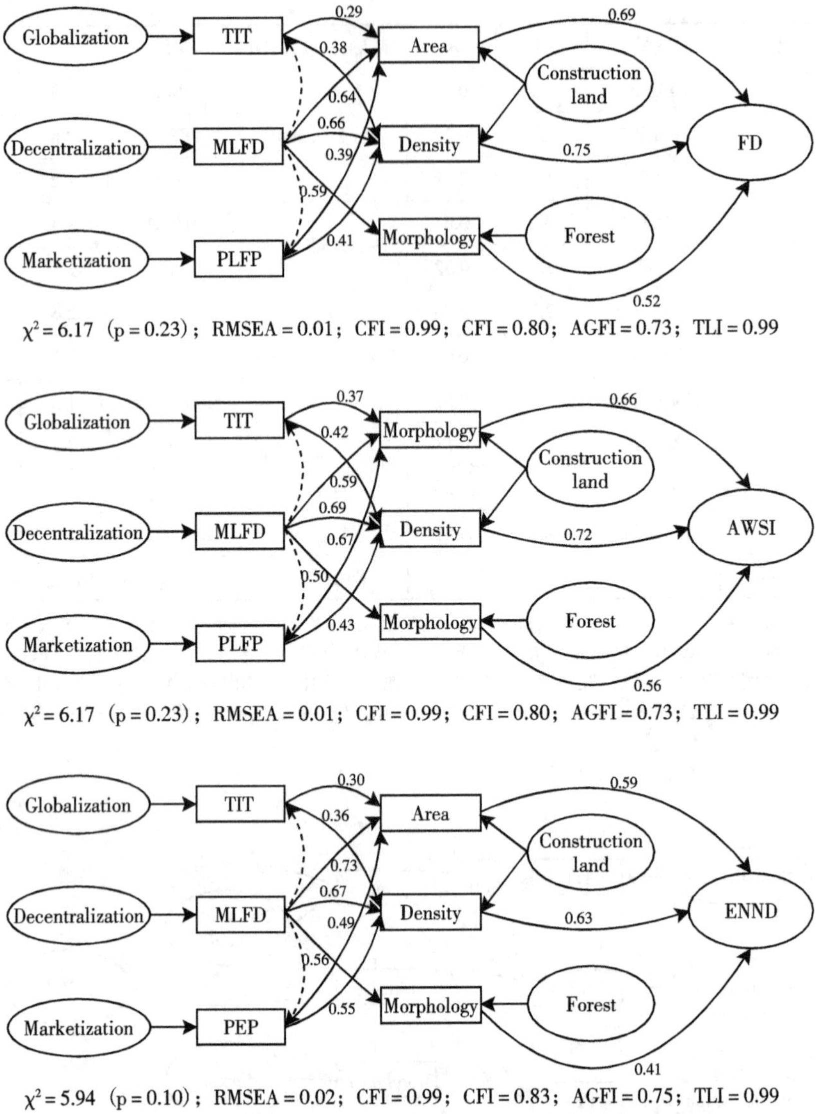

图 4.5 非城市规划区经济转型与农业景观变化最终结构方程模型（续）

注：Globalization（全球化），Decentralization（分权化），Marketization（市场化），TIT（国际贸易总额），市级财政分权（MLFD），私营部门劳动者比例（PLFP）。Agricultural land（农用地），Construction land（建设用地），Forest（林地），Water body（水域），Area（面积），Density（密度），Morphology（形态）。AREA（面积加权平均斑块面积）；PD（斑块密度）；AWSI（面积加权形状指数）；ENND（欧几里得最近邻距离）。

4.5.3 经济转型对农业景观变化的诱导

首先，农业景观变化的速度和强度在两个空间规划区之间是不同的。四个指标证实了农业景观变化在两个规划区的相似趋势：减少、孤立、不规则和分散。这些观察结果与中国和世界其他地方以前的案例有很多共同之处（Brown and Schulte，2011；Fu et al.，2006；Lee et al.，2015；Liang et al.，2015；Huang et al.，2009a；Su et al.，2011a）。然而，T检验显示，在非城市规划区内，斑块密度、面积加权形状指数、欧几里得最近邻距离以及面积加权平均斑块面积的下降速度更快。不同的衡量标准观察了农业景观变化的不同方面，并为资源管理提供不同的含义（Leitão and Ahern，2002）。作为数量的底线，面积加权平均斑块面积表示粮食安全的威胁。其他三个指标提供了关于农业用地在整个景观中是如何被分割和配置的信息。分割和再配置被认为是不利的条件，因为它们会增加农业成本并降低生产效率（Leitão and Ahern，2002；Liang et al.，2015；Su et al.，2011a）。因此，农业景观变化的差异反映了非城市规划区的农业资源消耗和退化更加剧烈。这些结果表明，非城市规划区的农地保护效率远低于城市规划区。

其次，两个空间规划区之间的经济转型驱动因素和土地利用/土地覆被中介因素存在显著差异。就城市规划区而言，有两条关键路径可以解释农业景观变化对经济转型的反应：①全球化（外资）、分权化（区县级）和市场化（房地产投资）通过建设用地变化影响；②权力下放（区县一级）通过水域变化影响农业景观变化。中国依然是发展中国家，发展中国家需要依靠其丰富的资源和廉价的劳动力参与全球竞争（Porter，2000；包群和邵敏，2009）。宁波市通过吸引外资和加快科技进步融入世界经济。一些海外公司在宁波市设立生产基地，促进了城市规划区建设用地的增加。同时，外资可以刺激政府增加土地的市场供给（Rounsevell et al.，2005），这也将促进建设用地的增加。在权力下放的背景下，地方政府主要负责其管辖范围内的经济增长（吴次芳等，1996；Qian and Weingast，1997）。在经济刺激的驱动下，当地官员总是将郊区土地划入规划，并扩大房地产建设用地。房地产投资比例的正系数提供了支持土地财政依赖的假设的证据（Tao et al.，2010）。这一发现与

Tian 等（2005）和 Su 等（2011a）强调市场导向因素对建设用地扩张的关键作用的观点一致。无序扩张的建设用地占用了农业用地，将大片农业用地分割成小块（Liang et al.，2015；Su et al.，2011a；黄宝荣等，2014）。此外，建设用地扩张通常不遵循一定的规律，存在很大的不规则性（Su et al.，2011a）。它会导致农业景观的孤立和不规则。这是经济转型对农业景观变化影响的第一条路径。经济转型对农业景观变化影响的第二条路径是为了追求更多的收入，当地政府呼吁家庭积极参与农业用地的经济利用。在宁波市，郊区的农民通常选择将农田改造成人工池塘。问题是这些池塘缺乏科学规划，空间分布不均匀，分割和隔离了农业景观。

对于非城市规划区，有两条关键路径可以解释农业景观变化对经济转型的反应：①全球化（国际贸易）、分权化（市级）和市场化（民营经济）通过建设用地变化影响；②权力下放（市一级）通过林地变化影响农业景观变化。在全球化背景下，宁波市政府推行了“走出去”战略。许多本土企业积极参与国际贸易，逐渐成为国际品牌。越来越多的私营企业在保持增长的同时，需要更多的劳动力和生产基础。需要更多的生活和社会活动空间来容纳不断增加的劳动力。此外，工业部门在提供就业机会和增加地方收入方面发挥着关键作用。地方官员将大部分农村土地出租用于工业目的，以增加财政收入。这些因素导致了建设用地的扩张。然而，由于非城市规划区缺乏土地利用总体规划，导致建设用地无序甚至违法建设。因此，它将农业用地分割开来，将大片土地分割成小块。所有这些因素说明了经济转型对农业景观变化影响的第一条路径。第二条路径指林地形态变化对农业景观变化产生影响。一方面，经济转型驱动的建设用地占用了大量的农业用地。地方政府将部分林地转化为农用地，以实现农用地总量动态平衡。然而，新开垦的土地通常位于相对边缘的地区，这些地区与主要的农业用地分割开来。另一方面，地方政府呼吁家庭积极参与到土地的经济使用中，以获得更多的收入。在宁波市，农村地区的农民通常选择将农业用地转化为经济林。问题是新的经济林园缺乏科学规划，空间分布不合理，分割和孤立了农业景观。

最后，两个空间规划区之间农业景观变化决定因素的相对重要性不同。城市规划区的市场化在农业景观变化发挥了更为关键的作用，而非城市规划区的分权化对农业景观变化的影响更大。地方政府在城市规划区的土地利用总体规划框架内行使土地批准权。在这种情况下，经济激励成为土地利用变化的主要驱动力，因此农业景观变化在很大程度上受到市场化的影响。不同的是，市场化程度和经济开放程度在很大程度上取决于非城市规划区内地方政府的自主权。它说明了非城市规划区权力下放的关键作用。

4.6 本章结论与讨论

本章运用结构方程模型对农业景观变化与经济转型之间的关系以及不同空间规划区中的土地利用/覆被因素进行可视化和比较。农业景观变化在两个空间规划区呈现相似的趋势；然而，农业景观变化在非城市规划区比城市规划区比更重要。在非城市规划区农业景观以更快的速度转变为分散、不规则、减少和孤立模式。两个空间规划区的经济转型驱动因素和土地利用/覆被中介因素存在显著差异。就城市规划区而言，农业景观变化在很大程度上受到建设用地形态变化和水域空间密度的影响。具体而言，本章发现了两条影响路径：①全球化（外资）、分权化（区县级）和市场化（房地产投资）通过建设用地变化影响；②权力下放（区县一级）通过水域变化影响农业景观变化。对于非城市规划区，农业景观变化在很大程度上受到林地形态变化和建设用地空间密度的影响。具体而言，本章发现了两条影响路径：①全球化（国际贸易）、分权化（市级）和市场化（民营经济）通过建设用地变化影响；②权力下放（市一级）通过林地变化影响农业景观变化。此外，农业景观变化决定因素的相对重要性在两个空间规划区之间有所不同。在城市规划区，市场化对农业景观变化的影响发挥了更为关键的作用，而非城市规划区的分权化对农业景观变化的影响更大。

在对经济转型指标和景观指标进行适当调整后，所展示的方法可适用于其他地方。尽管本章的研究为农业景观变化问题提供了定量的见解，但它只涵盖了30年的时间间隔。此外，本章研究着重于经济的决定因素，而那些人口和社会方面的因素没有被考察。为了监测正在进行的农业景观变化并获得对农业景观变化复杂的影响机制的更深入的了解，应在更长的时间跨度内，在更多的地方进行进一步的调查，并确定更多的维度决定因素。此外，面积、密度和形态可以同时描述一个具体类型的土地利用特征，又可以描述农业景观变化。因此，各个因素之间可能存在相互关联、互为因果的关系。本书研究中的结构方程模型确定了单向关系，而不是双向关系。进一步的研究应该使用更先进的工具识别这种相互作用的复杂性和非线性。

5 农地利用的污染性投入变化：城镇化诱导

5.1 引言

农地利用存在外部性。特别是农业污染已经是中国的主要污染之一，是中国改善环境的重要突破口。因此，转型期的农地利用对环境的影响需要关注。但是无论第3章的“农地利用的集约变化：农村转型诱导”还是第4章的“农地利用的景观变化：经济转型诱导”都更多将农地利用作为一个整体来分析，并没有完成针对农地利用的环境影响的有效分析。尽管分散在第3章中的农地利用的集约变化涉及了诸如化肥、农药等投入强度的因素，但这些因素更多被作为农地利用集约水平的一部分，很难在第3章中剥离出来分析。因此，本章将弥补这个不足，将农地利用中的污染性投入单独作为研究对象[①]，分析宏观转型（城镇化）诱导其变化的规律。

对于农地经营主体而言，通过农地利用获得经济产出无可厚非，也是经济理性驱动下的选择[②]。但对于整个社会而言，农地利用存在外部性，为了获

① 农地利用中的污染性投入指可能产生污染的生产投入，例如化肥、农药、农膜等。

② 中国的农业生产基于家庭承包制，家庭承包制改革成功的标志是激发了农户对农业经济利益的追求。从监管成本看，要对中国数量庞大的农业经营主体进行农地利用的环境影响等监管，困难重重。因此现实中，农业经营主体在农地利用中，仍然以经济利益为主。当然受到农业产出效益不高的影响，少数的农业经营主体根据自身的农业劳动力数量、年龄、家庭非农收入等特点，会表现出不可以追求农地利用的经济产出。

得更高的产出强度，不断增加投入有时候并不是最优选择。特别是在农业科技水平和劳动力投入无法迅速提高的时候，诸如化肥、农药和塑料薄膜等污染性投入会增加从而获得农业产出的提高。但中国的农业污染与化肥、农药和塑料薄膜的大量投入密切相关（仇焕广等，2014；Ma et al.，2014；Smith and Siciliano，2015；Yang et al.，2014a）。中国已成为世界上最大的农药使用国家（Huang et al.，2002）。中国的快速城镇化伴随着环境的恶化，城镇化促进了过度的农地非农化和高污染产业的快速发展，对中国的生态环境构成了严重威胁（Su et al.，2014e；袁东波和陈美球，2018）。农业污染始终与经济增长同步出现（Fischer et al.，2012；张桃林等，2006）。尽管中国政府通过技术进步和政策干预采取了控制农药化肥等投入增长的行动[①]，但就目前中国农村污染的现状而言，这些工作仍然不够，当前仍在努力寻找最佳和最有效的解决方案来控制与农地利用中的污染性投入（化肥、农药、农用塑料薄膜）（Valipour，2015；李芳等，2017；Valipour et al.，2015）。

投入强度指单位土地面积的投入量，它是可以描述相关投入的使用量（投入量）的多少（Björklund et al.，1999；Renetzeder et al.，2010；贺三维等，2012；牛毓君等，2013）。许多因素可以影响污染性投入强度的变化。Brasselle 等（2002）发现，与土地保有权保障相关的稳定性和可实现性效应为土地上的农业投资提供了巨大的激励。Phimister 和 Roberts（2006）发现，非农工作对投入强度有显著影响；随着非农劳动力数量的增加，化肥的使用强度下降。Udry（1996）报告了撒哈拉以南非洲与性别相关的差异，发现妇女耕种的地块的肥料使用和劳动力投入强度低于男子耕种的类似地块。Jorgenson（2007）报告称 40 个欠发达国家的农药投入强度随着外国直接投资的增长而上升。Chibwana 等（2014）发现，马拉维（Malawi）旨在刺激粮食作物生产的农业投入补贴方案提高了小农的肥料使用强度。但明确的城镇化和农地利用中的污染性投入强度之间的关系尚未明确界定。

分析变量之间线性关系的主要方法是普通最小二乘法（OLS）。然而，

① 2015 年 2 月，农业部制定了《到 2020 年化肥使用量零增长行动方案》和《到 2020 年农药使用量零增长行动方案》（以下分别简称“化肥零增长”“农药零增长”）。

OLS 没有考虑到内生性。因此，OLS 的一般假设是自变量不应该与误差项相关。违反这一假设，当把 OLS 应用于时间序列数据时，内生性问题将导致系数估计的偏差。在这项研究中，城镇化变量和污染性投入强度变量之间可能存在因果关系循环，这是内生性的一个重要原因。Sims（1980）提出的向量自回归（Vector Auto Regression，VAR）模型考虑了多重时间序列的潜在内生性（Phillips，1995）。它被广泛用于分析多个时间序列之间的线性相关性。VAR 模型提供了一种灵活且计算容易处理的方法，通过将所有选定的变量视为内生变量来捕捉变量之间的结构性冲击的影响（Kumar et al.，2012）。在这方面，VAR 模型适用于分析城镇化造成的与农地利用中与污染相关的投入污染性投入强度的时间变化。

本章研究主要完成三个方面的工作：①描述实证区城镇化与农地利用中的污染性投入强度的时间变化；②构建 VAR 模型，用于分析城镇化对农地利用中的污染性投入强度的影响；③解释实证区城镇化与农地利用中的污染性投入强度之间的动态关系。

5.2 研究方法

5.2.1 研究区域

湖北位于长江中游，地处中国中部地区，东邻安徽，西连重庆，西北与陕西接壤，南接江西、湖南，北与河南毗邻，是华中地区的主要农业生产基地。湖北的主导气候是湿润的亚热带气候，年降水量 800~1600 毫米，自东南向西北递减。湖北地势大致为东、西、北三面环山，中间低平，略呈向南敞开的不完整盆地。湖北西部多山，中部和南部主要是平原。在全省总面积中，山地占 56%，丘陵占 24%，平原湖区占 20%，属长江水系。

湖北农业是中国北方产麦区和南方产稻区之间的过渡区，已经实现稻麦和棉麦两熟，南部实现了双季稻和三季稻。其中江汉平原是中国重要商品粮基地之一。为了满足日益增长的人口的农产品需要，在当地自然条件的支持下，湖北的农业集约利用水平较高。但集约化的农业总是伴随着农业投入的增加，特别是化肥农药等污染性投入，从而实现产量增加①。湖北作为中国一个典型的粮食产区，同时又是经济社会发展速度较快的中部省份，可以用以观察城镇化诱导下的农地利用污染性投入的变化。

5.2.2 变量选择

选定的城镇化变量包括城镇人口比重以及第二三产业比重（陈明星等，2009；Chan and Hu，2003；Zhang and Lin，2012；Aunan and Wang，2014；牛晓春等，2013）。农药、化肥和农用塑料薄膜是代表性的与农地利用中的与污染相关的投入（白玲玉等，2010；辛良杰等，2016；Ma et al.，2014；Smith and Siciliano，2015；Yang et al.，2014a；Yang et al.，2014b；Wang et al.，2015）。农地利用中的污染性投入强度以化肥、农药、农膜的使用量与农业用地面积之比来表征（见表 5.1）。所选变量的数据时间跨度为 1992~2013 年，数据来自湖北省统计局。描述性统计如表 5.2 所示。

表 5.1 变量及其定义

变量	符号	定义	单位
城镇人口比重	UP	城镇人口占总人口比重	–
二三产业比重	STP	第二三产业的生产总值占地区生产总值比重	–
农药使用强度	PUI	单位农地面积农药使用量	kg/hm^2
化肥使用强度	CUI	单位农地面积化肥用量	kg/hm^2
农膜使用强度	AUI	单位农地面积农膜使用量	kg/hm^2

① 2015 年 7 月 28 日，湖北推行“一控两减三基本”促进农业可持续发展新闻发布会介绍：湖北全省农用化肥施用量占全国的 5.8%，亩均化肥用量 26.8 千克，比全国亩均用量多 4.9 千克，而有机肥资源实际利用不足 40%。农药商品量使用量 5.2 万吨左右。2014 年湖北全省地膜覆盖栽培面积 1133.4 万亩，使用地膜约 5 万吨，残膜回收率不到 40%，农田残留地膜在 3 万吨以上。

表 5.2 描述性统计

变量	样本数	最小值	最大值	平均值	标准差
UP	22	0.281	0.545	0.404	0.081
STP	22	0.705	0.874	0.805	0.061
PUI	22	16.416	42.119	33.995	7.438
CUI	22	482.498	1055.636	841.238	170.970
AUI	22	10.739	22.292	16.899	2.677

注：城镇人口比重（UP），二三产业比重（STP），农药使用强度（PUI），化肥使用强度（CUI），农膜使用强度（AUI）。

5.2.3 VAR 模型

VAR 模型用于捕捉不同情景下随机扰动对变量的动态影响（Khalid and Kawai，2003；Xu and Lin，2015；Tan and Lu，2015），并且 VAR 模型中的每个变量都有一个方程，该方程基于其自身的滞后和其他变量的滞后来解释其演变（Sims，1980）。能够使用 VAR 模型的时间序列分析基于这样的假设，即变量的时间序列可以被认为是弱平稳或近似平稳的。因此，应该进行单位根测试来检查时间序列。如果原始时间序列不是平稳的，那么应该进行协整检验以确定一个时间序列是否存在长期均衡。同时，选择 VAR 模型的先验假设是内生变量之间存在滞后关系。而格兰杰因果检验被广泛应用于研究一个时间序列是否包含有助于预测另一个时间序列的信息（Granger，1969）。

p 阶 VAR 模型的数学公式表示为：

$$Y_t = \Phi_1 Y_{t-1} + \cdots + \Phi_p Y_{t-p} + HX_t + \varepsilon_t \quad (5.1)$$

其中，Y_t 是城镇化和污染性投入强度变量的 $K \times 1$ 向量；Y_{t-p} 是 Y 的第 p 个滞后；Φ 是系数矩阵；X_t 是外生变量的 $T \times 1$ 向量；H 是系数矩阵的 $K \times T$ 向量；ε 是误差项，满足 $N(0, \sigma^2)$。

5.3 实证结果与分析

5.3.1 城镇化和污染性投入强度变化

图 5.1（a）显示湖北城镇化的增长趋势。城镇人口比重从 1992 年的 0.293 上升到 2013 年的 0.594，年增长率为 2.99%。然而，城镇人口比重在 1996~1999 年有所下降。在“一个家庭一个孩子”严格的计划生育政策下，城镇人口的增长比农村人口慢。1992~2013 年，二三产业比重增长了 21.18%，年均增长率为 0.92%。此外，从 1993~1997 年，由于中国政府为减缓 1993 年夏季的高通货膨胀而采用了软着陆政策，二三产业的比重出现了下降趋势。湖北二三产业的发展经历了一个从快速增长到逐步增速降低的过程。

图 5.1（b）显示湖北污染性投入强度的变化趋势。农药使用强度的年增长率在 20 世纪 90 年代初较快，但随后有所减缓。化肥使用强度增长快于农药使用强度和农膜使用强度。在此期间，化肥的使用强度翻了一番。农膜使用

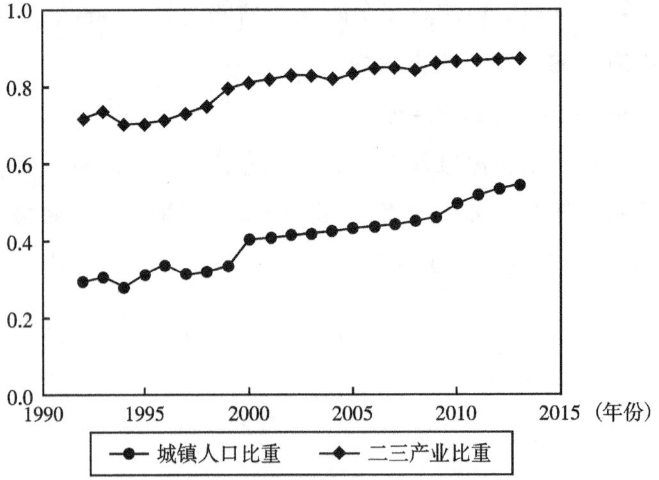

（a）

图 5.1　1992~2013 年湖北省城镇化变化（a）与污染性投入强度变化（b）

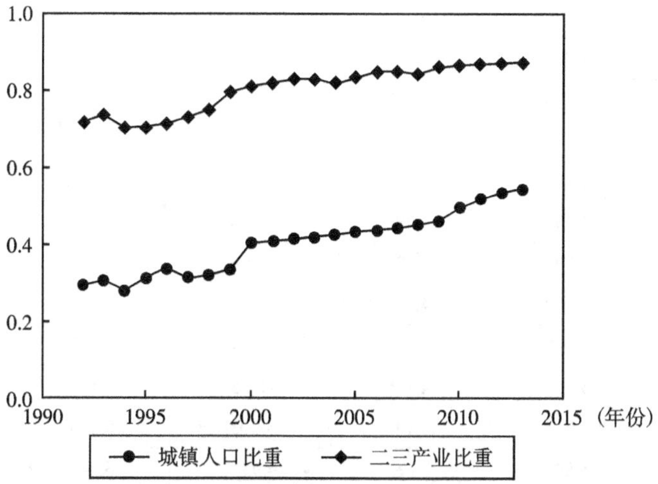

（b）

图 5.1　1992~2013 年湖北省城镇化变化（a）与污染性投入强度变化（b）（续）

强度的年平均增长速度为 2.35%。此外，2003 年农膜使用强度突然有个较大大的增长。其原因可能是中国经济在 2003 年严重急性呼吸系统综合征（非典）暴发期间遭受了严重衰退（Keogh-Brown and Smith，2008），农膜价格出现下降。农膜价格的下降刺激了湖北农膜使用强度的提高。

Mann-Kendall 检验用于判断变量的总体变化趋势（增加、减少或无显著变化）。城镇化和污染性投入强度有显著增加的趋势，如表 5.3 所示。

表 5.3　Mann-Kendall 检验（UFk）

年份	UP	STP	PUI	CUI	AUI
1992	0.000*	0.000*	0.000*	0.000*	0.000*
1993	1.000*	1.000*	1.000*	1.000*	-1.000*
1994	-0.522*	-0.522*	1.567*	1.567*	0.522*
1995	0.679*	-0.679*	2.038*	2.038*	0.679*
1996	1.470*	-0.490*	1.960*	2.449*	0.490*
1997	1.691*	0.188*	2.067*	2.818*	0.564*
1998	1.952*	1.051*	1.952*	3.154*	0.150*
1999	2.227*	1.732*	2.227*	2.969*	0.000*
2000	2.711*	2.294*	2.711*	2.711*	0.417*
2001	3.130*	2.773*	2.952*	2.594*	0.984*

续表

年份	UP	STP	PUI	CUI	AUI
2002	3.503*	3.192*	3.192*	3.036*	1.635*
2003	3.840*	3.566*	3.017*	3.429*	2.194*
2004	4.149*	3.539*	3.416*	3.783*	2.562*
2005	4.434*	3.887*	3.668*	4.106*	2.792*
2006	4.701*	4.206*	4.008*	4.404*	2.920*
2007	4.952*	4.502*	4.322*	4.682*	3.242*
2008	5.190*	4.614*	4.614*	4.943*	3.460*
2009	5.417*	4.886*	4.735*	5.189*	3.750*
2010	5.633*	5.143*	5.003*	5.423*	4.023*
2011	5.840*	5.386*	4.996*	5.645*	4.283*
2012	6.039*	5.617*	4.892*	5.737*	4.530*
2013	6.232*	5.837*	4.765*	5.781*	4.709*

注：* 表示 95%置信区间显著。城镇人口比重（UP），二三产业比重（STP），农药使用强度（PUI），化肥使用强度（CUI），农膜使用强度（AUI）。

5.3.2 单位根检验

VAR 模型不适用于非平稳时间序列的分析，因为非平稳时间序列的参数估计会有偏差或不可靠。为了使时间序列平稳，可以进行差分以消除不平稳趋势或季节性。图 5.1 显示了 1992~2013 年湖北城镇化变量和污染性投入强度变量存在着明显的增长趋势。选择进行单位根检验，以检验变量的时间序列是否是非平稳的。选择 Augmented Dickey-Fuller（ADF） test 来判断变量是否包含单位根（Dickey and Fuller，1979），结果如表 5.4 所示。5 个变量包含一个单位根的无效假设不能被拒绝，因此对所有的变量必须进行差分。结果表明，零假设被拒绝，所有变量在一阶差分后是平稳时间序列。因此，城镇化变量和污染性投入强度变量可以进行协整检验。

5.3.3 协整检验

协整检验旨在确定变量的长期均衡。强加不适当的协整关系会导致估计的不确定性，并使 VAR 分析中的脉冲响应分析产生偏差。Johanse 和 Juselius（1990）提出的 Johansen 协整检验适用于多个时间序列之间的协整检验。

表 5.4　单位根检验

	ADF statistic	P-value	Conclusion		ADF statistic	P-value	Conclusion
UP	-1.129	0.684	Non-stationary	ΔUP	-4.626	0.002***	Stationary
STP	-0.32	0.906	Non-stationary	ΔSTP	-3.617	0.015**	Stationary
PUI	0.387	0.977	Non-stationary	ΔPUI	-5.16	0.001***	Stationary
CUI	1.389	0.998	Non-stationary	ΔCUI	-2.74	0.085*	Stationary
AUI	-1.581	0.474	Non-stationary	ΔAUI	-6.316	0.000***	Stationary

注：①Δ 为一阶差分。*、** 和 *** 为 0.1、0.05 和 0.01 水平下显著。设置最大滞后阶数为 4。所有单位根检验回归包括常数项（intercept），不包括时间趋势项（time trend）。②城镇人口比重（UP），二三产业比重（STP），农药使用强度（PUI），化肥使用强度（CUI），农膜使用强度（AUI）。

Johansen 协整检验的滞后阶数通常由 VAR 模型的滞后阶数决定。为评估滞后阶数而建立的 VAR 模型与为脉冲响应函数分析而建立的 VAR 模型具有相同的结构。前者只在选择滞后长度时起作用。选择滞后阶数的统计值标准包括 Sequentially modified LR test statistic（LR）、Final Prediction Error（FPE）、Akaike information criterion（AIC）、Schwarz information criterion（SC）和 Hannan-Quinn information criterion（HQ）等（Zhang and Cheng，2009）。滞后阶数的选择结果如表 5.5 所示。Ivanov 和 Killian（2005）报道了鲁棒性与滞后阶数、变量数量和观测值数量之间的关系。观测值的数量会影响选择判断统计指标值的准确性，但是在给定观测值数量的情况下，准确性的差异很小。因此，为了提高鲁棒性，在本书研究中，按照尽可能多地满足选择判断统计指标值的滞后阶数为最优滞后数。在 VAR 模型中，UP、STP、PUI 的最佳滞后阶数是 1；UP、STP、CU 的最佳滞后阶数是 2；UP、STP、 AUI 的最佳滞后阶数是 1。使用选定的滞后阶数进行协整检验。表 5.6 显示，城镇化与污染性投入强度的变量之间没有协整的所有无效假设都可以被拒绝。

表 5.5　VAR 模型滞后长阶数选择

Variables	Lag	LR	FPE	AIC	SC	HQ
UP STP PUI	0	–	0.000	-2.037	-1.888	-2.012
	1	60.854*	$1.19 \times 10^{-6*}$	-5.147*	-4.550*	-5.046*
	2	8.536	0.000	-4.911	-3.867	-4.734
	3	2.793	0.000	-4.274	-2.783	-4.022

续表

Variables	Lag	LR	FPE	AIC	SC	HQ
UP STP CUI	0	—	0.009	3.824	3.973	3.849
	1	82.258*	0.000	-0.713	-0.116*	-0.612
	2	13.342	$9.31\times10^{-5*}$	-0.877*	0.167	-0.701*
	3	6.01	0.000	-0.598	0.893	-0.346
UP STP AUI	0	—	0.000	-3.646	-3.496	-3.620
	1	56.025*	$3.29\times10^{-7*}$	-6.433*	-5.837*	-6.332*
	2	5.451	0.000	-5.940	-4.896	-5.763
	3	6.980	0.000	-5.768	-4.277	-5.516

注：* 表示被选择的滞后阶数。

表 5.6 Johansen 协整检验

变量	Hypothesized No. of CE (s)	Eigenvalue	Trace Statistic	0.05 Critical Value	P-value
UP STP PUI	None	0.542	25.088	24.276	0.040**
	At most 1	0.310	8.691	12.321	0.188
	At most 2	0.042	0.909	4.130	0.394
UP STP CUI	None	0.652	39.260	24.276	0.000**
	At most 1	0.558	18.145	12.321	0.005**
	At most 2	0.087	1.822	4.130	0.208
UP STP AUI	None	0.564	30.323	24.276	0.008**
	At most 1	0.355	12.911	12.321	0.040**
	At most 2	0.162	3.701	4.130	0.065

注：** 表示在 0.05 显著水平下拒绝假设。

5.3.4 格兰杰因果检验

根据单位根检验和协整检验的结果，变量的时间序列适用于格兰杰因果检验。在每对变量的格兰杰因果检验中，选定的滞后为 1 和 2，结果如表 5.7 所示。结果发现：从 UP 到 PUI 和从 UP 到 AUI 的存在单向因果关系，从 UP 到 CUI 存在双向因果关系。同时，从 STP 到 PUI 存在单向因果关系，从 STP 到 CUI 和从 STP 到 AUI 存在双向因果关系。研究结果表明，城镇化是湖北省污染性投入强度变动的格兰杰原因。

表 5.7　格兰杰因果关系检验

Lag	Null hypothesis	F-statistic	P-value	Decision
1	PUI ↛ UP	0.016	0.902	Fail to reject null
	UP ↛ PUI	8.434	0.010***	Reject null
2	PUI ↛ UP	1.301	0.301	Fail to reject null
	UP ↛ PUI	2.859	0.089*	Reject null
1	CUI ↛ UP	1.948	0.180	Fail to reject null
	UP ↛ CUI	1.433	0.247	Fail to reject null
2	CUI ↛ UP	4.122	0.037**	Reject null
	UP ↛ CUI	3.972	0.041**	Reject null
1	AUI ↛ UP	2.094	0.165	Fail to reject null
	UP ↛ AUI	10.006	0.005***	Reject null
2	AUI ↛ UP	1.474	0.260	Fail to reject null
	UP ↛ AUI	4.062	0.039**	Reject null
1	PUI ↛ STP	0.653	0.430	Fail to reject null
	STP ↛ PUI	5.320	0.033**	Reject null
2	PUI ↛ STP	1.531	0.248	Fail to reject null
	STP ↛ PUI	2.800	0.093*	Reject null
1	CUI ↛ STP	0.760	0.395	Fail to reject null
	STP ↛ CUI	3.907	0.064*	Reject null
2	CUI ↛ STP	3.166	0.071*	Reject null
	STP ↛ CUI	4.460	0.030**	Reject null
1	AUI ↛ STP	10.164	0.005***	Reject null
	STP ↛ AUI	4.029	0.060*	Reject null
2	AUI ↛ STP	6.131	0.011**	Reject null
	STP ↛ AUI	2.843	0.090*	Reject null

注：*、** 和 *** 在 0.1、0.05 和 0.01 水平拒绝假设。↛ 表示“不存在因果关系”。

5.3.5　脉冲响应函数分析

格兰杰因果关系不能全面把握城镇化和污染性投入强度之间的关系。因此进一步应用向量自回归模型，分析城镇化和污染性投入强度的影响。一般来说，脉冲响应函数分析用于跟踪当 VAR 模型受到一次性冲击时对内生变量的动态影响。表 5.5 中给出了滞后阶数建立 VAR 模型。假设 VAR_a 是 3 个变量（包括 UP、STP 和 PUI）使用 1 阶滞后的模型；VAR_b 是 3 个变量（UP、STP 和 CUI）使用 2 阶滞后的模型；VAR_c 是 3 个变量（UP、STP 和 AUI）使用 1 阶滞后的模型。图 5.2 显示 VAR 模型所有根模的倒数位于圆内，其值小于 1。因此 VAR_a、VAR_b 和 VAR_c 模型是稳定的。可以用于后续脉冲响应分析。

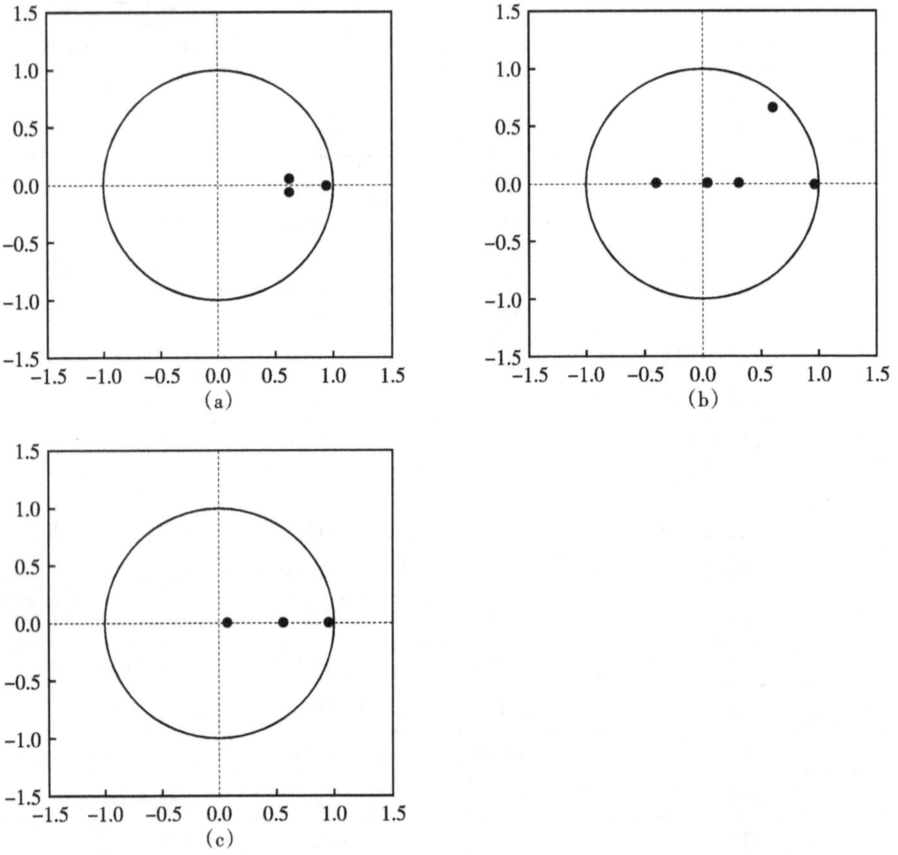

图 5.2　VAR_a（a）、VAR_b（b）和 VAR_c（c）模型的 Inverse Roots（圆点）

图 5.3 揭示了污染性投入强度受到了一次性正冲击后的响应。图 5.3（a）、图 5.3（b）和图 5.3（c）是 VAR_a 模型分析的结果。图 5.3（a）显示了农药使用强度对城镇人口比例的响应。冲击后，农药使用强度为正向反应，农药使用强度持续上升，并在第七个时期达到最高水平，并在 4 期内保持相对稳定。城镇人口比重的增加意味着人口从农村向城镇转移（You，2015；牛晓春

等，2013）。农村地区人口的减少意味着劳动力从农业向工业和城镇地区的服务业转移。由于农业劳动力的减少，农户不得不增加单位农业用地的农药使用量，以防止、消灭或驱除害虫，并保护植物免受杂草和植物病害造成的损害（Ntow et al.，2006）。

图 5.3（b）显示了农药使用强度对二三产业比重冲击的反应。来自二三产业比重的冲击导致农药使用强度最初以 1.25%的速度下降，但 4 期后反应趋势回到零。农药使用强度增速相对较弱，从未超过 0.40%。二三产业的发展提供了赚取财富的机会，并提高了人们的生活水平（Zheng et al.，2007）。人们尤其是中高收入人群，开始追求更健康的生活方式，并更加关注可能损害健康的因素。例如，减少农药使用的有机食品越来越受欢迎，这与农药残留的减少是一致的。人们愿意花更多的钱购买有机食品，以避免潜在的健康风险。迎合当前趋势的农户因此降低了农药使用强度。然而，他们可能会发现农药使用强度的降低对农业生产产生严重的负面影响，并最终因为病虫害影响收入，又不得不增加农药的使用以获得更高的农业产出。

图 5.3（c）显示了农药使用强度对农药使用强度的反应。在最初的冲击之后，第一阶段的响应率达到了 2.77%，但农药使用强度的正向影响继续衰减，并在 8 年后变为负向影响。这表明农药使用强度在前期保持增长的趋势，但由于湖北农药使用强度不可能无限增高，其增长趋势最终趋于弱势。

图 5.3（d）、图 5.3（e）和图 5.3（f）是 VAR_b 模型分析的结果。图 5.3（d）显示了化肥使用强度对来自城镇人口比重一次性正冲击的响应。第一阶段的响应率为 1.95%，一期后达到最低点。然而，化肥的使用强度随时间从减少到增加，并在第五阶段达到峰值。在第十个周期之前，响应都是正向的。目前，在湖北还不能广泛使用机械来施用化肥，同时许多农村地区的农业劳动力主要依赖老人、儿童和妇女，他们更多地选择用手施用化肥（Liu et al.，2012）。在城镇化过程中，短期看，因为年轻劳动力从农村转移到城市，大多数农户没有足够的劳动力来手工施用化肥，因此化肥使用强度在短时间后会降低。但长期看，化学肥料的投入增加会替代劳动力的不足，剩余的老年和女性劳动力倾向于施用更多的化学肥料（Aregay and Minjuan，2012）。湖北农户在未来较长一段时间内仍会加大化肥的使用强度。

图 5.3（e）显示了化肥使用强度对来自二三产业比重的一次性正冲击的响应。化肥使用强度的响应在一期后达到最低点，然后继续上升，在第六个期达到 18.63%的峰值。它随后在过去 4 年中迅速下降。二三产业的发展增加了建设所需的土地数量（Su et al.，2014a；Su et al.，2014g），而农业用地转换的过程主要由地方政府推动，以支持当地城市基础设施和交通建设（Tan et al.，2009；Zhou et al.，2015b）。建设用地的扩张增加了农地产权的不安全性。不安全的土地产权意味着农户投资农地的意愿会弱化，比如增加有机肥和磷肥的施用量（Li et al.，1998）。因此，二三产业的发展可能会导致化肥施用强度的降低。但随着时间的推移，这意味着农地产权的保障性提高，农户可以长期使用农地，那么从长期的趋势看，化肥使用强度呈现出上升的趋势。

图 5.3（f）显示了化肥使用强度对来自化肥使用强度的一次性正冲击的响应。这一冲击导致化肥使用强度最初以 24.92%的速度增加，但在第五期开始减弱。化肥使用强度在总共 5 期内增加了 15.33%。结果表明，湖北化肥使用强度有持续增长的趋势。然而由于现有已经存在的较高的化肥使用强度和化肥价格上涨，农户倾向于控制化肥使用强度的增长速度（Huang et al.，2013）。

图 5.3（g）、图 5.3（h）和图 5.3（i）是 VAR_c 模型分析的结果。图 5.3（g）显示了农膜使用强度对来自城镇人口比重一次性正冲击的响应。城镇人口比重对农膜使用的推广有正向影响，第二期的响应峰值为 0.63%；此后，反应减弱。城镇人口比重的增长改变了中国的种植模式，人们开始更愿意消费较多的蔬菜、瓜果（Hao et al.，2011）。农户可以通过农膜大面积覆盖来提高这些农作物的产量。因此，农膜的施用量会增加。

图 5.3（h）显示了农膜使用强度对来自二三产业比重的一次性正冲击的响应。二三产业比重对农膜的推广使用有负面影响。农膜使用强度最初约降低了 0.21%，但在随后几期中，这一数字上升到约为零。其主要原因是中国二三产业发展提高了农膜等农业化学投入的价格（Huang et al.，2013）。生产成本的上升会导致农户选择减少农膜的使用。

图 5.3（i）显示了农膜使用强度对来自农膜使用强度的一次性正冲击的响应。冲击对农膜的使用强度有正向影响，在第一期达到 1.69%的峰值。但在 1 期后迅速下降，此后约以 0.12%的速度稳定下来。结果表明，农膜的使用并

没有持续快速增长。湖北在农地上使用了大量农膜，以提高作物产量和保水效率，但同时也产生了大量农膜残留物，而且这些残留物并未降解。塑料薄膜残留物严重降低作物产量，因为它们破坏土壤的物理结构，导致水流不畅（Wang et al., 2015）。因此农膜在湖北的使用不能持续增加。

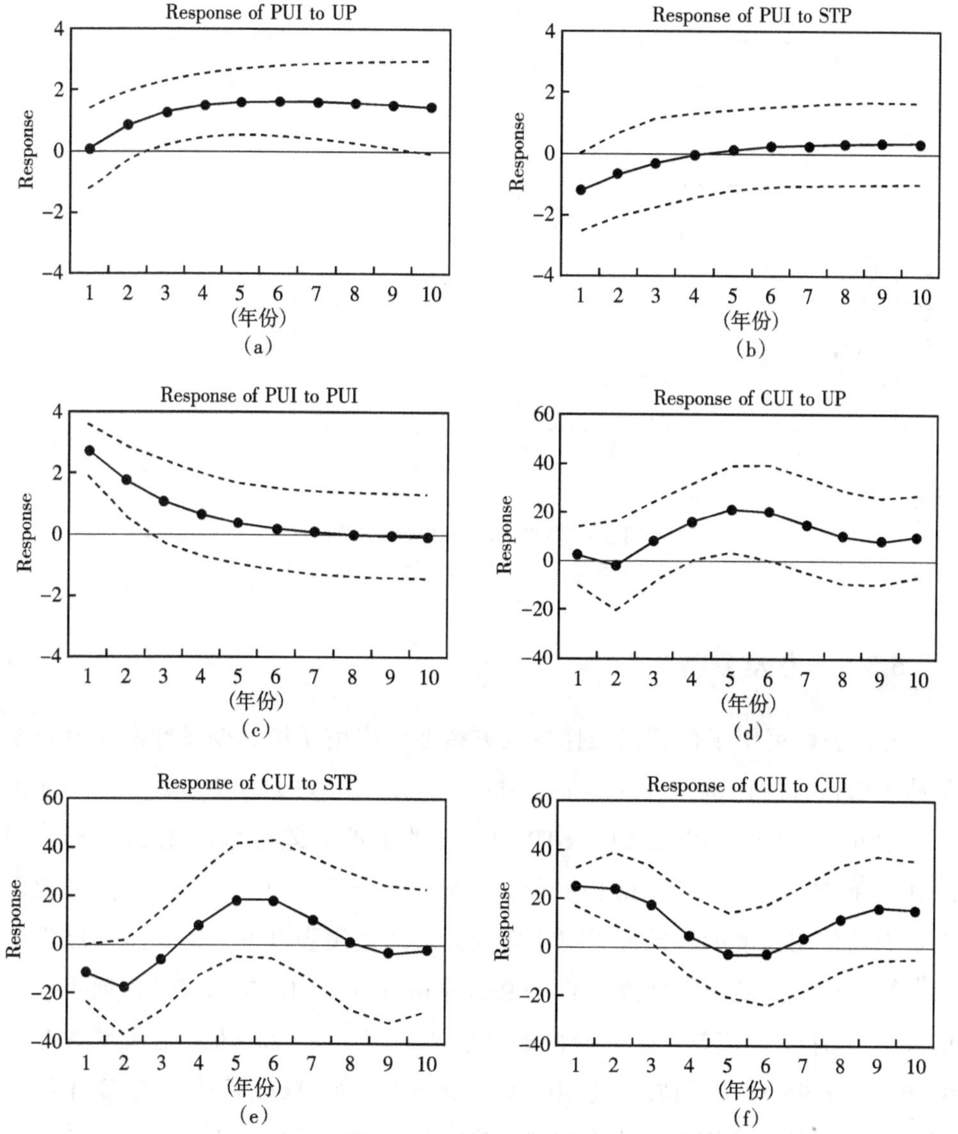

图 5.3 脉冲响应函数分析

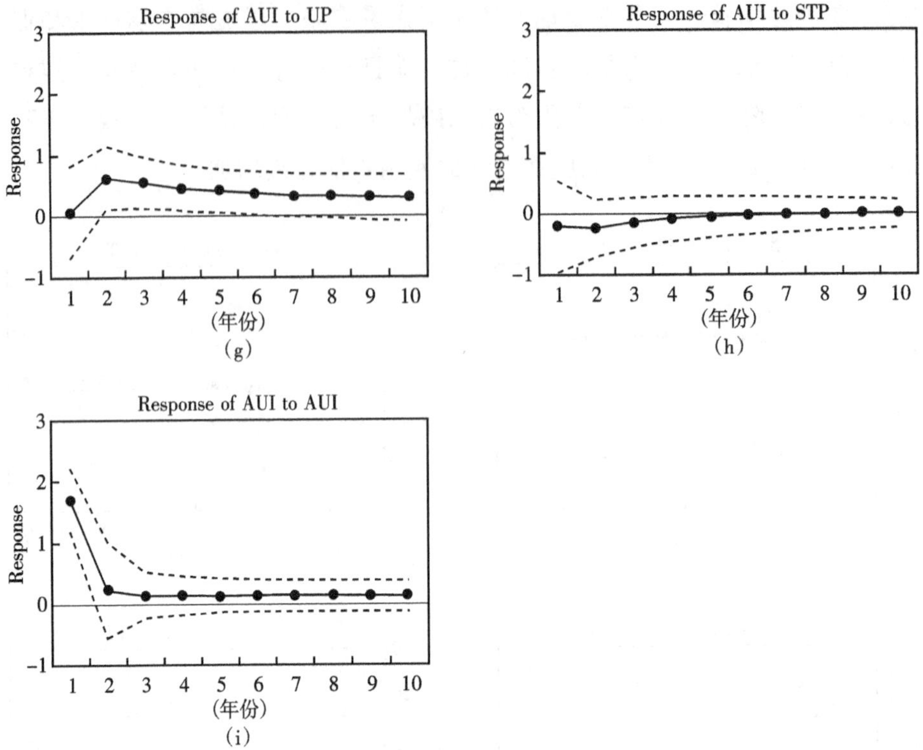

图 5.3 脉冲响应函数分析（续）

注：实线是城镇化冲击后农业污染性投入的响应，虚线是一个标准差置信区间。

5.3.6 方差分解

方差分解可用于估算污染性投入方差变化中由城镇化变量冲击和自身变量冲击所造成的比例（Pesaran and Shin，1998；Su et al.，2014a）。图 5.4 揭示了 PUI、CUI 和 AUI 因 UP、STP 和自身冲击的方差分解。图 5.4（a）、图 5.4（b）和图 5.4（c）由 VAR_a 模型分析，显示了城镇人口比重、二三产业比重以及农药使用强度的不同冲击对十年期间农药使用强度变化的贡献。结果表明，第一期农药使用强度方差的 82.93%是由其自身的冲击造成的，而来自城镇人口比例和二三产业比重的冲击分别造成了 1 期后农药使用强度方差的 0.12%和 16.95%。然而农药使用强度自身冲击的贡献继续下降，在第十期为 35.72%。同时，城镇人口比重和二三产业比重的贡献继续上升。第十期城镇人口比重达到 56.88%，对农药使用强度的变化起着至关重要的作用。

图 5.4（d）、图 5.4（e）和图 5.4（f）由 VAR_b 模型分析，结果显示了城镇人口比重、二三产业比重以及化肥使用强度的不同冲击对十年期间化肥使用强度变化的贡献。城镇人口比重和二三产业比重的冲击分别占化肥使用强度方差的 0.51%和 16.95%。表明这两个因素对化肥使用强度的影响不如农药使用强度自身作用重要。尽管由于城镇人重比例导致的方差变化从大约 0.51%跃升至 26.09%，但化肥使用强度方差中最大的比重仍然是由其自身冲击所解释。

图 5.4（g）、图 5.4（h）和图 5.4（i）由 VAR_c 模型分析，结果显示了城镇人口比重、二三产业比重以及农膜使用强度对 10 年期间农膜使用强度变化的贡献。城镇人口比例和二三产业比重的初始贡献可以忽略不计；其本身的冲击解释了第一阶段 98.39%的农膜使用强度的变化。城镇人口比重的贡献持续增强，城镇人口比例占第十期变化的 33.74%，农膜使用强度的贡献占第十期变化的 60.00%以上。而 10 年期内，二三产业比重的冲击对农膜使用强度的解释不超过 4%。

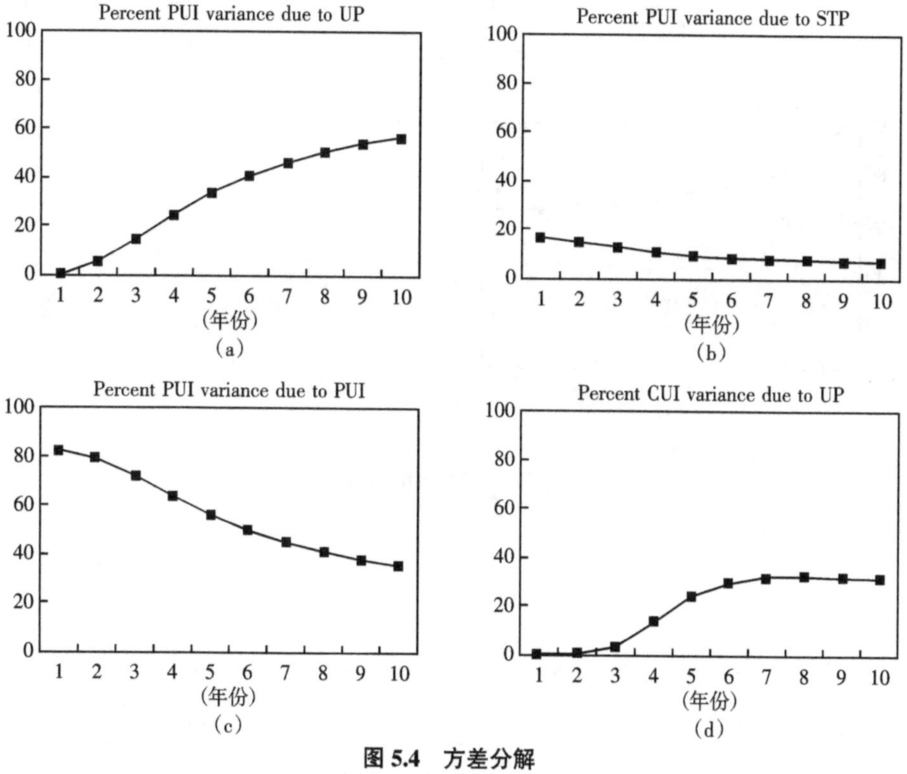

图 5.4　方差分解

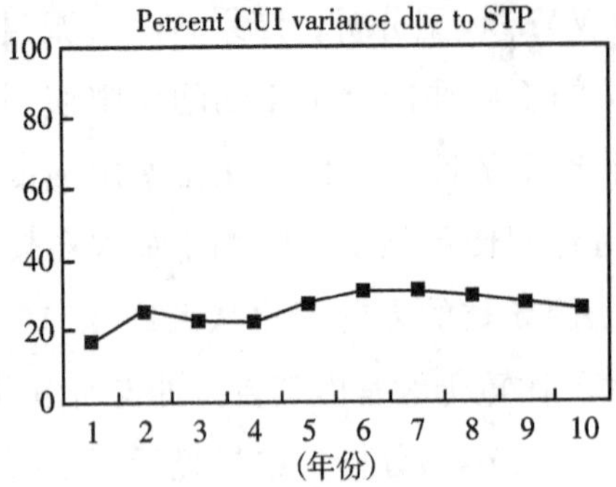

(e)

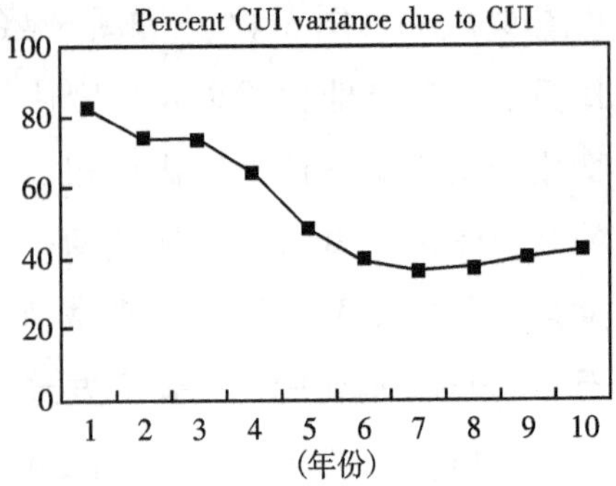

(f)

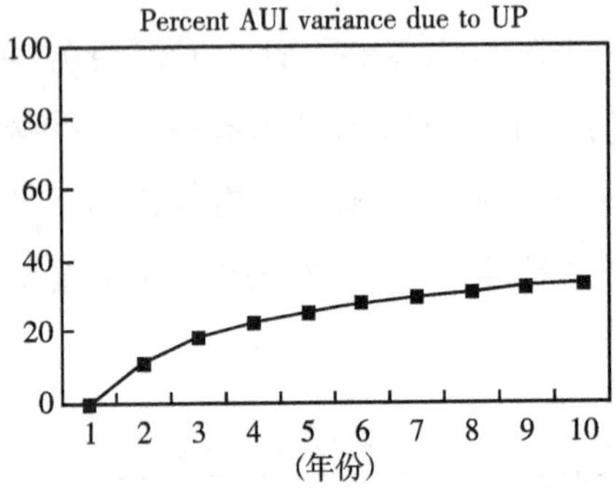

(g)

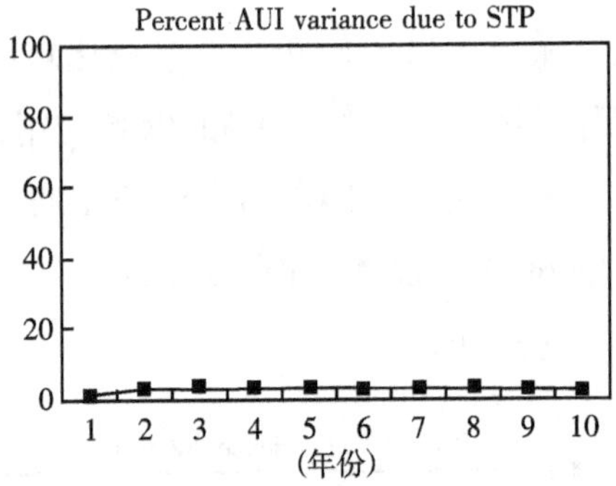

(h)

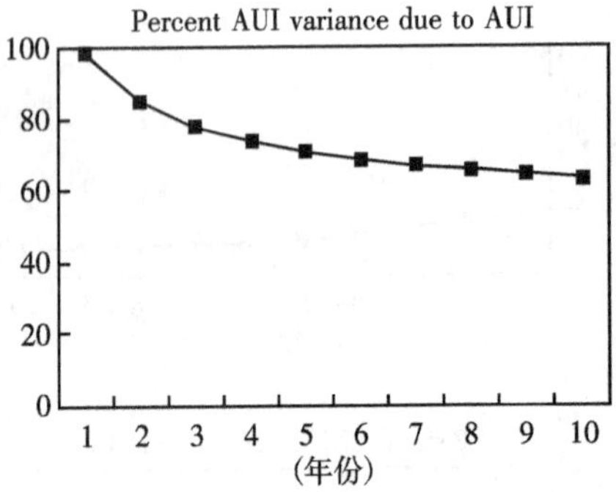

(g)

图 5.4 方差分解（续）

5.4 本章结论与讨论

本章以湖北实证区，运用VAR模型分析了城镇化对污染性投入变化的诱导作用。其步骤包括单位根检验、协整检验、格兰杰因果检验、脉冲响应函数分析和方差分解。城镇化变量包括城镇人口比重和二三产业比重，污染性投入强度变量包括农药使用强度、化肥使用强度和农膜使用强度。

研究结果表明，在城镇人口比重和二三产业比重冲击之后，农药使用强度的响应持续上升，尽管最初的响应分别为正值和负值。城镇人口比重和二三产业比重冲击后化肥使用强度的初始响应分别为正值和负值；反应先减少后增加。城镇人口比重冲击后，农膜使用强度的响应先增大后减小，但二三产业比重冲击的响应则相反。此外，对其自身冲击，农药使用强度、化肥使用强度和农膜使用强度的响应在最初为正向响应，并呈现下降趋势。基于方差分解，在初始阶段农药使用强度的大部分方差可以用其自身的冲击来解释，在解释最后一期农药使用强度的变化中则城镇人口比重有重要作用。化肥使用强度的自身冲击解释了其最大比例的方差。同样农膜使用强度的自身冲击也解释了其第一期变化的98.39%，随后城镇人口比重的贡献增强，但二三产业比重的贡献仍然微不足道。

本书研究揭示了农地利用中污染性投入的增长，有其自身的惯性。因此污染性投入自身的冲击，在开始阶段表现得很明显。因此在政策设计上，仍然需要重视针对农地经营主体的减少污染性投入的措施，或者说直接地抑制农地利用中污染性投入的措施。从更长的时间跨度看，会发现城镇化对污染性投入的影响越来越大。因此，引导城镇化，是从根本上实现污染性投入强度零增长甚至负增长的重要途径。根据研究结论，城镇人口比重和二三产业比重的变化对不同类型的污染性投入有着不同的作用。但普遍有一个特征，城镇人口比重和二三产业比重的提高会导致污染性投入的增加。因此我们需要反思，快速城镇化对社会经济发展带来巨大作用的同时，可能伴随着诸如农地利用中的污染性投入的增加。城镇化对农村农业的冲击，或许仍然观察得不够。新型城镇化的一个重点[①]，应该注意城镇化这一宏观转型对环境的影响。就本书研究而言，我们需要协调城镇化与农地利用中的污染性投入，从而求得两者之间的一种可接受的均衡。

① 国家新型城镇化规划（2014~2020年）中提出新型城镇化的一原则为生态文明，绿色低碳。要求把生态文明理念全面融入城镇化进程，着力推进绿色发展、循环发展、低碳发展，节约集约利用土地、水、能源等资源，强化环境保护和生态修复，减少对自然的干扰和损害，推动形成绿色低碳的生产生活方式和城市建设运营模式。

6 农地利用集约化的碳排放：基于效率的分析

6.1 引 言

一个完美的农地利用应该是有限投入下最大化期望产出，并且不需要承担环境污染等非期望产出。但在现实条件下，完美的农地利用是无法实现的。非期望产出作为农地利用的成本，客观存在，也无法回避。那么到底是什么时候可接受的非期望产出则需要明确。显然，非期望产出的可接受水平会随着社会经济的发展而不断变化，因此相对可接受的非期望产出水平是理想的农地利用所应该包含的要素。本章关注了农地利用的碳排放，其原因是第5章关注的农地利用中的化肥、农药和农膜三种污染性投入，可以被折算成碳排放的量（具体见本章的农地利用碳排放计算）。因此，选择碳排放作为农地利用的非期望产出，首先统一了各种非期望产出的量纲，其次碳排放背后的所描述的农地利用过程相比第5章的污染性投入更加丰富。并且，土地低碳利用也是土地利用管理中的一个关键问题，农地低碳利用是构成土地低碳利用的一个关键部分。最后结合第3章中重点分析的农地集约利用的这一农地利用状态，定量分析以追求农地集约利用为目标的农地利用是否在碳排放这一成本可接受，何种程度碳排放是农地利用中可以接受的。

农地集约利用是农用地资源有限的背景下，提高农地利用效率，满足人类对农地产品需求，实现土地资源可持续利用的重要途径（邓楚雄等，2012；

谢天等，2013）。农地集约利用指在一定面积的土地上，集中投入较多的生产资料和活劳动，以求在先进的技术和管理下获得高额的产量和收入（曹志宏等，2009）。农地集约利用往往意味着在较少农用地上投入高成本，以获得高产出与高收益。只是农地集约利用中存在负的外部性，提高农地集约利用水平在获得粮食、农户收入等收益的同时，也将伴随着农业化学需养量（chemical oxygen demand，COD）、总氮、总磷等农业污染排放的增加（Shen et al.，2012）。实际上农地集约利用中所投入的能源、化肥、农药、地膜以及水稻种植等同时也是重要的农业碳源（乔家君等，2012；李波和张俊飚，2012；黄祖辉和米松华，2011；田云等，2012；杨钧，2012），在技术水平相对稳定的前提下，增加碳源将导致碳排放规模扩大，因此，若将农地利用碳减排作为一个不可忽视的农地利用目标，农地集约利用容易陷入增加农地利用投入与控制农地利用碳排放的两难选择。

农地集约利用评价国内外已有较多的研究，在测度指标选择中，主要从投入与产出两个方面去寻找可以体现农地集约利用的指标。目前，农地投入方面侧重于劳动力密度、地均农业机械动力投入、地均电力投入、地均化肥施用量、地均农药使用量、地均地膜使用量、灌溉指数、复种指数、农业科技进步率等农地利用中投入的物质要素与非物质要素强度（陈伟和吴群，2013；朱天明等，2010；董秀茹等，2008；Chen et al.，20019；Benton et al.，2011；Bourrié et al.，2013）。农地产出方面侧重于劳均产值、地均产值、粮食单产、劳均产值、农民收入等农地利用经济效益（陈水英等，2013；杜国明和刘彦随，2013）。已有研究也强调了农地集约利用中的土地利用可持续性，农地集约利用应该有利于巩固粮食安全、有利于保持合适规模的农业人口以及有利于稳定耕地数量（Gagliardi and Pettigrove，2013；贺三维等，2012），只是农地集约利用与农地利用碳排放之间的关系仍未引起更多关注。但国内外学者已经意识到农地利用与农业生产在整个碳循环系统中的重要性，估算了农业碳排放量与农业碳足迹（李波和张俊飚，2012；黄祖辉和米松华，2011），尝试分析了中国农地利用的碳效应（李波和张俊飚，2012）、空间差异（杨钧，2012）、阶段特征（田云等，2011）与影响因素（Dong et al.，2013），探析了农地利用碳排放与农业经济发展之间的关系（田云等，2012）。

已有的农地利用与农业生产碳排放研究从不同角度揭示了农地集约利用中碳源消耗增加将会导致农地利用碳排放的增长。但当前放弃农地集约利用并不符合农地利用与农业发展的需要，粗放型的农地利用很可能影响粮食安全与农地保护，所以寻找平衡农地集约利用与农地利用碳排放的途径在当前整个社会发展低碳转型中尤为重要。中国作为一个发展中国家，促进经济发展与满足人口对物质产品的需求仍然是土地利用的重要目的，所以在强调碳排放总规模控制的同时，更应该强调以碳排放作为社会环境成本的人类福利改善（卞亦文，2009）。

本章研究选择碳排放效率用以观察碳排放成本实现价值的大小，主要完成三个方面的工作：①描述农地集约利用度和碳排放效率空间上的匹配性；②估算各地区农地集约利用的碳排放效率；③对总效率小于 1 的碳排放无效率地区农地利用提出低碳优化策略。

6.2 研究方法

6.2.1 投入产出指标选择

本章投入产出指标选择涉及农地集约利用度分析中的集约投入指标与集约产出指标，以及效率分析中的投入指标与产出指标。本书研究选择碳排放效率用以观察碳排放成本实现价值的大小，运用 SBM（Slacks-based Measure）模型[①]。SBM 模型分析农地集约利用碳排放效率首先需要确定农地利用投入指标。由于农地利用中部分碳源实际上是化肥、农药、农膜等农业投入以及柴油、汽油、火电等能源消耗，因此投入指标并未具体引入特定的农业生产物

① SBM 模型是 DEA 模型中的一种，其计算得到的是相对效率。相对效率有其局限性，特别是纵向时间序列上的相对效率值的比较，难以解释内涵。因此本书研究选择了特定年份的截面数据。绝对效率值的计算方法在已有研究中也存在。绝对效率值也存在其自身的局限性，首先是计算的繁杂，特别是科学内涵的界定。其次是难以包括多指标的投入产出。

质投入。根据传统生产函数对生产过程的理解，本章中农地利用投入包括劳动力、资金与技术。考虑到农业、林业与畜牧业之间生产过程的差别，以及造成的土地利用形式显著差异，本章农地利用仅关注以传统种植业为主体的农业，即农地中的耕地与园地。农地集约利用投入指标最终确定为地均劳动力投入、地均资金投入与地均技术投入。为了实现农地集约利用度分析与农地集约利用碳排放效率分析之间的可比较性，农地集约利用评价指标中的集约投入指标与碳排放效率计算中的投入指标保持一致，包括了三个指标，该三个指标属于越大越好型指标。

确定 SBM 模型分析农地集约利用碳排放效率中的产出指标，应将农地利用中碳排放作为一种必需的成本，这更符合通过农地集约利用提高农地产出的本意。因此产出指标中应包含农业增加值、粮食总产量与人均家庭经营性收入三种重要的农地利用产出。农地利用也存在污染物排放，一个合理的污染物排放量应是当前技术条件下稳定农业生产所必需的较小排放量，本书农地利用中的污染物主要关注来源于化肥使用的农业氨氮排放量。最终匹配采用相对指标形式的投入指标，产出指标选择单位碳排放量实现农业增加值、单位碳排放量实现粮食产量、单位碳排放量实现家庭经营性收入以及单位碳排放量伴随农业氨氮排放量，其中前三个指标属于“好”的期望产出，第四个指标属于“坏”的非期望产出。农地集约利用度分析中集约产出指标的选择，同样考虑农地集约利用度分析与农地集约利用碳排放效率分析之间的可比较性，最终确定基于土地集约利用内涵的地均农业增加值、地均粮食产量、地均家庭经营性收入、地均农业氨氮排放量。其中，前三个指标属于越大越好型指标，第四个指标属于越小越好型指标。分析所需的投入产出指标具体如表 6.1 所示。

表 6.1　农地集约利用的投入产出指标

	指标/单位	权重	指标说明
集约投入指标	地均劳动力投入/(人·公顷)	0.130	= 第一产业就业人员/农地面积。以第一产业就业人员替代农业劳动力，农地面积 = 耕地面积 + 园地面积，下同
	地均资金投入/(万元·公顷)	0.175	= 农业中间消耗/农地面积

续表

	指标/单位	权重	指标说明
集约投入指标	地均技术投入/(元·公顷)	0.093	=农业科技示范项目投资/农地面积。以农业科技示范项目投资标识农地利用中的技术投入水平
集约产出指标	地均农业增加值/(万元·公顷)	0.172	=农业增加值/农地面积
	地均粮食产量/(吨·公顷)	0.193	=粮食产量/农地面积
	地均家庭经营性收入/(万元·公顷)	0.128	=农村居民人均家庭经营纯收入×乡村人口数/农地面积
	地均农业氨氮排放量/(千克·公顷)	0.109	=农业氨氮排放量/农地面积
SBM模型产出指标	单位碳排放量实现农业增加值/(万元·吨)	—	=农业增加值/碳排放量
	单位碳排放量实现粮食产量/(吨·吨)	—	=粮食产量/碳排放量
	单位碳排放量实现家庭经营性收入/(万元·吨)	—	=农村居民人均家庭经营纯收入×乡村人口数/碳排放量
	单位碳排放量伴随农业氨氮排放量/(千克·吨)	—	=农业氨氮排放量/碳排放量

注：SBM模型投入指标与集约投入指标一致。

6.2.2 农地集约利用度指标量化及权重确定

从投入集约与产出集约两个方面去估算农地集约利用度。对农地集约利用度的指标进行无量纲化，公式如下：

$$y_{uv}=\begin{cases}\dfrac{z_{uv}-\min z_{uv}}{\max z_{uv}-\min z_{uv}} & \text{越大越好型指标}\\[2ex] \dfrac{\max z_{uv}-z_{uv}}{\max z_{uv}-\min z_{uv}} & \text{越小越好型指标}\end{cases} \tag{6.1}$$

其中，y_{uv} 为指标无量纲化值；z_{uv} 为指标原始值；$\max z_{uv}$ 为第 u 个指标中最大值；$\min z_{uv}$ 为第 u 个指标中最小值。

确定农地集约度各指标的权重，通过专家咨询对指标重要性进行打分，再基于层次分析法，构造比较矩阵，并进行一致性检验，计算初始权重，然后经专家判断微调后确定最终权重。

6.2.3 农地集约利用度计算模型

农地集约利用度的计算公式如下：

$$I_f = \sum_{l=1}^{D} a_l \cdot y_{lf} \tag{6.2}$$

其中，I_f 为第 f 个省的农地集约利用度，y_{lf} 为第 f 个省第 l 个指标无量纲值，a_l 为第 l 个指标的权重，D 为总指标数。

6.2.4 农地集约利用碳排放效率计算模型

农地集约利用中因各类碳源的存在而产生一定规模的碳排放，碳排放作为 1 种环境负担与外部性损失，是农地利用产生“好”产出与其他“坏”产出的成本，因此农地集约利用碳排放效率计算中需要解决非期望的“坏”产出纳入效率分析模型的问题。DEA（Data Envelopment Analysis）分析多投入多产出条件下的相对效率具有优势。但在传统 DEA 工具中，需要通过“污染物作为投入处理”或者“数据转换函数处理”等途径将其纳入效率分析模型中（卞亦文，2009；曾贤刚，2011），但同时存在破坏真实性与效率结果不精确的问题。非径向非角度 SBM 模型，直接将非期望产出纳入产出，从而实现将松弛变量直接放入目标函数中的目的，避免了径向和角度选择差异所带来的偏差。假设总数量为 k 的省份，农地集约利用中存在 m 种投入、s_1 种期望产出与 s_2 种非期望产出，根据 Tone 的研究成果，第 o 个省份包含非期望产出的 SBM 模型数学表达如下：

$$\text{Mip } \rho_o = \frac{1 - \frac{1}{m}\sum_{i=1}^{m}\frac{s_{oi}^{-}}{x_{oi}}}{1 - \frac{1}{s_1+s_2}\left(W_1\sum_{r=1}^{s_1}\frac{s_r^g}{y_{or}^g} + W_2\sum_{r=1}^{s_2}\frac{s_r^b}{y_{or}^b}\right)} \tag{6.3}$$

条件约束：$x_{om} = \sum_{j=1}^{k} x_{jm}\lambda_j + s_{om}^{-}$

$$y_{or}^g = \sum_{j=1}^{k} y_{jr}\lambda_j - s_{or}^g$$

$$y_{or}^b = \sum_{j=1}^{k} y_{jr}\lambda_j + s_{or}^b$$

$$\sum_{j=1}^{k}\lambda_j = 1,\ s^{-} \geqslant 0,\ s^{g} \geqslant 0,\ s^{b} \geqslant 0,\ \lambda \geqslant 0$$

其中，ρ_o 为第 o 个 DMU 的效率值；x_{oi} 为第 o 个 DMU 第 i 项投入；y_{or}^g 为

第 o 个 DMU 期望产出；y^b_{or} 为第 o 个 DMU 非期望产出；λ_j 为第 j 个 DMU 参考集的权重；s^-为投入冗余量；s^g 为期望产出不足量；s^b 为非期望产出冗余量；W_1 与 W_2 为期望产出与非期望产出间的相对权重。本书研究认为，农地利用中的期望与非期望产出同样不可以忽略，需同等对待，因此设定 $W_1 = W_2 = 1$。在 $\sum_{j=1}^{k}\lambda_j = 1$ 约束下，ρ_o 实际上是给定规模报酬可变（Variable Return to Scale）假设下的技术效率，若去掉权重约束条件，则可以获得固定规模报酬（Constant Return to Scale）下的总效率，假设第 o 个 DMU 总效率为 θ_o。则通过 SBM 模型计算含非期望产出的规模效率 S_o 如下：

$$S_o = \theta_o / \rho_o \tag{6.4}$$

6.3 数据来源与统计描述

6.3.1 农地利用碳排放量计算

农地利用碳排放量用表 6.1 中单位碳排放量实现农业增加值等涉碳指标值的计算。农业生产碳排放主要来源于农业投入、农用能源消耗、种植排放与有机废弃物（黄祖辉和米松华，2011）。已有研究中，有机废弃物一般不纳入农地利用碳源，农业投入碳源主要是化肥、农药与农膜，农用能源碳源主要是柴油与农用电力，种植排放碳源主要是翻耕与稻谷生长（李波和张俊飚，2012；黄祖辉和米松华，2011；田云等，2012；杨钧，2012）。农地利用的碳排放量计算公式如下①：

$$CE = \sum CE_t = \sum P_t \cdot M_t \tag{6.5}$$

① 本章采用了系数估算法来测度农地利用碳排放。这种方法在已有研究中被广泛采用，具体可见参考文献。但不可否认，系数估算法存在着准确性的不足，也缺乏客观的横向农地利用碳排放量的估算标准。不过本书研究中主要关注碳排放的横向比较，而不是十分注重碳排放量的绝对值。或者说排放系数的可能误差对所有的省份都是一致的。

其中，CE 为农地利用碳排放总量，CE_t 为第 t 种碳源碳排放量，P_t 为第 t 种碳源碳排放系数，M_t 为第 t 种碳源投入（生产）量。结合李波和张俊飚（2012）的研究成果，表 6.2 给出化肥、农药、农膜、柴油、农用电力、翻耕、稻谷的碳排放系数。

表 6.2 农地利用碳源碳排放系数

农地利用	碳源	碳排放系数	说明
农业投入	化肥	0.8956 千克·千克（以 C 计）	来源于 West 和 Marland（2002）、美国橡树岭实验室（智静和高吉喜，2009）
	农药	4.9341 千克·千克（以 C 计）	来源美国橡树岭实验室（智静和高吉喜，2009）
	农膜	0.8956 千克·千克（以 C 计）	来源于南京农业大学农业资源与生态环境研究所（李波和张俊飚，2012），农膜包括农用塑料薄膜与地膜
农用能源消耗	柴油	0.86157 千克·千克（以 C 计）	来源于 IPCC（2006）（Eggleston et al.，2006）
	农用电力	20.5 千克·公顷（以 C 计）	Dubey 和 Lal 给出农业灌溉碳排放系数为 25 千克·公顷（以 C 计）（Dubey and Lal，2009），根据田云等的研究成果，农用电力中火电所占比例约为 0.82（田云等，2012）。农用电力以农业灌溉的电力消耗替代
种植生长	翻耕	312.6 千克·公顷（以 C 计）	来源于中国农业大学生物与技术学（伍芬琳等，2007）。翻耕面积以粮食播种面积替代
	稻谷	146.25 千克·公顷（以 C 计）	IPCC（2006）给出水稻甲烷排放系数为 1.3 千克·公顷·天，为了简化分析，设定全国的水稻年生产期为 150 天/年，甲烷中的碳含量按 12/16 计算

6.3.2 其他数据来源与统计描述

31 个省份的耕地与园地面积来自《中国统计年鉴》（2012）①。因 2011 年各地区分行业的就业人员数没有公开，本书研究中采用了 2010 年底的第一产业就业人员数，该数据来自《中国统计年鉴》（2011）。农业科技示范项目投资来自《中国财政年鉴》（2011），为 2010 年末值。乡村人口数来自《中国统计年鉴》（2012），农业中间消耗、农业增加值、化肥施用量、农药使用量、农用

① 本章在进行数据分析时，因当时第二次全国土地调查数据仍未公布，此数据实质上为 2008 年底的土地变更数据。本书的撰写是跨度时间较长，为了保持一贯性，不再特意进行数据更新。基于本章发表的论文，在后续被部分学者引用，并用于类似的问题分析。本章的结论是可靠的。

塑料薄膜与地膜使用量、柴油使用量、有效灌溉面积、粮食播种面积、稻谷播种面积来自《中国农村统计年鉴》(2012)，农村居民人均家庭经营纯收入来自《中国劳动统计年鉴》(2012)。农业氨氮排放量来自国家统计局网站上公布的环境统计数据（2011）中的各地区废水排放及处理情况（2011 年），除此之外，其他数据均为 2011 年末值。依赖不同数据来源得到基础数据后，根据指标定义经过运算获得 11 个投入产出指标值，其统计描述如表 6.3 所示。

表 6.3 31 个省份指标值统计描述

指标	最小值	最大值	均值	标准差
地均劳动力投入/(人·公顷)	0.650	4.370	2.152	0.913
地均资金投入/(万元·公顷)	0.410	3.340	1.117	0.648
地均技术投入/(元·公顷)	7.470	332.030	55.627	69.542
地均农业增加值/(万元·公顷)	0.737	3.349	1.818	0.821
地均粮食产量/(吨·公顷)	1.493	6.870	3.926	1.527
地均家庭经营性收入/(万元·公顷)	0.619	3.973	1.629	0.803
地均农业氨氮排放量/(千克·公顷)	1.217	17.370	6.994	4.770
单位碳排放量实现农业增加值/(万元·吨)	1.560	3.160	2.227	0.485
单位碳排放量实现粮食产量/(吨·吨)	1.750	11.130	5.291	2.213
单位碳排放量实现家庭经营性收入/(万元·吨)	0.530	7.110	2.126	1.098
单位碳排放量伴随农业氨氮排放量/(千克·吨)	2.250	17.410	7.878	3.738

6.4 农地集约利用度与农地集约利用碳排放效率分析

6.4.1 农地集约利用度及其碳排放效率值

根据式（6.2）计算得到各省的农地集约利用度；根据 SBM 投入产出指标，基于 DEA-Solve 运算平台（Cooper et al.，2007），计算得到各省的农地集约利用碳排放效率值。按东中西部区域内的总效率从大到小排序后，农地集约利用度及其碳排放效率值结果如表 6.4 所示。其中总效率揭示了农地集约利用中投入实现产出的效率高低；技术效率揭示了在给定的农地集约利用投入组合条件下，农地利用所能获得的相对最大产出；规模效率揭示了技术水平可变动的前提下，农地集约利用实现已有产出水平所需的相对最少投入，及其是否处于最适规模。

表 6.4 农地集约利用度及其碳排放效率值

省份	集约利用度	总效率	技术效率	规模效率	所属区域	省份	集约利用度	总效率	技术效率	规模效率	所属区域
江苏	0.556	0.482	1.000	0.482	东部	安徽	0.400	0.429	0.456	0.941	中部
河北	0.430	0.396	0.468	0.846	东部	湖南	0.642	0.403	0.602	0.670	中部
辽宁	0.323	0.344	0.345	1.000	东部	江西	0.486	0.338	0.370	0.913	中部
山东	0.515	0.308	0.366	0.841	东部	内蒙古	0.184	1.000	1.000	1.000	西部
浙江	0.506	0.205	0.214	0.959	东部	广西	0.374	1.000	1.000	1.000	西部
广东	0.502	0.201	0.276	0.729	东部	四川	0.449	1.000	1.000	1.000	西部
海南	0.245	0.197	0.230	0.857	东部	贵州	0.212	1.000	1.000	1.000	西部
北京	0.396	0.177	0.265	0.668	东部	云南	0.237	1.000	1.000	1.000	西部
天津	0.403	0.169	0.172	0.982	东部	西藏	0.285	1.000	1.000	1.000	西部
福建	0.539	0.129	0.158	0.816	东部	甘肃	0.190	1.000	1.000	1.000	西部
上海	0.559	0.108	0.113	0.952	东部	新疆	0.300	1.000	1.000	1.000	西部
黑龙江	0.216	1.000	1.000	1.000	中部	青海	0.246	0.735	1.000	0.735	西部
吉林	0.301	0.864	1.000	0.864	中部	重庆	0.392	0.492	0.492	1.000	西部
山西	0.209	0.550	0.564	0.976	中部	陕西	0.258	0.475	0.538	0.884	西部
湖北	0.433	0.478	0.576	0.830	中部	宁夏	0.235	0.406	0.641	0.634	西部
河南	0.614	0.440	0.450	0.977	中部						

注：东中西部的划分按照“七五”计划中的地区划分，同时结合西部大开发的政策进行调整。

6.4.2 农地集约利用度与其碳排放效率一致性分析

分析农地集约利用度与其碳排放总效率一致性，从而判断农地集约利用程度的高低是否必然地对应着农地利用过程中碳排放效率的高低。基于计算得到的农地集约利用度数值分布规律，借鉴邓楚雄等的耕地集约利用评判等级与贺三维等的农地集约利用分区，将农地集约利用度分为 4 等：Ⅰ等，农地集约利用度分布区间为［1，0.5）；Ⅱ等，农地集约利用度分布区间为［0.5，0.4）；Ⅲ等，农地集约利用度分布区间为［0.4，0.3）；Ⅳ等，农地集约利用度分布区间为［0.3，0］。根据碳排放总效率数值分布特点，把农地集约利用碳排放总效率分为4等：Ⅰ等，碳排放总效率值为1；Ⅱ等，碳排放总效率值分布区间为（1，0.5）；Ⅲ等，区间为［0.5，0.3）；Ⅳ等，区间为［0.3，0］。为有效区分农地集约利用度与农地集约利用碳排放状态以及有利于比较分析，将初始所确定的4等按照等别的高低进行聚类，其中将Ⅰ等和Ⅱ等农地集约利用度归纳为高农地集约利用度，将Ⅲ等和Ⅳ等农地集约利用度归纳为低农地集约利用度。将Ⅰ等和Ⅱ等农地集约利用碳排放总效率归纳为高农地集约利用碳排放总效率，将Ⅲ等和Ⅳ等农地集约利用碳排放总效率归纳为低农地集约利用碳排放总效率。农地集约利用度与其碳排放效率一致性耦合比较如图6.1所示。

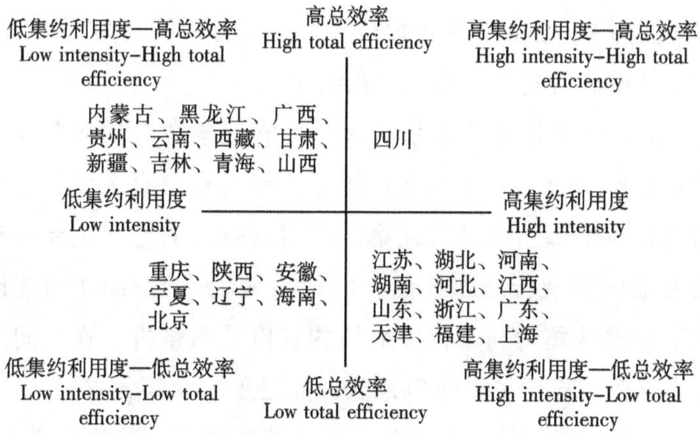

图6.1 农地集约利用度与其碳排放效率一致性

分布在高集约利用度—高总效率与低集约利用度—低总效率象限的省份为四川、重庆、陕西、安徽、宁夏、辽宁、海南、北京8个省份，这两个象限的省份农地集约利用程度与农地集约利用碳排放总效率呈现正相关，较高（低）的农地集约利用程度同时伴随着较高（低）的碳排放总效率。但此类省份仅占总数的25.8%。而低集约利用度—低总效率象限中的7个省份并不是一种理想的农地利用状态，其农地利用仍需要进一步改善以获得更好的经济效益与生态效益。分布在低集约利用度—高总效率与高集约利用度—低总效率象限的23个省份意味着农地集约利用程度与农地集约利用碳排放总效率呈现负相关，因此对于多数省份，农地集约利用程度的提高伴随着更多的碳排放，农地集约利用碳排放效率并不理想。那么当前在追求农地集约利用的同时，若期望同时完成农地的低碳利用，则需要合理优化农地利用投入与农地利用产出。

6.4.3 农地集约利用度及其碳排放效率空间分布

在农地集约利用度和农地集约利用碳排放总效率分等的基础上，根据农地集约利用碳排放技术效率与规模效率数值分布特点，将农地集约利用碳排放技术效率与农地集约利用碳排放规模效率分为4等。技术效率分等：Ⅰ等，碳排放技术效率值为1；Ⅱ等，碳排放技术效率值分布区间为（1，0.5）；Ⅲ等，区间为［0.5，0.3）；Ⅳ等，区间为［0.3，0］。规模效率分等：Ⅰ等，碳排放规模效率值为1；Ⅱ等，碳排放规模效率值分布区间为（1，0.9）；Ⅲ等，区间为［0.9，0.8）；Ⅳ等，区间为［0.8，0］。

由分析可知，属于Ⅰ等的省份有8个，农地集约利用程度最高的省份是湖南，其中6个省份位于东部地区；属于Ⅱ等的省份有5个，除四川外全部分布在东部地区与中部地区。农地集约利用度较高的地区主要分布在经济发达的东部沿海地区以及传统农作区。农地集约利用度≤0.4的省份归属于Ⅲ等、Ⅳ等区域，农地集约利用程度最低的省份是内蒙古。在空间上Ⅲ等和Ⅳ等区域主要分布在西部干旱半干旱地区，并覆盖东北部分省份。

内蒙古、广西、四川等9个省份属于Ⅰ等总效率，其效率值为1，为相对有效。在空间分布上，总效率有效的区域集中分布在西部地区，仅黑龙江属于中部地区。农地集约利用碳排放总效率小于1的无效率地区中仅吉林、青海、山西3省碳排放总效率值属于Ⅱ等总效率，其值大于0.5；重庆、浙江、广东等19个省份碳排放总效率值则属于Ⅲ等与Ⅳ等总效率，集中分布在［0.108，0.492］区间内。长三角、珠三角、京津冀3个中国经济最发达地区的主要省份农地集约利用碳排放总效率普遍较低，其中上海总效率值为31个省份中最低，浙江、广东、北京、天津碳排放总效率值在0.2左右徘徊。农地集约利用碳排放总效率的无效是技术效率与规模效率综合作用的结果。在空间上农地集约利用碳排放总效率高低并不与农地集约利用程度高低普遍保持一致。

内蒙古、广西、四川等 12 个省份属于Ⅰ等技术效率，其效率值为 1。在空间分布上，技术效率有效区域与总效率有效区域高度吻合，集中分布在西部地区。从效率值的大小比较，技术效率与总效率比较接近。在变化幅度上，技术效率值从宁夏的 0.641 迅速降低到上海的 0.113。造成农地集约利用碳排放总效率偏低的主要原因是区域农地集约利用碳排放的技术效率不足。技术效率的缺陷意味着在既有农地集约利用条件下劳动力、资金与技术的投入未能得到有效利用，未能实现最大产出。在中国东中部地区，特别是分布在长江中下游流域、黄淮海流域的省份，经济发达、人多地少，是传统的精耕细作区；而西部地区特别是黄土高原、甘新、青藏农区受降水、温度、地形等自然条件限制，单位农地上的劳动力、农业生产资料投入较少，土地集约利用水平较低。若从单位农地面积上的粮食产量、农业增加值、家庭经营性产出比较，东中部地区高于西部地区。因此，导致农地集约利用水平较高的东中部地区碳排放技术效率较低的主要因素是农地集约利用的技术水平在实现粮食产量、农业增加值等增长的同时未能抑制甚至减少碳排放规模。

内蒙古、西藏、甘肃等 10 个省份属于Ⅰ等规模效率，其效率值为 1。从效率值分析，除属于Ⅳ等规模效率的江苏为 0.482 外，其余 30 个地区均高于 0.6；效率值高于 0.8 的地区占到所有省份的 80.6%，分属于Ⅰ等、Ⅱ等和Ⅲ等规模效率，因此规模效率不足并不是导致农地集约利用碳排放总效率偏低的主要原因。规模效率可以判断农地集约利用是否处在最适规模，规模过大或过小都将导致平均投入的增加，较高的规模效率意味着目前农地利用中农地集约投入规模与农地产出规模匹配度较高。

6.5 农地集约利用低碳优化策略

农地低碳利用应是一个动态的内涵[①]，理想的低碳水平将随着整个农地利用水平以及社会对碳排放控制的要求而发生改变，本书研究中将农地低碳利用界定为地区农地集约利用碳排放的相对有效。固定规模报酬（Constant Return to Scale）下的 SBM 模型同时给出了各省份农地集约利用实现碳排放总效率有效的投入产出优化值，如表 6.5 所示。其中投入冗余表明，同其他总效率有效省份相比，在保持产出不变的条件下，该省份投入可以减少的数量；非期望产出冗余表明，同其他总效率有效省份相比，在保持投入不变的条件下，该省份非期望产出可以减少的数量；期望产出不足表明，同其他总效率有效省份相比，在保持投入不变的条件下，该省份期望产出可以增加的数量。结合农地集约利用碳排放效率的空间分布规律，针对表 6.5 给出的投入冗余、非期望产出冗余以及期望产出不足，分东部、中部、西部给出碳排放无效区域的农地集约利用低碳优化的可能策略。

表 6.5 农地集约利用低碳优化

	投入优化			产出优化				所属区域
	s_1^-	s_2^-	s_3^-	s_4^-	s_1^+	s_2^+	s_3^+	
内蒙古	0.000	0.000	0.000	0.000	0.000	0.000	0.000	西部
黑龙江	0.000	0.000	0.000	0.000	0.000	0.000	0.000	中部
广西	0.000	0.000	0.000	0.000	0.000	0.000	0.000	西部
四川	0.000	0.000	0.000	0.000	0.000	0.000	0.000	西部
贵州	0.000	0.000	0.000	0.000	0.000	0.000	0.000	西部

① 何为“低碳”并没有统一的认识，但有一点共识是存在的，即不是“无碳”。在实现低碳利用中，优化策略以及政策建议设计的前提应该是科学界定所构建的“低碳”逻辑，并再逐步寻找实现“低碳”的办法。

续表

	投入优化				产出优化			所属区域
	s_1^-	s_2^-	s_3^-	s_4^-	s_1^+	s_2^+	s_3^+	
云南	0.000	0.000	0.000	0.000	0.000	0.000	0.000	西部
西藏	0.000	0.000	0.000	0.000	0.000	0.000	0.000	西部
甘肃	0.000	0.000	0.000	0.000	0.000	0.000	0.000	西部
新疆	0.000	0.000	0.000	0.000	0.000	0.000	0.000	西部
吉林	0.026	0.048	4.626	0.000	0.299	0.000	0.000	中部
青海	0.000	0.001	23.184	0.000	0.000	2.434	2.237	西部
山西	0.530	0.263	4.459	2.545	0.000	1.414	0.000	中部
重庆	0.032	0.215	14.749	3.881	0.000	1.890	4.767	西部
江苏	0.609	0.782	7.380	1.132	0.000	5.359	0.273	东部
湖北	0.697	0.824	0.000	3.883	0.000	4.491	0.000	中部
陕西	0.878	0.381	4.499	0.285	0.000	5.229	0.434	西部
河南	2.081	1.297	0.000	2.471	0.000	2.379	0.000	中部
安徽	1.683	0.599	1.160	3.638	0.000	1.099	0.000	中部
宁夏	0.394	0.405	47.483	0.000	0.000	1.086	0.294	西部
湖南	3.083	0.754	0.715	7.359	0.000	6.359	0.270	中部
河北	1.117	0.602	10.149	1.407	0.000	5.167	0.156	东部
辽宁	0.543	0.559	34.013	6.412	0.000	1.862	0.000	东部
江西	1.688	0.523	15.883	6.697	0.000	0.000	0.000	中部
山东	1.352	1.280	14.287	3.230	0.000	4.479	0.000	东部
浙江	1.322	0.686	86.996	0.860	0.000	9.298	0.000	东部
广东	2.758	0.679	46.711	2.242	0.000	15.598	0.581	东部
海南	1.002	0.483	36.943	0.472	0.000	11.260	0.316	东部
北京	0.887	1.738	121.711	6.879	0.000	12.062	0.985	东部
天津	0.774	1.451	204.234	6.363	0.000	6.075	0.000	东部
福建	2.314	1.321	103.839	3.755	0.000	11.290	0.000	东部
上海	0.776	2.959	317.872	1.859	0.000	7.234	0.928	东部

注：s_1^-为地均劳动力投入冗余量，s_2^-为地均资金投入冗余量，s_3^-为地均技术投入冗余量，s_4^-为单位碳排放量伴随农业氨氮排放量冗余量；s_1^+为单位碳排放量实现农业增加值不足量，s_2^+为单位碳排放量实现粮食产量不足量，s_3^+为单位碳排放量实现家庭经营性收入不足量。

东部地区 11 个省份要实现农地集约利用碳排放的有效，投入优化中，均需减少单位农地面积上的劳动力、资金、技术投入。产出优化中，11 个省份都需要降低单位碳排放量伴随农业氨氮排放量，增加单位碳排放量实现粮食产量；但不要求改变单位碳排放量实现农业增加值，并差别化增加单位碳排放量实现家庭经营性收入。东部地区受经济发展的驱动，农地非农化需求旺盛，同时该地区耕地后备资源有限，试图通过大规模增加耕地面积来降低农地集约投入强度并不现实，因此减少农地利用投入更多只能够依赖于减少劳动力、资金与技术。东部地区转移农业劳动力在现有条件下应结合新型城镇化与规模化农地流转，鼓励具有非农就业优势的农业劳动力向城镇居民转变，这不仅可以降低农地劳动力投入强度，同时可辅助碳排放不增长的前提下提高单位碳排放量实现家庭经营性收入。而减少资金投入应同时结合降低单位碳排放量伴随农业氨氮排放量等低碳优化需要，控制农地上的化肥、农药、农膜等碳源过度使用，从而既减少了单位农地面积资金投入又抑制了碳排放总量增长，实现投入减少与期望产出增加的匹配。减少农地利用中的技术投入这一需求可能与本书所选择指标的特点存在关联，由于选择科技示范项目投资作为分析依据，无法确保技术投入在农地利用中用以实现农业低碳高产，实际上当前科技示范项目投资中更多关注良种、高产与节水，并没有凸显对农业生产碳排放的控制。因此，在东部地区农地集约利用低碳优化中，技术的投入更应该鼓励节能、低化肥、免翻耕等技术的推广，在经济发达地区可尝试建立低碳高产农业示范项目。

中部地区 7 个省份要实现农地集约利用碳排放的有效，投入优化中，均需减少单位农地面积上的劳动力、资金投入，其中除湖北、河南 2 省外，其他 5 省需减少技术投入。产出优化中，除吉林无须降低单位碳排放量伴随农业氨氮排放量和增加单位碳排放量实现粮食产量，而需增加单位碳排放量实现农业增加值外，其他 5 省对该 3 个指标的要求与东部地区一致。中部地区是中国重要的粮食产区，耕地占补平衡的压力与开发耕地后备资源的生态风险相比东、西部地区较小，因此宏观上减少单位农地面积上的投入应注重通过土地综合整治稳定并增加农用地面积，这既可确保低碳优化的需要，同时也增加了粮食生产所需农地。但同时农地利用中也需要减少微观单位农地面积上的劳动力、资金投入，否则农地面积增加很可能伴随着农地利用中碳源投入的增加。因此，中部地区农地利用应该结合当地的优势产业推进农地规模化经营，充分利用优越的自然条件获取规模效益，提高能源化肥机械等投入的使用效率，减少农业氨氮排放量，增加粮食等产出；鼓励发展土地密集型农业，促使农业劳动力转移到农副产品加工行业等领域；在水稻主产区，依靠灌溉控制和养分管理等技术进步，减少水稻生产期的碳排放。

西部地区农地集约利用碳排放效率相对有效省份占多数。青海、重庆、陕西、宁夏4省份在投入优化中与东中部地区类似，除青海的地均劳动力投入不需要改变外，其他省份均需减少各指标的投入量。产出优化中，与东中部地区显著差别的是4省份均需要提高单位碳排放量实现家庭经营性收入。西部地区农业生产条件相对恶劣，农地可承载的人口规模小于东中部地区，尽管我国的耕地后备资源大部分集中于西部地区，但从生态保护出发并不适合于大规模开发后备资源或者毁林开荒增加农地规模。因此，抑制青海、重庆、陕西、宁夏4省份的农业投入应通过生态移民等方式将农业劳动力从不适合农业耕作的干旱缺水区、水土流失区等地方转移出来，并适度休耕农用地，减少农地上的资金等投入。西部部分省份技术投入冗余意味着当前在西部地区将更多技术投资集中于技术推广领域仍然是不够的，因此，应该在技术投入中科学分配产前、产中、产后，耦合节水高产优质、低碳排放、农户增收3个目标设置科技投入领域。青海、重庆、陕西、宁夏4省份增加单位碳排放量实现粮食产量和家庭经营性收入的主要途径首先应着眼于结合农地利用投入与技术进步减少农地利用碳排放量，同时开辟可增加农户不来自农地利用的家庭经营性收入途径。

6.6　本章结论与讨论

本章构建农地集约利用度计算模型与农地集约利用投入产出指标，计算中国31个省份的农地集约利用度；基于SBM模型，构建SBM模型投入产出指标，计算中国31个省份的农地集约利用碳排放总效率、技术效率与规模效率。并对总效率无效省份给出投入产出优化方案，以及针对投入冗余量、期望产出不足量与非期望产出冗余量的低碳优化策略，研究结果表明：

（1）农地集约利用度高低与农地集约利用碳排放总效率高低并不具有普遍的一致性，农地集约利用度较高的省份主要分布在东部沿海与传统农作区。

（2）农地集约利用碳排放总效率有效的区域集中分布在西部地区，长三角、珠三角、京津冀3个中国经济最发达地区主要省份的农地集约利用碳排放总效率普遍偏低。12个省份农地集约利用碳排放技术效率为1，在空间分布上，技术效率有效区域与总效率有效区域高度吻合，区域农地集约利用碳排放的技术效率不足是导致农地集约利用碳排放总效率偏低的主要原因。10个省份农地集约利用碳排放规模效率为1，多数省份的规模效率值高于0.8，规模效率不足不是导致农地集约利用碳排放总效率偏低的主要原因。

（3）东部地区农地集约利用低碳策略应结合新型城镇化与规模化农地流转，鼓励农业劳动力向城镇居民转变；控制碳源过度使用，鼓励节能、低化肥、免翻耕等低碳技术推广投入。中部地区农地集约利用低碳策略应注重通过土地综合整治增加农用地面积；推进农地规模化经营，提高农地利用投入的使用效率，增加粮食产出；鼓励发展土地密集型农业，促使农业劳动力转移；依靠灌溉控制和养分管理等技术进步，减少水稻主产区碳排放。西部地区农地集约利用低碳策略应将农业劳动力转移出生态脆弱区；适度休耕农用地，减少农地上的碳源投入；技术投入应耦合节水高产优质、低碳排放、农户增收3个目标；开辟不依赖农地利用的家庭经营性增收途径。

同时本书受投入产出指标数据收集的限制以及DEA模型对投入产出指标数的约束，投入产出指标数不多，因此剥离投入与产出内部结构状况仍显不够充分，从而影响了后续农地集约利用低碳策略的构建。另外，SBM模型仅分析相对效率，因此本书研究中也就无法给出西部农地集约利用碳排放有效地区的碳排放优化策略，显然西部地区的农地集约利用碳排放应该存在可改进的地方[①]。这些问题应在后续研究中予以关注。

① 基于DEA的相对效率分析，很容易出现此类困境。如何解决此类问题，在已有的基于DEA工具的实证分析文献中几乎没有。或许出现这个现象的问题是DEA自身的原因，因为一旦效率有效的决策单元发生调整，那么无效率的决策单元的比较基础就发生了变化，原始的分析结论都将发生变化。

7 农地利用碳排放的城镇化影响：基于农地流转的中介作用

7.1 引 言

第 6 章从效率的角度分析后发现，农地利用中实现有效率的碳排放并不容易。因此，仍然需要寻找到农地的低碳利用的路径。本章将尝试在这方面进行探索。本书强调了宏观转型对农地利用的诱导。第 3、4、5 章分别从各自的角度揭示了宏观转型诱导下农地利用数量投入、空间结构以及污染性投入的变化。顺着这个研究逻辑，本章同样重点关注城镇化对农地利用碳排放的诱导。城镇化主要包括人口城镇化、就业城镇化与土地城镇化，直观上看城镇化要影响农地利用中的碳排放，需要一个中介变量。因此区别于第 3、4、5 章对宏观转型的处理方式，本章将进一步构建起城镇化与农地利用的中介变量的作用。在中介变量选择上，我们需要考虑的是可能建立起“社会经济环境—制度—人—农地”之间关系的中介[①]。显然中介变量的选择可以有多种可能，但回顾中国农地改革的历史，改革开放以来最重要的两件事情：一

① “社会经济环境—制度—人—农地”之间的关系基于社会—生态系统可持续性分析框架（A General Framework for Analyzing Sustainability of Social-Ecological Systems，SESS 分析框架）(Ostrom，2009)。SESS 分析框架关注于生态系统与社会经济要素的相互渗透和相互作用形成了社会生态系统复合结构，提供了一种解释转型期土地利用诱导环境、健康和公平风险的理论基础。SESS 分析框架包含资源系统、资源单位、资源使用者和治理系统 4 个核心子系统。

是建立了新的农村经营体制即家庭联产承包责任制；二是实行了最严格的保护耕地。当前涉及家庭承包责任制的改革，就是鼓励进行农地流转，从而期望可以破解家庭责任制下农地破碎化、农业基础设施投入不足、农业生产效率低下等问题。因此，本章研究基于农地流转的中介作用，分析城镇化对农地利用碳排放的影响。

已有研究关注到了农地利用碳排放的影响因素。梁青青（2017）在测算我国农地利用碳排放规模、强度和结构的基础上，通过改进的 Kaya 等式与 LMDI 分解法，结合计量模型，对碳排放驱动因素进行实证分析发现，农业经济因素是导致农业碳排放增加的最主要因素，而效率因素、结构因素、人口因素，对抑制农业碳排放量效果依次减弱。李俊杰（2012）以民族地区为研究对象，在定量测算 1993~2003 年内蒙古、广西、贵州、云南、西藏、青海、宁夏和新疆等地区农地利用碳排放总量年均增速基础上，运用 LMDI 模型对驱动因素进行分解发现，效率因素、结构因素以及人口规模因素对碳排放以抑制作用为主，但效果不明显且区域间差异较大，而农业经济水平对农地利用碳排放有较强的促进作用。周青和黄贤金等（2003）以无锡原锡山市为例，构建了区域农地利用变化强度驱动因素的指标体系，运用主因子分析的方法建立了对应的模型，研究结果发现，区域经济发展、城市（上海）辐射、人口、耕地保护政策变化、农业集约化，以及城市化等驱动因素共同作用于区域农地利用变化，其中以区域经济发展、城市（上海）辐射、人口三项驱动因素作用最为明显。这些影响因素关注到了影响农地利用的外部条件，但忽略了农地自身状态的一个变化。结合本书研究引入的农地流转中介变量，它旨在解释一种情况：在一种外部条件的影响下，一个农地的利用可能发生两种情况。第一种是农地经营者没有对农地产权进行改变，在外部条件改变后按照某种新的状态进行利用。第二种是农地经营者改变了农地产权，在外部条件改变后新的利用状态与第一种发生了偏差。2017 年底全国农地流转面积占家庭承包耕地总面积的 37%[①]。因此，将农地流转作为中介变量有利于更加细致地观察城镇化与农地利用碳排放之间的关系。

① 数据根据 2017 年的《中国农村经营管理统计年报》计算得到。

城镇化是农地流转实现的一个因素。中国城镇化最典型的特征是农村劳动力向城镇和城市转移。城镇化进程中非农就业机会的增加使土地的相对价值减少，农民存在着农业种植禀赋的差异，部分农民渴望从非农就业中获得机会优势并愿意临时从农地中转移（De Janvry et al.，2001）。一旦农民因非农收入的不同而对土地的估价不同，一些有较稳定非农收入的农户下决心脱离农业，从而使土地流转成为可能（姚洋，1998）。如果推广到区域性的农地流转市场，可以发现非农就业结构的差异与农村土地流转市场的活跃程度存在着限制性的联系（姚洋，1999）。自由的劳动力市场，提高小农的非农就业机会可以促进农村土地流转的发展，解决流转的低效率问题（Yao，2000）。

本章主要完成以下三个方面的工作：①提出城镇化、农地流转与农地利用碳排放之间关系的假设；②基于中介模型分析城镇化、农地流转与农地利用碳排放之间的关系；③解释城镇化、农地流转与农地利用碳排放之间的关系。

7.2 研究方法

7.2.1 中介效应分析

中介效应是指自变量 X 通过一个或一个以上中介变量 M 影响因变量 Y 的作用程度[①]。研究中介效应主要目的是探究自变量对因变量影响的机制和路径，即自变量是直接影响因变量，还是通过中介变量间接影响因变量。传统的中介效应模型是由 Baron 和 Kenny（1986）提出的逐步回归系数检验法，以

① 中介效应是一个科学的概念。在此之外，社会科学研究中经常关注变量之间的关系。当分析的对象是类似 XY 组合的时候，并不能否定 XY 之间存在着中间变量，在两者之间发挥作用。当研究并不关注中间起作用的变量，那么我们也就不会关注中介效应。当分析的对象是类似 XMY 组合的时候，一种处理的方式就是将 M 作为中介变量。之所以会存在 XMY 组合的分析对象，主要原因有两种：第一，研究的需要，X、M 与 Y 都是必须考虑的研究对象，无法舍弃其中的一个；第二，X 与 Y 之间的关系缺乏比较公认的；第三，实证研究也较少，但 X 与 M，以及 Y 与 M 的关系更容易论证，那么就寻找到适当的 M，来完成 X 与 Y 之间的关系分析。

最简单的X、M、Y三个变量为例，可构建回归方程如下：

$$Y=cX+e_1$$

$$M=aX+e_2$$

$$Y=c'X+bM+e_3 \tag{7.1~7.3}$$

其中，c反映了自变量X对因变量Y的总效应大小；a和b反映了通过中介变量M的中介效应大小；c′反映了自变量X对因变量Y的直接效应大小。

逐步法对于中介效应的检验曾经一度得到广泛运用，但由于其检验程序缺乏合理性、检验方法缺少有效性、未能明确复杂中介效应检验方法以及中介效应检验不深入等问题（陈瑞等，2013），近年来受到了一定的质疑（Hayes，2009；Zhao et al.，2010；陈瑞等，2013）。

而后学术界普遍认为较好的是Bootstrap方法。Bootstrap方法是由Preacher和Hayes于2004年提出，经Zhao等（2010）在具体探讨该方法在中介效应检验中的运用后，推广使用。该方法通过直接检验系数乘积，一定程度上改善了逐步回归法的问题（Zhao et al.，2010；陈瑞等，2013）。Bootstrap方法对中介效应具体检验和分析程序如图7.1所示。

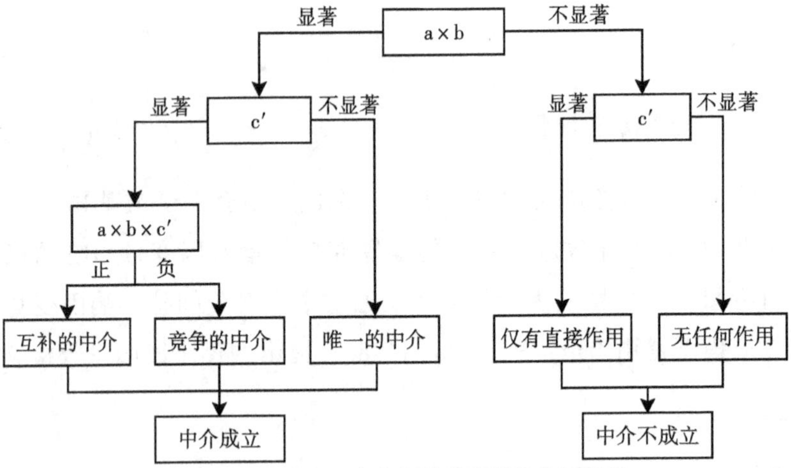

图7.1　Bootstrap法中介效应检验和分析程序

温忠麟等学者（2014）进一步研究认为，逐步法不应被完全否定，其在一定条件下仍有无法取代的优势，如依次检验系数a以及系数b，若二者都显著，依次检验结果会优于Bootstrap方法的结果。因此，温忠麟等（2014）

提出将逐步法与 Bootstrap 方法相结合，综合二者优点后，构建新的中介效应检验法，具体步骤如图 7.2 所示。

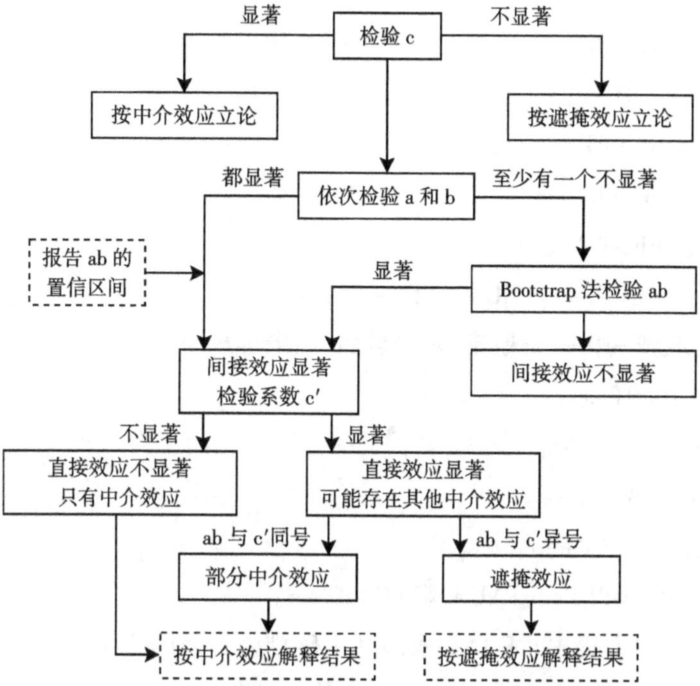

图 7.2　温忠麟等（2014）中介效应检验流程

7.2.2　模型构建

为深入探究人口城镇化、就业城镇化、土地城镇化分别与农地流转、农地利用碳排放之间的影响机制[①]，本章采用温忠麟等（2014）最新中介效应检验法，并参照温忠麟等（2004）提出的多重中介变量检验模型，构建以下三组中介效应检验方程。

（1）人口城镇化—农地流转—农地利用碳排放组：

$$E = cUB + \theta T + e_1$$

$$PFT = a_1 UB + \theta T + e_2$$

① 本章对城镇化的描述，相比第 5 章对城镇化的描述，更加复杂。一方面，这受制于数据的可获得性；另一方面，本章的研究时间相比第 5 章的研究时间要晚，笔者对城镇化的理解会更加深刻。

$$PNU = a_2 UB + \theta T + e_3$$

$$PFC = a_3 UB + \theta T + e_4$$

$$E = c' UB + b_1 PFT + b_2 PNU + b_3 PFC + \theta T + e_5 \quad (7.4\sim7.8)$$

（2）就业城镇化—农地流转—农地利用碳排放组：

$$E = c_1 UBE + \theta T + e_6$$

$$PFT = a_4 UBE + \theta T + e_7$$

$$PNU = a_5 UBE + \theta T + e_8$$

$$PFC = a_6 UBE + \theta T + e_9$$

$$E = c_1' UB + b_4 PFT + b_5 PNU + b_6 PFC + \theta T + e_{10} \quad (7.9\sim7.13)$$

（3）土地城镇化—农地流转—农地利用碳排放组：

$$E = c_2 LUB + \theta T + e_{11}$$

$$PFT = a_7 LUB + \theta T + e_{12}$$

$$PNU = a_8 LUB + \theta T + e_{13}$$

$$PFC = a_9 LUB + \theta T + e_{14}$$

$$E = c_2' LUB + b_7 PFT + b_8 PNU + b_9 PFC + \theta T + e_{15} \quad (7.14\sim7.18)$$

在上述三组方程中，E 代表农地利用碳排放，是因变量；PFT 代表农地流转规模、PNU 代表农地流转去向、PFC 代表流转耕地用途，三者表征农地流转的不同方面，均为中介变量；T 代表农业经济因素（AE）、农业结构因素（AS）、农业规模因素（AA）以及虚拟变量“东部地区”（DUM_E）、“中部地区”（DUM_M）和“西部地区”（DUM_W），均作为控制变量。而第一组的 UB 代表人口城镇化、第二组的 UBE 代表就业城镇化、第三组的 LUB 代表土地城镇化，三者均为各自组别的自变量。在具体分析过程中，由于因变量存在偏正态分布的现象，为降低异方差的影响，对因变量采用取自然对数的处理方式。

7.2.3 变量选择

（1）核心自变量—城镇化。结合武春桃（2015）的研究结论，即户籍人口城镇化、就业城镇化以及城区建设城镇化均对农业碳排放有不同程度的影响的结论的基础上，本章将城镇化分解为人口城镇化（UB）、就业城镇化

（UBE）、土地城镇化（LUB）三个方向分别进行考察。其中，人口城镇化（UB）用各地区年末城镇常住人口数占总人口数之比来表示；就业城镇化（UBE）用各地区非农就业人口数占总就业人口数的占比来表示；土地城镇化（LUB）用各地区城镇建成区面积占总面积之比来表示。

（2）被解释变量—农地利用碳排放。该指标用农地利用碳排放总量（E）表示，单位为万吨。对于农地利用碳排放总量（E）的计算，学术界通常从产生农地利用碳排放的六类碳源入手，即农作物生产过程中使用的化肥、农药、农膜，操作农业机械中消耗的柴油、耗费农业机械中化石燃料的农业灌溉、破坏土壤有机碳库的农地翻耕，在统计这六类碳源的总量后，查找各自碳排放系数（见表 7.1），再根据下述碳排放估算公式进行测算：

$$E=\sum E_i=\sum T_i \cdot \delta_i \tag{7.19}$$

在碳排放估算公式中，E_i 指代各类碳源的农地利用碳排放量；T_i 指代各类碳排放源的总量；δ_i 指代各类碳排放源的排放系数。

表 7.1 农地利用碳排放系数及参考来源

碳源	碳排放系数	单位	参考来源
化肥	0.8956	千克/千克	West T.O（2002）、美国橡树岭国家实验室
农药	4.9341	千克/千克	美国橡树岭国家实验室
农膜	5.18	千克/千克	南京农业大学农业资源与生态环境研究所（IREEA）
柴油	0.5927	千克/千克	政府间气候变化专门委员会（IPCC）
翻耕	312.6	千克/平方千米	中国农业大学生物与技术学院
农业灌溉	20.476	千克/平方千米	Dubey（2009）、李波（2012）

注：为更精确对农业灌溉耗能进行测算，此处按照李波（2012）具体做法，在农业灌溉原系数 25 千克/平方千米基础上乘以火电比重 0.819，得到 20.476 千克/平方千米。

（3）中介变量—农地流转。根据《农村经营管理情况分析报告》，选择家庭承包耕地流转情况的三个方面，即农地流转的规模、农地流转的去向以及流转耕地的用途，分别来表征农地流转，并分别将它们作为中介变量进行考察和检验①。其中，农地流转的规模用农地流转面积比重（PFT）来表示，即

① 本章对农地的定义与《农村经营管理情况分析报告》相匹配，指的是耕地。

家庭承包耕地流转总面积占家庭承包经营的耕地总面积的比重，单位为%。农地流转的去向用非农户流转比重（PNU）来表示，即家庭承包耕地流转入非农户（包括流转入合作社、企业以及城镇居民、村集体、社会团体、科研单位等其他主体）的面积占家庭承包经营的耕地总面积的比重，单位为%。流转耕地的用途用农地流转用于种植粮食作物面积的比重（PFC）表示，即家庭承包耕地流转用于种植粮食作物的面积占家庭承包经营的耕地总面积的比重，单位为%。

（4）控制变量。有研究表明，农业经济发展水平因素、农业结构因素对农地利用碳排放存在影响（李波，2011；梁青青，2017），因此为避免这两个因素对研究结果产生影响，将农业经济发展因素与农业结构因素放入控制变量，并参考杨钧（2013）的处理方式，用各地区人均农业总产值表征农业经济因素（AE）；用各地区种植业产值占农业总产值的比重表征农业结构因素（AS）。此外，农地利用碳排放与各地区耕地面积的大小密切相关，因此控制变量中也应加入农业规模因素（AA）；最后，农地利用碳排放也可能存在区域差异，因此本章进行地区虚拟变量的设置，将“中部地区”（DUM_M）作为对照组，“东部地区”（DUM_E）、“西部地区”（DUM_W）作为控制组。

表 7.2 变量选择、含义与赋值情况

变量名称		变量含义与赋值	均值	标准差
核心自变量	人口城镇化（UB）	各地区年末城镇常住人口数占总人口数之比	0.59	0.11
	就业城镇化（UBE）	各地区非农就业人口数占总就业人口数之比	0.67	0.14
	土地城镇化（LUB）	各地区城镇建成区面积占总面积之比	0.02	0.03
被解释变量	农地利用碳排放（E）	农地利用碳排放总量/万吨，取对数	293.2	199.0
中介变量	农地流转规模（PFT）	家庭承包耕地流转总面积占家庭承包经营耕地总面积之比	0.37	0.15
	农地流转去向（PNU）	家庭承包耕地流转入非农户面积占家庭承包经营耕地总面积之比	0.18	0.10
	流转耕地用途（PFC）	家庭承包耕地流转用于种植粮食作物的面积占家庭承包经营耕地总面积之比	0.17	0.11

续表

变量名称		变量含义与赋值	均值	标准差
控制变量	农业经济因素（AE）	各地区人均农业总产值（万元/人）	1.95	0.74
	农业结构因素（AS）	各地区种植业产值占农业总产值之比	0.53	0.08
	农业规模因素（AA）	各地区耕地面积/亿亩	0.51	0.35
	东部地区（DUM_E）	地区虚拟变量，东部 = 1，其他 = 0	0.37	0.49
	中部地区（DUM_M）	地区虚拟变量，中部 = 1，其他 = 0	0.27	0.45
	西部地区（DUM_W）	地区虚拟变量，西部 = 1，其他 = 0	0.37	0.49

7.2.4 数据来源

由于时间维度上各地区农地流转有关数据可获得性的限制以及港澳台、西藏自治区数据统计口径差异、存在缺失等问题，因此在多方数据来源约束下，本章的研究对象为 2017 年中国 30 个省（市、自治区）截面数据。书中人口城镇化指标的原始数据来源于《中国统计年鉴》（2018）；就业城镇化指标的原始数据来源于我国 30 个省（市、自治区）的统计年鉴（2018）；土地城镇化指标的原始数据来源于《中国环境统计年鉴》（2018）；文中农地利用碳排放的数据来源于《中国农村统计年鉴》（2018）以及 West T.O（2002）、美国橡树岭国家实验室、南京农业大学农业资源与生态环境研究所（IREEA）、政府间气候变化专门委员会（IPCC）、中国农业大学生物与技术学院、Dubey（2009）、李波（2012）关于化肥、农药、农膜、农业机械、农业翻耕、农业灌溉总量的原始数据及六类碳源农地利用碳排放系数的计算；书中农地流转的原始数据来源于《中国农村经营管理统计年报》；而书中农业经济因素及农业结构因素的原始数据来源于《中国统计年鉴》（2018），农业规模因素指标的原始数据来源于《中国农村经营管理统计年报》（2018）。

7.3 研究假设

7.3.1 人口城镇化、农地流转对农地利用碳排放影响假设

人口城镇化主要是指农村人口转变为城镇人口，农业人口转变为非农业人口的过程。据《中国统计年鉴》数据显示，我国农村人口总数自 1995 年的 85947 万人逐年递减至 2017 年的 57661 万人，农村人口数的占比更是从 1995 年超过半数的 70.96%降至 2017 年不到半数的 41.48%。由此可见，随着我国人口城镇化的持续推进，农村人口大规模向城镇转移，使农村人口规模逐年缩减。基于此，有学者通过实证检验发现，一定程度上，户籍人口城镇化会降低农业生产规模，从而降低农地利用碳排放，但这种作用并不明显（武春桃，2015）。同时，由于向城镇转移的人口大多为农业生产主力军的农村青壮年，而农村剩余人口老龄化现象严重，导致农业生产活力下降，可能出现耕地荒废、复种指数下降等情况，进而也会降低农地利用碳排放。

但也有学者认为，人口城镇化对农业生产会产生积极影响。根据英国经济学家刘易斯（1954）的二元经济结构理论，即发展中国家经济结构的二元性决定了农业劳动力供给无限，因此农业劳动力向非农产业转移不会引起农业生产停滞。基于经典理论，有学者认为，人口城镇化使农村人口获得更多非农收入，这些收入可用于购置农资、雇用劳动力、使用先进农业机械装备等进行农业生产（杜辉，2017），进而提升生产效率，从这一程度上来看，人口城镇化会增加农地利用碳排放。

而在人口城镇化进程中，劳动力、土地等劳动要素发生了转变，为优化农业生产结构，提升土地利用程度，改进农业经营管理模式，农地流转的规模逐渐扩大，从而使细碎化的地块转为规模化经营。一方面，规模化经营的主体大多是有经验的农业大户、专业合作社等，这些主体能够更为绿色科学地选择和施用农业投入品，而不是像部分分散经营主体单纯为了追求收益而

毫无顾忌地施用农业化学用品，从这一角度看可能会降低农地利用碳排放；另一方面，一些经营主体为了追求农业高产出和经济效益，也可能会更大范围地投入化肥、农药等农业化学用品，或者更为广泛地运用农业机械，尽管粮食生产效率以及粮食产量能够得以大大提升，但与此同时，在一定程度上加剧了农地利用碳排放。因此，可以看出，人口城镇化驱动农地流转的发生，进而在人口城镇化与农地利用碳排放这一影响链条上，农地流转能够起到中介作用。

综上所述，人口城镇化、农地流转、农地利用碳排放关系如图 7.3 所示。因此提出以下三点假设：

假说 1：人口城镇化对农地利用碳排放存在负向显著影响。

假说 2：人口城镇化对农地流转存在正向显著影响。

假说 3：农地流转在人口城镇化与农地利用碳排放之间存在显著中介作用。

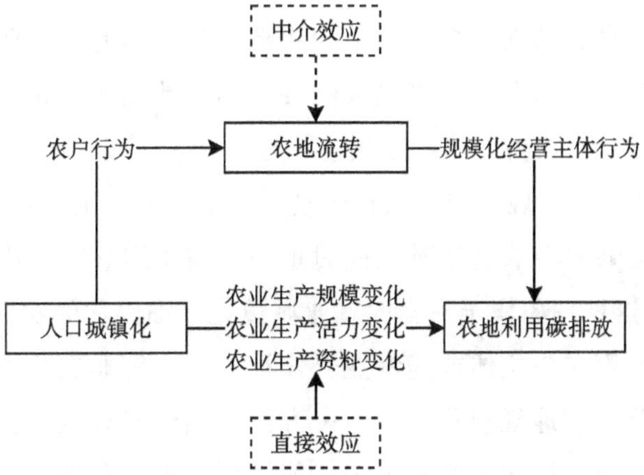

图 7.3　人口城镇化、农地流转、农地利用碳排放关系

7.3.2　就业城镇化、农地流转对农地利用碳排放影响假设

本章所指的就业城镇化是农村劳动力向城镇大规模转移，进行非农就业的一种城镇化类别。因此，在探讨就业城镇化对农地利用碳排放的影响时，应考虑农村劳动力“离乡不离土”与“离乡又离土”两种现象，而这两种现象分别对农地利用碳排放有不同形式及程度的影响。

在“离乡不离土”现象中，农村劳动力主要通过兼业形式前往城镇进行非农就业，但同时这部分群体在工余假日或是通过家庭辅助劳力方式仍从事农业经营。王图展等（2005）认为，农村劳动力由于兼业会分散农业投资，从而对农业发展产生直接负面的影响，简称为“兼业效应”；而农村劳动力又会因为兼业产生的收入，从而提高农业投资能力，对农业发展产生间接正面影响，简称为“收入效应”。王珊珊等（2013）在“兼业效应”与“收入效应”理论的基础上，进一步构建了该理论与农地利用碳排放的联系，认为“兼业效应”减弱了农村劳动力从事农业生产的积极性，因而减少了化肥、农药等农业投入量，进一步降低了农地利用碳排放。同时“兼业效应”导致农业投入结构发生改变，农村劳动力由于转移至劳动效益更高的非农产业，为减轻劳动强度并增强农作物产量，因而对农地经营采取粗放式管理，如将农家肥改用为化肥，人力耕作改为机械化作业等，从而增加了农地利用碳排放。而“收入效应”使农村劳动力更有经济实力购买和使用提高农业生产能力的高碳要素农业产品，从而提高了农地利用碳排放。因此，就业城镇化的主体非农就业通过其中的兼业因素直接或间接影响农地利用碳排放，而该影响是正面抑或是负面的，取决于“兼业效应”与“收入效应”的综合比较。

在“离乡又离土”现象中，农村劳动力因非农就业而“离乡”，由于长期居住于城镇，无暇顾及农地耕种，同时也想获得更多收益，因此选择农地流转而“离土”，这种现象属于完全的就业城镇化。细碎化的农地转入农业专业大户、家庭农场等农户主体或是专业合作社、企业等非农户主体后，被集中进行规模化经营。农地规模化经营，一方面，相较于分散经营经验式耕作方式，有了更为专业、科学的种植模式，能够更合理规范地施用化肥、农药等农业投入品，缓解过量施肥造成的土壤板结、肥力下降等现象，从这个角度看，有利于降低农地利用碳排放（张小洁等，2012）；另一方面，由于农地扩大了经营规模，为追求产量及经济效益，多使用机械化耕作方式，农业机械运作会耗费大量柴油，因而从这一角度看，农地利用碳排放会有所增加（王珊珊等，2013）。因此，就业城镇化通过农地流转会间接影响农地利用碳排放，而该影响是正向还是负向，应视具体情况而定。

综上所述，就业城镇化、农地流转、农地利用碳排放关系如图 7.4 所示。

因此提出以下三点假设：

假说 4：就业城镇化对农地利用碳排放存在负向显著影响。

假说 5：就业城镇化对农地流转存在正向显著影响。

假说 6：农地流转在就业城镇化与农地利用碳排放之间存在显著中介作用。

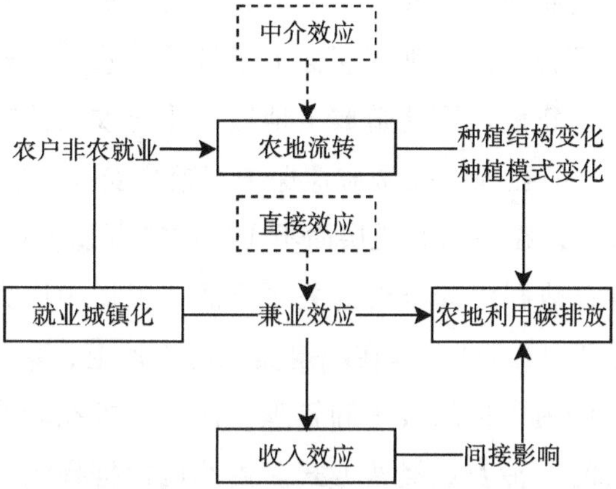

图 7.4 就业城镇化、农地流转、农地利用碳排放关系

7.3.3 土地城镇化、农地流转对农地利用碳排放影响假设

土地城镇化是指在城镇化推进过程中土地由非城镇状态转变为城镇状态的过程（李昕等，2012）。因此它包含了农用地向城镇建设用地转变以及其他建设用地向城镇建设用地转变两种方向，前者属于土地性质的变化，后者属于土地内部结构的调整。而本章主要聚焦于土地城镇化中农用地向城镇建设用地转变的过程。在这一农地非农化的转变下，土地利用/覆被类型同时发生了改变，植被数量的减少导致碳储量的下降，从而增加了碳排放（曲福田等，2011）。李颖等（2008）以江苏为例，用数据证明了建设用地产生的碳排放远远高于耕地产生的碳排放，其贡献高达 96%以上，从这一角度看，土地城镇化对农地利用碳排放会产生直接影响，且在土地城镇化下的农用地转为城镇建设用地过程中，碳排放会相应增加。但也有学者认为，农地非农化可能会减少碳排放量，因为农田被认为是碳源，城市（此处城市不包括城市森林或草地）非工业化碳释放被认为是零，因而农地非农化的过程被认为是碳汇（陈广生，2007）。从这一视角看，土地城镇化对农地利用碳排放产生直接负

向影响。

而在土地城镇化与农地流转关系方面，由于我国《农村土地承包法》规定，农地流转后不得擅自改变土地的农业用途，未经批准不得将土地用于非农建设。由此可见，我国对农地流转是有严格政策把控的，这与土地城镇化的表现形式显然背道而驰。因此，土地城镇化与农地流转的关系从政策和理论层面上看关系不显著，但在现实层面上不排除一些工商资本介入农地流转进行不合规的非农化建设，可能造成土地城镇化与农地流转二者关系在实际数据上呈现显著性，但在国家强调耕地保护与粮食安全、坚守 18 亿亩耕地保护红线的宏观背景下，在理论假说层面不予考虑二者显著相关。

在农地流转与农地利用碳排放的关系方面，根据中国大百科全书对土地集约利用理论的定义（1988），即在一定面积的土地上，集中地投入较多的生产资料和活劳动，使用先进的技术和管理方法，以求在较小面积的土地上获得高额产量和收入的一种农业经营方式。由此可以推导出，在农地流转进入规模生产后，经营主体为提高农地单产，获得更高收益，势必会转变农地经营管理方式，如采用更有效率的机械化耕作方式，改变种植结构、农业投入品量等，进而会对农地利用碳排放产生较大影响。因此，尽管在土地城镇化与农地利用碳排放之间，农地流转并没有“扮演”中介角色，起到间接效应，但农地流转与农地利用碳排放之间存在直接影响。

综上所述，土地城镇化、农地流转、农地利用碳排放关系如图 7.5 所示。因此提出以下三点假设：

假说 7：土地城镇化对农地利用碳排放存在负向显著影响。

假说 8：土地城镇化对农地流转非显著相关。

假说 9：农地流转在土地城镇化与农地利用碳排放之间中介效应不显著。

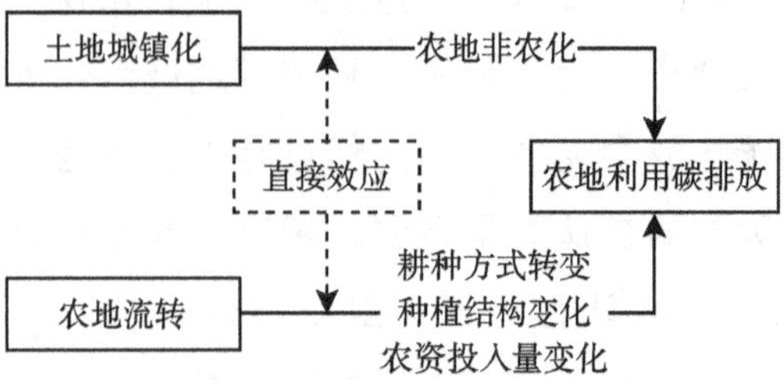

图 7.5　土地城镇化、农地流转、农地利用碳排放关系

7.4 实证结果与分析

7.4.1 人口城镇化、农地流转与农地利用碳排放

将人口城镇化、农地流转与农地利用碳排放相关指标标准化后的数据通过 Process 插件中的 Model4 进行检验，各步结果如表 7.3 所示。

表 7.3 人口城镇化、农地流转与农地利用碳排放间关系检验结果

	第一步检验	第二步检验			第三步检验
	7.4	7.5	7.6	7.7	7.8
	E	PFT	PNU	PFC	E
UB	−0.569*** (0.175)	0.943*** (0.180)	0.885*** (0.181)	0.707*** (0.195)	−0.604** (0.233)
PFT	—	—	—	—	1.282*** (0.395)
PNU	—	—	—	—	−0.817** (0.289)
PFC	—	—	—	—	−0.683** (0.267)
AE	0.089 (0.173)	−0.180 (0.178)	−0.421** (0.179)	0.123 (0.193)	0.055 (0.170)
AS	1.127 (1.828)	−0.648 (1.885)	−0.237 (1.891)	−0.430 (2.042)	1.491 (1.586)
AA	0.545*** (0.152)	0.323* (0.157)	0.114 (0.158)	0.502*** (0.170)	0.544*** (0.155)
DUM_E	0.628 (0.390)	−0.453 (0.402)	−0.208 (0.404)	−1.027** (0.436)	0.383 (0.385)
DUM_W	−0.412 (0.344)	−0.241 (0.355)	0.196 (0.356)	−0.807** (0.384)	−0.458 (0.332)
常数项	−0.850 (1.030)	0.950 (1.063)	0.951 (1.066)	0.660 (1.151)	−0.871 (0.909)
F	9.062	8.289	8.212	6.497	9.280

续表

	第一步检验	第二步检验			第三步检验
	7.4	7.5	7.6	7.7	7.8
	E	PFT	PNU	PFC	E
P	0.0000	0.0001	0.0001	0.0004	0.0000
R^2	0.703	0.684	0.682	0.629	0.807

注：括号内为系数标准误；* 表示 $p<0.10$，** 表示 $p<0.05$，*** 表示 $p<0.01$。

7.4.1.1 人口城镇化影响农地利用碳排放的总体效应

表 7.3 第一步检验所示数据即为人口城镇化（UB）对农地利用碳排放（E）影响的检验结果，所得自变量系数 c 即反映了总体效应的大小。根据温忠麟等（2014）中介效应检验程序，第一步即检验自变量系数 c。若 c 显著，则按中介效应立论；若 c 不显著，则按遮掩效应立论。从表 7.3 中可看出，人口城镇化的系数在 1%的统计水平上显著，系数值为-0.569，且该步模型方程式（7.1）的 P 值小于 0.01，也具有显著性，因此人口城镇化对农地利用碳排放有显著负向影响，满足总效应 c 显著的条件，假说 1 成立，可按中介效应立论，进行下一步检验。此外，从第一步检验中也可以看出，农业规模因素（AA）的系数也在 1%的统计水平上显著，系数值为 0.545，因此，农业规模因素对农地利用碳排放具有显著正向影响。

计量分析结果的解释如下：人口城镇化与农地利用碳排放显著负相关说明了由于人口城镇化造成了农村青壮年的流失，农村剩余人口多是老年人，老龄化现象较为明显，也减少了农业生产活力，降低了农业生产效率，导致产生耕地荒废、复种指数下降等现象，进而会降低农地利用碳排放。而农业规模因素对农地利用碳排放存在显著正向影响说明，所在地区耕地面积越大，种植的作物越多，所施用的化肥、农药等农业投入品也相应增多，进而造成了农地利用碳排放的增加。

7.4.1.2 人口城镇化对中介变量的影响

第二步进行人口城镇化对各中介变量的影响检验，结果如表 7.3 中式（7.5）、式（7.6）、式（7.7）的各项数据。

（1）人口城镇化对农地流转规模的影响。从式（7.5），即人口城镇化

(UB)对中介变量农地流转规模(PFT)影响的检验结果中可以看出，人口城镇化系数 a_1 的 P 值小于 0.01，且式(7.2)的 F 值也在 1%的统计水平上显著，因此，人口城镇化对农地流转规模有显著正向影响，假说 2 成立，并可进行下一步检验来考察式(7.8)的系数 b_1 以及农地流转规模的中介效应 a_1b_1 是否显著。

对该计量结果可作出如下解释：一方面，人口城镇化使更多农村人口愿意流转出农地而融入城镇；另一方面，基于人口城镇化促使城镇对农产品需求增加以及国家政策鼓励的现状，更多的经营主体愿意流转入农地进行规模化种植和生产(丁敬磊等，2016)。在这两方面因素交互作用下，人口城镇化的推进对农地流转规模的扩大有显著正向影响。

(2)人口城镇化对农地流转去向的影响。从式(7.6)，即人口城镇化(UB)对中介变量农地流转去向(PNU)影响检验结果中可看出，人口城镇化系数 a_2 在 1%的统计水平上显著，系数 a_2 的值为 0.885，这说明人口城镇化对农地流转去向有显著正向影响，假说 2 成立，并且该结果也表明了系数 a_2 通过了显著性检验，进而可以继续考察下一步方程式(7.5)的系数 b_2 以及农地流转去向的中介效应 a_2b_2 是否具有显著性。此外，在式(7.3)中，农业经济因素(AE)的系数为-0.421，且在 5%的统计水平上显著，因此，农业经济因素对农地流转去向有显著负向影响。

针对以上计量结果可作出如下解释：随着人口城镇化的推进，更多的农户愿意将农地转给专业合作社、企业等非农经营主体，从而使农地能够规模化经营，并且农户也能从中获得更多的收益，因而人口城镇化能够正向促进农地流转入非农经营主体。此外，中国人均农业总产值较大的省份主要是粮食主产区，当地农户可能更倾向于自行经营、管理农地，或是更多地选择将农地流转给农业大户，由此农业经济因素对农地流转非农去向有显著负向影响。

(3)人口城镇化对流转耕地用途的影响。从式(7.7)，即人口城镇化(UB)对中介变量流转耕地用途(PFC)影响检验结果中可看出，人口城镇化系数 a_3 在 1%的统计水平上显著，值为 0.707，且该模型方程式(7.4)整体 P 值也小于 0.01，具有显著性，在此维度上假说 2 也成立，这表明系数 a_3 也通过了显著性检验，可在下一步继续对式(7.8)的系数 b_3 以及流转耕地用途的

中介效应 a_3b_3 进行显著性检验。此外，从式（7.7）的检验结果中也可看出，农地规模因素（AA）对流转耕地用途有正向促进作用；东西部地区对流转耕地用途有不同程度的负向影响。

针对以上计量结果可作出如下解释：人口城镇化之所以促进流转后的农地用于粮食生产的可能原因是，人口城镇化后，城镇化的人口的粮食仍然需要农地生产来供给。在中国自给自足的粮食供应政策驱动下，人口城镇化更可能驱动流转后的农地用于粮食生产，从而确保城镇化人口的粮食供给。而农地规模较大的地区，仍然愿意将农地用于粮食生产。在中国农地集中分布地区一般都肩负着维持国家粮食安全的任务，大规模的粮食生产仍然比较稳定。

7.4.1.3 人口城镇化影响农地利用碳排放的中介效应

如表 7.6 的第三步检验所示数据即为人口城镇化（UB）影响农地利用碳排放（E）的中介效应检验结果。

（1）农地流转规模的中介效应。从第三步检验的模型方程式（7.8）中可看出，中介变量农地流转规模（PFT）对农地利用碳排放产生正向显著影响，农地流转规模的系数 b_1 通过显著性检验。通过 Bootstrap 法，得到 2017 年农地流转规模产生的中介效应 a_1b_1 的 95%置信区间为（0.340，2.557），不包含 0。因此，农地流转规模对农地利用碳排放间接影响显著，但由于式（7.8）的直接效应 c' 的值为-0.604，在 5%的统计水平上显著，而中介效应 a_1b_1 的值为 1.210，与 c' 的符号相反，说明农地流转规模在人口城镇化与农地利用碳排放之间存在遮掩效应。因此，当中介变量为农地流转规模时，人口城镇化既存在直接效应，也存在间接效应，但因直接效应值与中介效应值符号相反，结果只能按遮掩效应解释，而不能按中介效应解释，即假说 3 不成立。

（2）农地流转去向的中介效应。在式（7.8）中，中介变量农地流转去向（PNU）的系数 b_2 值为-0.817，在 5%的统计水平上显著。经过 Bootstrap 法检验，可以得到 2017 年农地流转去向产生的中介效应 a_2b_2 的值为-0.723，95%置信区间为（-1.707，-0.001），不包含 0，因此，农地流转去向对农地利用碳排放存在负向显著的间接影响，并且中介效应 a_2b_2 与直接效应 c' 符号相同，由此可得出该年农地流转去向在人口城镇化与农地利用碳排放之间存在部分中介效应的结论，假说 3 成立。

（3）流转耕地用途的中介效应。而中介变量流转耕地用途（PFC）的系数 b_3 值为负且通过显著性检验，基于 Bootstrap 法，可得出由流转耕地规模产生的中介效应 a_3b_3 值为-0.451，95%置信区间为（-1.594，-0.014），不包含 0，因此，流转耕地用途对农地利用碳排放产生负向显著的间接影响，并且鉴于中介效应 a_3b_3 与 c' 符号相同，均为负，可推出流转耕地用途在人口城镇化与农地利用碳排放之间存在部分中介效应的结论，假说 3 成立。

综上所述，计量结果为中介效应成立的情况如下：当以农地流转去向（PNU）、流转耕地用途（PFC）作为中介变量分别表征农地流转时，假说 3 成立，即农地流转在人口城镇化与农地利用碳排放之间起到显著中介作用，中介效应成立。据此可作出如下解释：①人口城镇化通过农地流转去向对农地利用碳排放产生负作用，其原因是人口城镇化可以促进家庭承包耕地流转入非农户的比重，农村人口向城市转移导致农户在农村寻找到愿意转入农地农户的难度。而非农户的经营主体之所以能够减少碳排放，可能是减少了含碳的各类农用化学品的投入降低生产成本，以及相比个体农户，他们更容易受到“化肥农药双减”等政策的影响。②人口城镇化通过流转耕地用途对农地利用碳排放产生负作用，其原因是人口城镇化可以促进农地流转用于种植粮食作物面积的比重，在中国粮食生产面积受到政策的严格管控，特别是随着城镇化推进，粮食生产面积的稳定与增加成为很多粮食产区的重要任务。政府不断推进撂荒耕地复耕复种，以及实施稻谷目标价格补贴、稻谷最低收购价政策、种粮大户补贴、耕地地力保护补贴等重大粮食补贴政策。而农地流转后的耕地，特别是撂荒地，也会被引导尽量用于种植粮食。同时，经济作物的生产所需要投入的农用化学品强度要远高于粮食生产，种植粮食作物面积的比重增加减少了农地利用碳排放。

而计量结果为中介效应不成立的情况如下：当以农地流转规模（PFT）作为中介变量表征农地流转时，由于直接效应与中介效应符号不同，因此不能按中介效应定论，而是按遮掩效应解释，假说 3 不成立，即农地流转不能在人口城镇化与农地利用碳排放之间起到中介作用，中介效应不成立①。

7.4.2 就业城镇化、农地流转与农地利用碳排放

将就业城镇化、农地流转与农地利用碳排放相关指标标准化后的数据通过 Process 插件中的 Model4 进行检验，各步运行结果如表 7.4 所示。

表 7.4 就业城镇化、农地流转与农地利用碳排放间关系检验结果

	第一步检验	第二步检验			第三步检验
	7.9	7.10	7.11	7.12	7.13
	E	PFT	PNU	PFC	E
UBE	−0.386* (0.227)	1.164*** (0.182)	0.924*** (0.220)	0.890*** (0.208)	−0.424 (0.327)
PFT	—	—	—	—	1.425** (0.502)
PNU	—	—	—	—	−1.055*** (0.324)
PFC	—	—	—	—	−0.726** (0.303)
AE	0.054 (0.152)	−0.002 (0.122)	−0.232 (0.148)	0.188 (0.139)	−0.052 (0.146)
AS	0.091 (0.173)	0.011 (0.139)	0.014 (0.168)	0.008 (0.158)	0.097 (0.149)
AA	0.588*** (0.174)	0.344** (0.140)	0.099 (0.169)	0.534*** (0.160)	0.582*** (0.183)
DUM_E	0.348 (0.435)	−0.401 (0.348)	−0.054 (0.422)	−1.031** (0.398)	0.115 (0.428)
DUM_W	−0.496 (0.422)	0.287 (0.338)	0.557 (0.409)	0.403 (0.386)	−0.609 (0.400)
常数项	0.054 (0.278)	0.042 (0.223)	−0.185 (0.270)	0.526** (0.254)	0.181 (0.270)
F	6.120	11.665	6.740	8.043	6.773
P	0.0006	0.0000	0.0003	0.0001	0.0002
R^2	0.615	0.753	0.638	0.677	0.753

注：括号内为系数标准误；* 表示 $p<0.10$，** 表示 $p<0.05$，*** 表示 $p<0.01$。

① 据此结合温忠麟等（2014）对遮掩效应的解释，可以认为在本章未分析到的领域，存在有更大的负向机制，这在后续研究中应该进行探索。

7.4.2.1 就业城镇化影响农地利用碳排放的总体效应

从就业城镇化（UBE）影响农地利用碳排放（E）的总体效应的检验结果来看［见表7.4式（7.9）］，就业城镇化系数 c_1 值为-0.386，且在10%的统计水平上显著，这说明就业城镇化对农地利用碳排放产生显著负向影响，即假说4成立，且总体效应 c_1 通过显著性检验，即总效应成立，可按中介效应立论，并进行下一步检验。此外，第一步检验结果也反映了农业规模因素（AA）的系数在1%的统计水平上显著，系数值为0.588，因此，农业规模因素对农地利用碳排放具有显著正向影响。

对于上述计量结果可作出以下解释：就业城镇化产生的“兼业效应”对农地利用碳排放的直接作用比由兼业引起的“收入效应”对农地利用碳排放的间接作用要更为显著，“兼业效应”导致农村劳动力对农业生产经营的积极性减弱，从而减少了化肥、农药等农业投入品的施用量，进而降低了农地利用碳排放量，使就业城镇化对农地利用碳排放产生显著负向影响。

7.4.2.2 就业城镇化对中介变量的影响

第二步进行的是就业城镇化对各中介变量影响的检验，所得结果如表7.4的式（7.10）、式（7.11）、式（7.12）所示。

（1）就业城镇化对农地流转规模的影响。从式（7.10）可以看出，就业城镇化（UBE）对中介变量农地流转规模（PFT）影响检验结果中可看出，就业城镇化的系数 a_4 的值为1.164，且在1%的统计水平上显著，这说明就业城镇化对农地流转规模产生正向显著影响，即假说5成立，且因系数 a_4 通过显著性检验，下一步可继续考察式（7.13）系数 b_4 的显著性，并通过Bootstrap法检验，考察中介效应 $a_4 b_4$ 的置信区间，进而判断中介效应是否成立。此外，农业规模因素（AA）的系数为0.344，且在5%的统计水平上显著，说明农业规模因素也对农地流转规模产生正向显著影响。对于以上检验结果可进行如下解释：就业城镇化使多数农户无力兼顾农业生产，而农地流转不但能提升农业生产效率，还能增加农户财产性收入，因此多数农户会选择将承包耕地进行流转，就业城镇化正向作用于农地流转规模。

（2）就业城镇化对农地流转去向的影响。从式（7.11）可以看出，就业城镇化（UBE）对中介变量农地流转去向（PNU）影响检验结果中可看出，就业

城镇化系数 a_5 在1%的统计水平上显著，且为正，数值为0.924，这说明就业城镇化对农地流转去向有正向显著影响，在此维度上，假说5也成立。此外，检验结果也表明了就业城镇化系数 a_5 通过显著性检验，可继续进行下一步式（7.13）农地流转去向系数 b_5 及中介效应 a_5b_5 的显著性检验。对于以上检验结果可进行如下解释：由于本书主要运用家庭承包耕地流转入专业合作社、企业等非农户的面积比重来表征农地流转去向，因此，从现实角度来看，就业城镇化的推进大大促进了家庭承包耕地流转入非农户主体，从而进行规模化生产。

（3）就业城镇化对流转耕地用途的影响。从式（7.12）可以看出，就业城镇化（UBE）对中介变量流转耕地用途（PFC）影响检验结果中可看出，就业城镇化系数 a_6 的值为0.890，且在1%的统计水平上显著，此外该模型方程的整体P值也小于0.01，具有很强的显著性，这说明就业城镇化对流转耕地用途有显著正向影响，假说5成立，可继续进行下一步中介效应方程中流转耕地用途系数 b_6 的显著性检验及对中介效应 a_6b_6 的检验。而式（7.12）中的农业规模因素（AA）的系数为正，且在1%的统计水平上显著，说明农业规模因素对流转耕地用途有显著正向影响。此外，东部地区（DUM_E）的系数为负，且在5%的统计水平上显著，说明东部地区对流转耕地用途有显著负向影响。针对以上计量结果可做出如下解释：首先，就业城镇化的推进使更多的农户选择将农地进行流转，并且流转后的耕地更多地用于种植粮食作物；其次，耕地面积越大使农地更具规模，从而增强了各主体经营农地的积极性，进而对流转后的耕地用于粮食作物种植的促进作用越强；最后，东部地区相较于中西部地区经济实力更强，消费水平更高，因而更有意愿种植比较效益更高的经济作物，因此东部地区对流转耕地用于粮食作物种植产生负向影响。

7.4.2.3 就业城镇化影响农地利用碳排放的中介效应

如表7.4第三步检验所示数据为就业城镇化（UBE）影响农地利用碳排放（E）的中介效应检验结果。

（1）农地流转规模的中介效应。从第三步检验的模型方程式（7.13）中可看出，中介变量农地流转规模（PFT）系数 b_4 的值为1.425，并在5%的统计水平上显著，且运用Bootstrap法检验后，可得出2017年中介效应 a_4b_4 的

95%置信区间为（0.525，3.288），不包括 0，因此，在就业城镇化与农地利用碳排放之间，中介变量农地流转规模发挥显著的正向间接作用。而后考察直接效应 c_1'，据式（5.10）数据显示，直接效应 c_2'不显著，说明农地流转规模在就业城镇化与农地利用碳排放之间发挥正向完全中介效应，即假说 6 成立。

（2）农地流转去向的中介效应。在式（7.13）中，中介变量农地流转去向（PNU）系数 b_5 的值为-1.055，在 1%的统计水平上显著，且通过 Bootstrap 法检验得到中介效应 $a_5 b_5$ 的 95%置信区间为（-1.916，-0.022），不包含 0，这说明该年中介变量农地流转去向存在显著负向间接效应。在对农地流转的系数 b_5 以及中介效应 $a_5 b_5$ 进行检验后，继而对直接效应 c_1'进行考察，由式（7.13）中的数据可看出，直接效应 c_1'不显著。因此，农地流转去向在就业城镇化与农地利用碳排放之间发挥负向完全中介效应，即假说 6 成立。

（3）流转耕地用途的中介效应。而中介变量流转耕地用途（PFC）的系数 b_6 的值为-0.726，在 5%的统计水平上显著，且通过 Bootstrap 法检验可得中介效应 $a_6 b_6$ 的 95%置信区间为（-1.954，-0.085），不包括 0，因此该年中介变量流转耕地用途在就业城镇化与农地利用碳排放之间发挥显著负向间接影响。在前述分析中，已得出 2017 年直接效应 c_1'不显著，因此可直接得出该年中介变量流转耕地用途在就业城镇化与农地利用碳排放之间同样也发挥负向完全中介效应，即假说 6 成立。

综上所述，当分别以农地流转规模（PFT）、农地流转去向（PNU）、流转耕地用途（PFC）作为中介变量表征农地流转时，假说 6 均成立。而由于直接效应 c_1'不显著，因此，上述三个中介变量均在就业城镇化与农地利用碳排放之间发挥完全中介效应，其中农地流转规模起到正向完全中介作用，而农地流转去向、流转耕地用途则发挥负向完全中介作用。其解释如下：①就业城镇化通过农地流转规模对农地利用碳排放产生正作用，其原因是就业城镇化可以增加农地流转的比重，更多的农地参与了农地流转。农地流转规模的扩大意味着过去得不到充分利用的农地将会得到更好的利用，特别是撂荒、粗放型利用的农地会进行相对集约的利用，碳源随之增加。②就业城镇化通过农地流转规模对农地利用碳排放产生负作用，其原因是就业城镇化可以促进家庭承包耕地流转入非农户的比重，与人口城镇化中的解释类似，就业城镇化导致农村寻找到农户进行流转的可能性降低，同样而非农户的经营主体之所以能够减少碳排放，可能是减少了含碳的各类农用化学品的投入降低生产成本，以及相比个体农户，他们更容易受到“化肥农药双减”等政策的影响。③就业城镇化通过种植粮食作物面积的比重对农地利用碳排放产生负作用，与人口城镇化中的解释类似，其原因是就业城镇化可以增加种植粮食作物面积的比重，而经济作物的生产所需要投入的农用化学品强度要远高于粮食生产，种植粮食作物面积的比重的增加减少了农地利用碳排放。

7.4.3 土地城镇化、农地流转与农地利用碳排放

将土地城镇化、农地流转与农地利用碳排放相关指标标准化后的数据通过 Process 插件中的 Model4 进行检验，结果如表 7.5 所示。

表 7.5 土地城镇化、农地流转与农地利用碳排放间关系检验结果

	第一步检验	第二步检验			第三步检验
	7.14	7.15	7.16	7.17	7.18
	E	PFT	PNU	PFC	E
LUB	-0.484** (0.174)	0.834*** (0.185)	0.794*** (0.182)	0.703*** (0.181)	-0.310 (0.241)
PFT	—	—	—	—	1.121** (0.440)
PNU	—	—	—	—	-0.863** (0.334)
PFC	—	—	—	—	-0.602* (0.313)
AE	-0.048 (0.196)	0.061 (0.208)	-0.189** (0.205)	0.341 (0.204)	-0.074 (0.197)
AS	2.134 (1.926)	-2.367 (2.048)	-1.865 (2.013)	-1.837 (2.003)	2.070 (1.825)
AA	0.575*** (0.158)	0.279 (0.168)	0.074 (0.165)	0.483*** (0.164)	0.617*** (0.171)
DUM_E	0.545 (0.404)	-0.349 (0.430)	-0.122 (0.423)	-1.034** (0.420)	0.208 (0.441)
DUM_W	-0.388 (0.359)	-0.270 (0.382)	0.173 (0.375)	-0.798** (0.373)	-0.416 (0.368)

续表

	第一步检验	第二步检验			第三步检验
	7.14	7.15	7.16	7.17	7.18
	E	PFT	PNU	PFC	E
常数项	−1.096 (1.075)	1.362 (1.143)	1.339 (1.124)	0.980 (1.118)	−0.876 (1.027)
F	7.987	6.620	6.981	7.089	7.103***
P	0.0001	0.0004	0.0003	0.0002	0.0001
R^2	0.676	0.633	0.646	0.649	0.762

注：括号内为系数标准误；* 表示 $p<0.10$，** 表示 $p<0.05$，*** 表示 $p<0.01$。

7.4.3.1　土地城镇化影响农地利用碳排放的总体效应

表 7.5 第一步检验结果显示，土地城镇化系数 c_2 值为−0.484，且在 5%的统计水平上显著，因此，土地城镇化对农地利用碳排放有负向显著影响，即假说 7 成立，且总体效应 c_2 通过显著性检验，即土地城镇化会直接影响农地利用碳排放，总效应成立，可按中介效应立论，并可进行下一步检验。此外，农业规模因素（AA）的系数值为 0.575，且在 1%的统计水平上显著，因此农业规模因素对农地利用碳排放有正向显著影响。

对该检验结果做出如下解释：土地城镇化使大量农用地转为城镇建设用地，而农地利用碳排放主要直接或间接源自农业生产活动，如化肥、农药的施用、农膜的使用、农业机械的运用等，且本章对于农地利用碳排放的测算主要聚焦于农用地中的耕地。因此，农地非农化造成大量农用地的流失，对于农用地，尤其是耕地来说，减少了碳源，使农地利用碳排放也相应减少。因而土地城镇化对农地利用碳排放产生负向显著影响。

7.4.3.2　土地城镇化对中介变量的影响

第二步进行土地城镇化对各个中介变量的影响检验，所得结果如表 7.5 的式（7.15）、式（7.16）、式（7.17）所示。

（1）土地城镇化对农地流转规模的影响。从式（7.15）土地城镇化（LUB）对中介变量农地流转规模（PFT）影响检验结果中可看出，土地城镇化系数 a_7 的值为 0.834，P 值小于 0.01，因此，土地城镇化对农地流转规模产生正向显著影响，可继续进行下一步对式（7.18）农地流转规模系数 b_7 的显著性检验以及对中介效应 a_7b_7 的检验。基于计量结果可进行如下分析与解释，由于土地城镇化是指农用地、其他建设用地向城镇建设用地转变的过程，而农地流转则是有法律严控土地的农业性质和用途，二者本应弱相关，但从实际检验结果看，二者存在显著联系，这说明，排除国家批准农地进行非农化建设的因素外，在土地城镇化中可能存在一些工商资本介入农地流转，假说8不成立，即土地城镇化对农地流转非显著相关不成立。

（2）土地城镇化对农地流转去向的影响。从式（7.16）土地城镇化（LUB）对中介变量农地流转去向（PNU）影响检验结果中可看出，土地城镇化系数 a_8 数值为正，且在1%的统计水平上显著，该模型方程式（7.16）整体也在1%的统计水平上显著，表明土地城镇化也对农地流转非农去向产生正向显著影响，土地城镇化系数 a_8 通过显著性检验，可在下一步继续对中介效应方程中的中介变量农地流转去向系数 b_8 以及中介效应 a_8b_8 进行检验。因此当中介变量为农地流转非农去向时，假说8也不成立，即土地城镇化与农地流转非显著相关不成立。

（3）土地城镇化对流转耕地用途的影响。而从式（7.17）土地城镇化（LUB）对中介变量流转耕地用途（PFC）影响检验结果中可看出，土地城镇化系数 a_9 的P值小于0.01，且数值为正数，由此可推导出土地城镇化对流转耕地粮化用途也产生正向显著影响，系数 a_9 通过显著性检验，可进行下一步对式（7.18）流转耕地用途系数 b_9 的显著性考察并可以对中介效应 a_9b_9 进行检验，以此判断中介变量流转耕地用途是否能在土地城镇化与农地利用碳排放之间发挥中介效应，但这一结果表明当中介变量为流转耕地粮化用途，假说8同样也不成立。

7.4.3.3 土地城镇化影响农地利用碳排放的中介效应

如表7.5第三步检验所示数据为土地城镇化影响农地利用碳排放的中介效应检验结果。

（1）农地流转规模的中介效应。从第三步检验的模型方程式（7.18）中可以看出，农地流转规模（PFT）的系数 b_7 的值为1.121，且在5%的统计水平上显著，经过Bootstrap法检验后，可以得到该年农地流转规模的中介效应 a_7b_7 的值为0.934、95%的置信区间为（0.197，2.990），即置信区间不包括0，表明中介变量农地流转规模存在显著的间接影响，并且直接效应 c_2' 不显著，说明只存在中介效应，即中介变量农地流转规模在土地城镇化与农地利用碳排放之间发挥正向完全中介效应，因此，假说 9 不成立。

（2）农地流转去向的中介效应。而对于中介变量农地流转去向（PNU）来说，系数 b_8 在 5%的统计水平上显著，而后通过 Bootstrap 法检验可知，农地流转去向的中介效应 a_8b_8 95%置信区间为（-2.880，0.163），包含 0，这说明中介变量农地流转去向在土地城镇化与农地利用碳排放之间未发挥显著的间接影响，因此假说 9 成立。

（3）流转耕地用途的中介效应。此外，对于中介变量流转耕地用途（PFC）来说，系数 b_9 在 10%的统计水平上显著，而后继续对中介效应 a_9b_9 进行 Bootstrap 法检验，可得出 2017 年流转耕地用途的中介效应 95%置信区间为（-1.602，0.156），包括 0，这说明中介变量流转耕地用途同样也不存在显著的间接效应，因此假说 9 成立。

综上所述，对于假说 9：农地流转在土地城镇化与农地利用碳排放之间不存在中介效应，当以农地流转规模（PFT）作为中介变量来表征农地流转时，由于存在正向完全中介效应，因此假说 9 不成立；当以农地流转去向（PNU）、流转耕地用途（PFC）作为中介变量分别表征农地流转时，假说 9 成立。计量分析结果的解释如下：土地城镇化可以通过影响农地流转规模，进而增加农地利用碳排放。土地城镇化中农地会转变为建设用地，而附着在建设用地上的二三产业需要农村劳动力转移过去，因此最终土地城镇化会导致更多的农户流转出农地，刺激农地流转规模扩大。与就业城镇中的解释类似，农地流转规模的扩大意味着过去得不到充分利用的农地将会得到更好的利用，特别是撂荒、粗放型利用的农地会进行相对集约的利用，碳源随之增加。

7.5　本章结论与讨论

本章关于农地利用碳排放的城镇化影响：基于农地流转的中介作用的研

究结论如下：

（1）在人口城镇化、农地流转、农地利用碳排放三者之间的影响检验中，可得出以下结论（见表7.6）：一是人口城镇化对农地利用碳排放存在显著负向影响，符合假说1的内容。二是人口城镇化对农地流转规模、农地流转去向以及流转耕地用途三个中介变量均产生显著正向影响，符合假说2的内容。三是当以农地流转规模作为中介变量时，存在遮掩效应，中介效应不成立，即假说3不成立；当以农地流转去向、流转耕地用途作为中介变量分别表征农地流转时，均发挥部分中介效应，符合假说3的内容。

表7.6　人口城镇化、农地流转与农地利用碳排放假说检验结果

假说	研究解释	研究结果
假说1：人口城镇化对农地利用碳排放存在负向显著影响	人口城镇化→农地利用碳排放	成立
假说2：人口城镇化对农地流转存在正向显著影响	人口城镇化→农地流转规模大小	成立
	人口城镇化→农地流转非农去向	成立
	人口城镇化→流转耕地粮化用途	成立
假说3：农地流转在人口城镇化与农地利用碳排放之间存在显著中介作用	人口城镇化→农地流转规模大小→农地利用碳排放	不成立
	人口城镇化→农地流转非农去向→农地利用碳排放	成立
	人口城镇化→流转耕地粮化用途→农地利用碳排放	成立

（2）在就业城镇化、农地流转、农地利用碳排放三者之间的影响检验中，则可得出以下结论（见表7.7）：一是就业城镇化对农地利用碳排放同样存在显著负向影响，满足假说4的内容；二是就业城镇化对农地流转规模、农地流转去向以及流转耕地用途三个中介变量也均产生显著正向影响，满足假说5的内容；三是中介变量农地流转规模、农地流转去向、流转耕地用途均在就业城镇化与农地利用碳排放之间均发挥完全中介效应，均符合假说6的内容。

表7.7　就业城镇化、农地流转与农地利用碳排放假说检验结果

假说	研究解释	研究结果
假说4：就业城镇化对农地利用碳排放存在负向显著影响	就业城镇化→农地利用碳排放	成立

续表

假说	研究解释	研究结果
假说5：就业城镇化对农地流转存在正向显著影响	就业城镇化→农地流转规模大小	成立
	就业城镇化→农地流转非农去向	成立
	就业城镇化→流转耕地粮化用途	成立
假说6：农地流转在就业城镇化与农地利用碳排放之间存在显著中介作用	就业城镇化→农地流转规模大小→农地利用碳排放	成立
	就业城镇化→农地流转非农去向→农地利用碳排放	成立
	就业城镇化→流转耕地粮化用途→农地利用碳排放	成立

（3）在土地城镇化、农地流转、农地利用碳排放三者之间的影响分析中，可得出以下结论（见表7.8）：一是土地城镇化对农地利用碳排放也均存在显著负向影响，符合假说7的内容；二是土地城镇化对农地流转规模、农地流转去向以及流转耕地用途三个中介变量也均产生显著正向影响，该结论均与假说8（土地城镇化与农地流转非显著相关）相悖，说明可能存在一些工商资本介入农地流转过程；三是当以中介变量农地流转规模表征农地流转时，该变量在土地城镇化与农地利用碳排放之间发挥完全中介效应，这与假说9（农地流转在土地城镇化与农地利用碳排放之间不存在中介效应的内容）相悖，究其原因与前述类同，并且该结果说明这种不合规的现象较为严重。但以中介变量农地流转去向、流转耕地用途分别表征农地流转时，中介效应均不成立，因此在此维度上，假说9成立，即农地流转在土地城镇化与农地利用碳排放之间不存在中介效应。

表7.8 土地城镇化、农地流转与农地利用碳排放假说检验结果

假说	研究解释	研究结果
假说7：土地城镇化对农地利用碳排放存在负向显著影响	土地城镇化→农地利用碳排放	成立
假说8：土地城镇化对农地流转非显著相关	土地城镇化→农地流转规模大小	不成立
	土地城镇化→农地流转非农去向	不成立
	土地城镇化→流转耕地粮化用途	不成立
假说9：农地流转在土地城镇化与农地利用碳排放之间中介效应不显著	土地城镇化→农地流转规模大小→农地利用碳排放	不成立
	土地城镇化→农地流转非农去向→农地利用碳排放	成立
	土地城镇化→流转耕地粮化用途→农地利用碳排放	成立

8 农地利用对健康的影响：基于"农地流转—污染性投入"分析

8.1 引言

农地利用的最终目的是满足人的发展需要，同样农地利用的变化的一个重要原因是人因为自身需要而施加了外部作用。本章节在前面章节分析的基础上，尝试分析农地利用对健康的影响。人的健康最重要的影响因素包括四个方面：环境因素、行为生活方式因素、生物遗传因素、医疗卫生服务因素（杨晓忠和施桂兰，2002）。当前研究关于农地利用中污染性投入，特别是化肥、农药等过度使用对健康的影响较多，但已有文献对健康的影响分析更注重微观尺度的判断，即农地利用导致的具体的污染物排放或者残留对特定群体产生的危害。但是区域的农地利用特征对区域的人的健康的影响在已有研究中并不多见。实际上，农地利用产生的环境影响不仅仅是点状的，它通过污染排放和食物链，产生包括城镇人口在内的面状的健康影响。除此之外，我们仍然需要思考一个关键的问题，农地利用对人的健康的影响路径是怎么样的。偏向于自然科学的研究关注于诸如化学、生物领域的递进性的影响规律。但我们不得不思考以下问题，这些自然科学领域的影响发生之前，农地利用发生了什么改变。这种农地利用影响，除了本书研究文献综述中涉及的宏观转型对农地利用的影响，还有农地产权（姚洋，1998；何凌云等，2001）、农户特征（王秀圆和阎建忠，2008）、耕地禀赋（花晓波等，2013）、农业生产环境（Hao and Li，2011）等因素。因此，本章以农地利用中的污染性投入为切入点，尝试以农地利用污染性投入强度为对象，并往前寻找到当前农村土地改革中大规模推进的农地流转这一农地产权运行方式，建构起浙江杭州萧山区内“农地流转—污染性投入—健康影响”这一分析框架。本书所选择的研究切入点最终服务于寻找“宏观转型—农地利用—环境影响—人的发展”这一全景式可持续农地利用。

8.2 研究假设

8.2.1 农业污染对癌症的影响分析及假设

癌症是对人类生命安全产生严重威胁的疾病之一，据统计，约有 80%~90%的癌症是由环境因素引起的，农业污染被认为是与癌症发展相关的重要环境风险因素，流行病学研究将化肥农药暴露与癌症发展联系起来（Jaga and Dharmani，2005）。实证发现，农业污染会诱发消化道癌和乳腺癌等恶性肿瘤，是致癌的危险因素（张悟民等，1997）。一方面，在农药污染与癌症的关系研究方面，Valcke 等（2017）评估了加拿大魁北克省 4727 名 1~79 岁的居民长期食用含有残留农药的果蔬带来的健康风险，研究发现农药是致癌的风险因素。张军（2010）运用病例对照研究方法分析河南沈丘县 1984~2005 年农业环境污染及生活方式等因素与三种消化道癌症（食管癌、胃癌、肝癌）的关系，研究发现，农业环境污染与癌症发生有链性关系，农药施用量与这三种消化道癌症有显著正相关。戚晓鹏等（2012）通过分析淮河流域 14 个监测县 5810 个行政村的消化道肿瘤与农业环境污染因子之间的关系，结果发现，农药使用量等农业环境危险因素与消化道肿瘤（胃癌、食管癌、结直肠癌、胰腺癌）死亡存在正相关。Abolhassani 等（2019）对伊朗东南部的 42 例食管癌患者和 30 名健康实验者通过病例对照研究方法，分析农药环境因素中有机氯农药（OCPs）和有机磷农药（OPPs）对食管癌发病率的影响，研究发现，农药对食管癌发病率有正向作用。另一方面，在化肥污染与癌症的关系研究方面，Sabarwal 等（2018）认为，人体摄入化肥引起的氧化应激会导DNA 损伤，进而诱发恶性肿瘤和其他疾病。范允舟等（2013）通过对 38 篇消化道癌症（胃癌、食管癌、结直肠癌）与农业环境污染相关的病例对照进行Meta 分析，发现化肥和硝酸盐污染是消化道癌症的危险因素。许宁等（2015）通过多因素 Logistic 回归分析实证研究 2007~2009 年我国中部某河流域肿瘤高发区 767 个村 3475 户家庭农业环境影响因素与消化道肿瘤死亡率的关系，发现化肥的大量使用是消化道肿瘤高聚集的影响因素。杨文静等（2016）通过构建决策树模型研究 2012~2013 年我国某河流消化道肿瘤高发区 4 个省 692 个行政村 12432 户家庭消化道肿瘤发病率的环境影响因素，研究发现，农业环境污染尤其是化肥使用量是消化道肿瘤发病率的重要影响因素。Ward 等（2018）认为，农业无机化肥的大量施用会使饮用水中的硝酸盐含量有所增加，增加了直肠癌、膀胱癌、乳腺癌和甲状腺癌的患病风险。Sun（2018）通过实证分析研究 1999~2016 年美国密西西比河漫滩的直肠癌发病率和化肥使用量的相关性，结果发现，化肥可能是美国密西西比河漫滩的直肠癌风险升高直接相关的危险因素。

因此，环境污染尤其是农业环境污染对癌症的发展有着显著正相关性，会诱发食管癌、直肠癌等消化道癌，是致癌的重要风险因素。基于此，提出以下假设：

假设 1：化肥使用强度对食管癌发病率有着显著的正向影响。

假设 2：化肥使用强度对直肠癌发病率有着显著的正向影响。

假设 3：农药使用强度对食管癌发病率有着显著的正向影响。

假设 4：农药使用强度对直肠癌发病率有着显著的正向影响。

8.2.2　农地流转对农业环境污染的影响分析及假设

农用地利用方式深刻影响农业环境污染，化肥污染和农药污染是目前最主要的农业面源污染，与农地利用显著相关（仇焕广等，2014；Ma et al.，2014；Smith and Siciliano，2015；Yang et al.，2014a）。本部分的研究所分析的农用地利用主要是描述基于农地流转下的农用地利用状态，农地流转规模扩大、非粮种植比重增加和非农户比重增加都是农用地利用的一个特征，而这些特征主要是与农地流转有关。在农地流转比重与农业环境污染的关系研究方面，在我国工业化、城镇化进程的驱动下，农村剩余劳动力大规模向城镇转移，农地流转呈加速态势，而农地流转规模与农业环境污染显著相关（梁金修，2011；鲍静等，2019）。夏玉莲等（2012）采用 GLS 方法实证分析 2000~2010 年全国 31 省份农地流转对农业生态环境的影响，发现农地流转规模扩大加重了农用化肥和农药的使用量，加大了农业环境污染。王倩（2019）基于对 2013 年和 2017 年河南和山东 8 个县的 621 户农民的实地调查，采用面板回归模型分析农地流转对粮食生产过程中单位面积化肥投入的影响，发现农地流转规模对单位面积化肥投入有显著正向影响，但当粮食价格下降后正向影响削弱。但有些学者认为，农地流转规模对农药化肥污染有负向影响，诸培新等（2016）采用 OLS 和 Tobit 回归方法实证分析农地流转的规模性及稳定性对农户化肥投入的影响，研究发现，农地流转的规模性及稳定性对农户水稻生产中化肥投入有显著负影响。苏敏（2017）通过对江苏 4 个县（市）的转入农地规模对农户农药化肥投入影响的实证研究，结果发现，农地流转规模扩大有利于降低农药化肥投入，实现农药化肥规模经济，降低农业面源污染。在非粮化比重与农业环境污染的关系研究方面，Xin 等（2012）对于 1998~2008 年我国农业化肥年消费量的研究结果发现，蔬菜、水果等非粮经济作物单位面积化肥使用强度远高于粮食作物，因此非粮化会导致化肥使用强度增加，造成化肥污染。栾江等（2016）分析了 1980~2013 年我国劳动力转移和农业种植结构“非粮化”对农业生态环境的负面影响，研究发现，非粮化整体增加农药化肥施用水平，加重农业面源污染。在非农户流转比重与农业环境污染的关系研究方面，发现随着农地流转呈加快趋势，带来了土地集中，由农户分散经营的土地日益向种植大户、家庭农场、专业合作社、企业等非农户规模经营主体流转，对农业环境污染产生显著影响（袁承程等，2016；邹伟、张晓媛，2019；龙云和任力，2016）。罗向明等（2016）基于广东中山市农业保险试点区域的实证研究发现，在政策性农业保险实施后，非农户流转比重显著增加，从而导致了农药化肥污染日益严重。但有些学者认为非农户流转比重对农业环境污染产生负向影响，任琛琛（2019）采用面板数据回归模型实证分析 2002~2013 年我国 192 个城市家庭农场规模化对农业可持续性的影响，研究发现，家庭农场等规模经营主体的增加使农地规模化发展，导致单位面积化肥和农药使用量明显下降。

因此，农地流转会对农业环境污染产生显著的影响，农地流转比重、非粮化比重和非农户比重是农业环境污染的影响因素。基于此提出以下假设：

假设 5：农地流转比重对化肥使用强度有着显著的正向影响。

假设 6：农地流转比重对农药使用强度有着显著的正向影响。

假设 7：非粮种植比重对化肥使用强度有着显著的正向影响。

假设 8：非粮种植比重对农药使用强度有着显著的正向影响。

假设 9：非农户比重对化肥使用强度有着显著的正向影响。

假设 10：非农户比重对农药使用强度有着显著的正向影响。

8.2.3 农用地利用对癌症的影响分析及假设

本章所研究的农用地利用主要是描述基于农地流转下的农用地利用状态，既然农地流转会影响农业环境污染，也证明了农业环境污染会影响癌症，那么这三者之间，农地流转对农业环境污染有影响的同时可能农地流转对癌症有影响。因此，本章提出以下假设：

假设 11：农地流转比重对食管癌发病率有着显著的正向影响。

假设 12：化肥使用强度在农地流转比重与食管癌发病率间存在显著中介作用。

假设 13：农药使用强度在农地流转比重与食管癌发病率间存在显著中介作用。

假设 14：农地流转比重对直肠癌发病率有着显著的正向影响。

假设 15：化肥使用强度在农地流转比重与直肠癌发病率间存在显著中介作用。

假设 16：农药使用强度在农地流转比重与直肠癌发病率间存在显著中介作用。

假设 17：非粮种植比重对食管癌发病率有着显著的正向影响。

假设 18：化肥使用强度在非粮种植比重与食管癌发病率间存在显著中介

作用。

假设 19：农药使用强度在非粮种植比重与食管癌发病率间存在显著中介作用。

假设 20：非粮种植比重对直肠癌发病率有着显著的正向影响。

假设 21：化肥使用强度在非粮种植比重与直肠癌发病率间存在显著中介作用。

假设 22：农药使用强度在非粮种植比重与直肠癌发病率间存在显著中介作用。

假设 23：非农户比重对食管癌发病率有着显著的正向影响。

假设 24：化肥使用强度在非农户比重与食管癌发病率间存在显著中介作用。

假设 25：农药使用强度在非农户比重与食管癌发病率间存在显著中介作用。

假设 26：非农户比重对直肠癌发病率有着显著的正向影响。

假设 27：化肥使用强度在非农户比重与直肠癌发病率间存在显著中介作用。

假设 28：农药使用强度在非农户比重与直肠癌发病率间存在显著中介作用。

8.3 研究方法

8.3.1 模型构建

根据研究建设，本章构建以下十二组模型：

（1）X（农地流转比重）–M（化肥使用强度）–Y（食管癌发病率）

（2）X（农地流转比重）–M（化肥使用强度）–Y（直肠癌发病率）

（3）X（农地流转比重）–M（农药使用强度）–Y（食管癌发病率）

（4）X（农地流转比重）–M（农药使用强度）–Y（直肠癌发病率）

（5）X（非粮种植比重）–M（化肥使用强度）–Y（食管癌发病率）

（6）X（非粮种植比重）–M（化肥使用强度）–Y（直肠癌发病率）

（7）X（非粮种植比重）–M（农药使用强度）–Y（食管癌发病率）

（8）X（非粮种植比重）–M（农药使用强度）–Y（直肠癌发病率）

（9）X（非农户比重）–M（化肥使用强度）–Y（食管癌发病率）

（10）X（非农户比重）–M（化肥使用强度）–Y（直肠癌发病率）

（11）X（非农户比重）–M（农药使用强度）–Y（食管癌发病率）

（12）X（非农户比重）–M（农药使用强度）–Y（直肠癌发病率）

结合后续将进行的中介效应检验，考虑到中介效应检验需要利用三个量测方程：被解释变量 Y 对解释变量 X 与中介变量 M 的量测方程，被解释变量 Y 对解释变量 X 的量测方程，以及中介变量 M 对解释变量 X 的量测方程。因此，建立如下三个状态空间模型：

状态空间模型一：$Y=C_0+SV_1\times M+SV_2\times X+\varepsilon_t$

$$SV_1=SV_1(-1),\ SV_2=SV_2(-1) \tag{8.1}$$

状态空间模型二：$Y=C_1+SV_3\times X+\varepsilon_t$

$$SV_3=SV_3(-1) \tag{8.2}$$

状态空间模型三：$M=C_2+SV_4\times X+\varepsilon_t$

$$SV_4=SV_4(-1) \tag{8.3}$$

三个状态空间模型中，式（8.1）为量测方程，式（8.3）为状态方程。其中，C_i（$i=0, 1, 2$）为常数项，ε_t 是均值为 0 且方差为常数的随机扰动项。Y、M 和 X 在该模型中被称为可观测向量，SV_i（$i=1, 2, 3, 4$）是模型中不可观测的变量，为对应的状态变量，是随着时间的变化而改变的，服从均值为零、方差为常数的正态分布，表示相应的因变量对自变量影响的弹性，反映了各个时点上的 Y 对 X 或 M 的敏感程度，均采用递归形式进行迭代估计。其中，SV1 是 M 对 Y 的可变系数（M 的 Y 增长弹性），表示 M 影响 Y 的状态变量系数随时间的变化趋势；SV2 是 X 对 Y 的直接效应（X 的 Y 增长弹性），表示 X 影响 Y 的状态变量系数随时间的变化趋势；SV3 是 X 对 Y 的全部效应（包括直接效应和中介效应），表示 X 作为唯一自变量影响 Y 的状态变量系数随时间的变化趋势；SV4 是 X 对 M 的可变系数，表示 X 影响 M 的状态变量系数随时间的变化趋势。

8.3.2 变量选择

（1）核心自变量—农地流转。农地流转在指标的选取上选择了农地流转比重、非粮种植比重和非农户比重指标这三个指标。其中，农地流转比重，即萧山区家庭承包耕地流转总面积占萧山区家庭承包经营的耕地面积的比重，单位为%；非粮种植比重，即萧山区家庭承包耕地流转中用于种植非粮食作物的面积占萧山区家庭承包耕地流转总面积的比重，单位为%；非农户比重，即萧山区家庭承包耕地流转去向流转入非农户的面积占萧山区家庭承包耕地流转总面积的比重，单位为%。

（2）被解释变量—公共健康。以癌症发病率来衡量公共健康，包括食管癌发病率和直肠癌发病率，单位为 1/10 万人。

（3）中介变量—农地利用污染性投入。以化肥使用强度和农药使用强度这两个农地利用污染性投入变量作为中介变量。其中，化肥使用强度，即农业化肥施用量除以农地总面积，农地总面积是耕地和园地面积之和，单位为吨/公顷；农药使用强度，即农药施用量除以农地总面积，单位为吨/公顷。用 Eviews10.0 计量软件对变量进行描述性统计，具体指标体系如表 8.1 所示。

表 8.1 变量选择、含义与赋值情况

变量名称		变量含义与赋值	均值	标准差
核心自变量 X	农地流转比重 X_1	家庭承包耕地流转总面积占家庭承包经营的耕地面积之比/%	67.53	8.11
	非粮种植比重 X_2	家庭承包耕地流转中用于种植非粮食作物的面积占家庭承包耕地流转总面积之比/%	71.24	2.5
	非农户比重 X_3	家庭承包耕地流转去向流转入非农户的面积占家庭承包耕地流转总面积之比/%	34.99	5.13
被解释变量 Y	食管癌发病率 Y_1	全年的居民食管癌发病率（1/10 万人）	13.29	2.05
	直肠癌发病率 Y_2	全年的居民直肠癌发病率（1/10 万人）	19.56	3.82
中介变量 M	化肥使用强度 M_1	农业化肥施用量/萧山区化肥使用量除以萧山区农地总面积（吨/公顷）	0.106	0.001
	农药使用强度 M_2	农药施用量/萧山区化肥使用量除以萧山区农地总面积（吨/公顷）	0.008	0.001

8.3.3 数据来源

本书研究选择浙江杭州萧山区为实证区。考虑到数据的可获得性，本章选取 2007~2018 年萧山区的农地流转 X、污染性投入 M 以及公共健康 Y 的时间序列数据为样本进行分析。其中，表征农用地利用 X 指标的农地流转比重、非粮种植比重和非农户比重的数据来源于历年的《萧山区统计年鉴》和《萧山年鉴》；表征农业环境污染 M 指标的化肥使用强度和农药使用强度的数据来源于历年的《杭州统计年鉴》；表征公共健康 Y 指标的食管癌发病率和直肠癌发病率的数据来源于历年的《萧山年鉴》。

8.4 前置检验

8.4.1 ADF 单位根检验

在进行状态空间模型变参数估计之前，本章为确定各时序变量的稳定性，采用 ADF 单位根检验法进行平稳性检验，以避免出现伪回归现象。从表 8.2 中可以看出，十二组模型的 X、M、Y 未通过平稳性检验，但其一阶差分通过平稳性检验，表明十二组模型的三个变量都是一阶单整序列，可以进行协整分析。

表 8.2 ADF 单位根检验结果

状态空间模型	变量	水平检验			一阶差分检验		
		t 统计量	P 值	结论	t 统计量	P 值	结论
$X_1-M_1-Y_1$	X	−0.088	0.686	不平稳	−5.372	0.016	平稳
	M	−0.611	0.427	不平稳	−4.643	0.006	平稳
	Y	−3.191	0.136	不平稳	−5.659	0.007	平稳
$X_1-M_1-Y_2$	X	−0.088	0.686	不平稳	−5.372	0.016	平稳
	M	−0.611	0.427	不平稳	−4.643	0.006	平稳
	Y	−2.518	0.316	不平稳	−2.852	0.009	平稳

续表

状态空间模型	变量	水平检验			一阶差分检验		
		t 统计量	P 值	结论	t 统计量	P 值	结论
$X_1-M_2-Y_1$	X	-0.088	0.686	不平稳	-5.372	0.016	平稳
	M	-1.588	0.717	不平稳	-7.365	0.002	平稳
	Y	-3.191	0.136	不平稳	-5.659	0.007	平稳
$X_1-M_2-Y_2$	X	-0.088	0.686	不平稳	-5.372	0.016	平稳
	M	-1.588	0.717	不平稳	-7.365	0.002	平稳
	Y	-2.518	0.316	不平稳	-2.852	0.009	平稳
$X_2-M_1-Y_1$	X	-2.585	0.293	不平稳	-5.224	0.018	平稳
	M	-0.611	0.427	不平稳	-4.643	0.006	平稳
	Y	-3.191	0.136	不平稳	-5.659	0.007	平稳
$X_2-M_1-Y_2$	X	-2.585	0.293	不平稳	-5.224	0.018	平稳
	M	-0.611	0.427	不平稳	-4.643	0.006	平稳
	Y	-2.518	0.316	不平稳	-2.852	0.009	平稳
$X_2-M_2-Y_1$	X	-2.585	0.293	不平稳	-5.224	0.018	平稳
	M	-1.588	0.717	不平稳	-7.365	0.002	平稳
	Y	-3.191	0.136	不平稳	-5.659	0.007	平稳
$X_2-M_2-Y_2$	X	-2.585	0.293	不平稳	-5.224	0.018	平稳
	M	-1.588	0.717	不平稳	-7.365	0.002	平稳
	Y	-2.518	0.316	不平稳	-2.852	0.009	平稳
$X_3-M_1-Y_1$	X	-2.412	0.354	不平稳	-3.272	0.049	平稳
	M	-0.611	0.427	不平稳	-4.643	0.006	平稳
	Y	-3.191	0.136	不平稳	-5.659	0.007	平稳
$X_3-M_1-Y_2$	X	-2.412	0.354	不平稳	-3.272	0.049	平稳
	M	-0.611	0.427	不平稳	-4.643	0.006	平稳
	Y	-2.518	0.316	不平稳	-2.852	0.009	平稳
$X_3-M_2-Y_1$	X	-2.412	0.354	不平稳	-3.272	0.049	平稳
	M	-1.588	0.717	不平稳	-7.365	0.002	平稳
	Y	-3.191	0.136	不平稳	-5.659	0.007	平稳
$X_3-M_2-Y_2$	X	-2.412	0.354	不平稳	-3.272	0.049	平稳
	M	-1.588	0.717	不平稳	-7.365	0.002	平稳
	Y	-2.518	0.316	不平稳	-2.852	0.009	平稳

8.4.2 Johansen 协整检验

进一步对十二组变量进行协整检验，从表 8.3 中可以看出，其中十组的迹检验和最大特征根检验显示在 5%的显著性水平下有 1 个协整方程，包含时间序列趋势项和常数项的协整秩迹和最大特征值检验的估计值都拒绝“协整秩为 0”的原假设，且无法拒绝“协整秩为 1”的原假设，因此 X、Y、M 存在长期均衡关系。而 X_2–M_4–Y_2 和 X_4–M_4–Y_2 不存在协整方程，未通过协整检验，因此剔除模型 X_2–M_4–Y_2 和 X_4–M_4–Y_2，无须进行接下来的检验，则假设 6、10、16、27 不成立。

表 8.3 状态空间模型的协整检验结果

状态空间模型	变量	特征值	协整秩迹检验			最大特征值检验		
			迹统计量	临界值	P 值	最大特征值	临界值	P 值
X_1–M_1–Y_1	None*	1.000	134.683	29.797	0.000	121.412	21.132	0.000
	At most 1	0.724	13.270	15.495	0.105	12.861	14.265	0.082
	At most 2	0.040	0.410	3.841	0.522	0.410	3.841	0.522
X_1–M_1–Y_2	None*	1.000	117.822	29.797	0.000	102.995	21.132	0.000
	At most 1	0.768	14.827	15.495	0.063	14.265	14.265	0.054
	At most 2	0.023	0.233	3.842	0.629	3.841	3.841	0.629
X_1–M_2–Y_1	None*	0.995	74.911	29.797	0.000	52.835	21.132	0.000
	At most 1	0.872	22.076	15.495	0.054	20.565	14.265	0.054
	At most 2	0.140	1.511	3.841	0.219	1.511	3.841	0.219
X_1–M_2–Y_2	None	0.986	68.206	29.797	0.061	42.651	21.132	0.062
	At most 1	0.793	25.555	15.495	0.727	15.764	14.265	0.612
	At most 2	0.643	9.791	3.841	0.072	9.791	3.841	0.071
X_2–M_1–Y_1	None*	0.993	68.288	29.797	0.000	49.974	21.132	0.000
	At most 1	0.838	18.314	15.495	0.068	18.225	14.265	0.111
	At most 2	0.009	0.089	3.841	0.765	0.089	3.841	0.765
X_2–M_1–Y_2	None*	0.996	75.285	29.797	0.000	56.048	21.132	0.000
	At most 1	0.802	19.237	15.495	0.130	16.213	14.265	0.420
	At most 2	0.261	15.495	3.842	0.082	3.024	3.841	0.082

续表

状态空间模型	变量	特征值	协整秩迹检验			最大特征值检验		
			迹统计量	临界值	P值	最大特征值	临界值	P值
$X_2-M_2-Y_1$	None*	0.931	42.104	29.797	0.001	26.779	21.132	0.007
	At most 1	0.761	15.326	15.495	0.053	14.325	14.265	0.059
	At most 2	0.095	1.001	3.841	0.317	1.001	3.841	0.317
$X_2-M_2-Y_2$	None*	0.982	73.295	29.797	0.000	39.954	0.000	0.000
	At most 1	0.874	33.340	15.495	0.401	20.683	0.420	0.401
	At most 2	0.718	12.658	3.841	0.062	12.658	0.072	0.062
$X_3-M_1-Y_1$	None*	0.999	97.025	29.797	0.000	73.564	21.132	0.000
	At most 1	0.901	15.326	23.461	0.103	23.080	14.265	0.102
	At most 2	0.037	1.001	0.381	0.537	0.381	3.841	0.527
$X_3-M_1-Y_2$	None*	0.924	36.468	29.797	0.007	25.833	21.132	0.010
	At most 1	0.645	10.635	15.495	0.235	10.352	14.265	0.190
	At most 2	0.028	0.282	3.841	0.595	0.282	3.841	0.595
$X_3-M_2-Y_1$	None*	0.962	42.910	29.797	0.001	32.736	21.132	0.001
	At most 1	0.620	10.173	15.495	0.268	9.689	14.265	0.233
	At most 2	0.047	0.485	3.841	0.486	0.485	3.841	0.486
$X_3-M_2-Y_2$	None	0.891	30.752	29.797	0.059	22.206	21.132	0.053
	At most 1	0.525	8.509	15.495	0.413	7.441	14.255	0.438
	At most 2	0.101	1.068	3.841	0.302	1.068	3.841	0.302

8.4.3 格兰杰因果检验

为检验变量之间的因果关系，采用格兰杰因果关系检验方法，对剩余十组变量 X、M、Y 进行因果关系检验，选择最优滞后期为 2 期，对变量 X、Y、M 进行格兰杰因果关系检验得到如表 8.4 所示结果。

由表 8.4 可知，除了 $X_1-M_1-Y_2$、$X_1-M_2-Y_1$、$X_2-M_1-Y_2$、$X_2-M_2-Y_2$ 和 $X_3-M_2-Y_1$，其他五组的 X 以及 M 均是 Y 的格兰杰原因，且 X 是 M 的格兰杰原因，其他因果关系均不成立，因此 X 是通过直接效应和中介效应共同影响 Y 的。具体而言，例如第一组，农地流转比重以及化肥使用量均是食管癌发病

表 8.4 格兰杰因果检验结果

原假设	状态空间模型																			
	$X_1-M_1-Y_1$		$X_1-M_1-Y_2$		$X_1-M_2-Y_1$		$X_2-M_1-Y_1$		$X_2-M_1-Y_2$		$X_2-M_2-Y_1$		$X_2-M_2-Y_2$		$X_3-M_1-Y_1$		$X_3-M_1-Y_2$		$X_3-M_2-Y_1$	
	F统计量	P值	F统计量	P值	F统计量	P值	F统计量	P值	F统计量	P值	F统计量	P值	F统计量	P值	F统计量	P值	F统计量	P值	F统计量	P值
X does not Granger cause M	0.05	0.02	0.05	0.02	6.23	0.04	0.39	0.01	0.39	0.01	2.49	0.02	2.49	0.02	0.04	0.05	0.14	0.02	0.13	0.87
M does not Granger cause X	8.84	0.83	8.84	0.83	0.94	0.45	17.2	0.70	17.23	0.70	1.39	0.27	1.39	0.27	1.12	0.50	1.89	0.21	0.11	0.89
Y does not Granger cause M	0.58	0.47	0.21	0.66	0.27	0.77	0.45	0.66	0.84	0.48	0.17	0.69	0.75	0.41	0.71	0.63	0.20	0.66	0.27	0.77
M does not Granger cause Y	0.09	0.03	0.16	0.69	3.34	0.12	1.21	0.04	0.22	0.81	0.05	0.04	0.03	0.86	16.90	0.05	0.17	0.05	3.34	0.11
Y does not Granger cause X	0.03	0.87	0.03	0.87	0.35	0.71	0.23	0.80	3.79	0.09	0.14	0.72	0.19	0.67	2.24	0.32	0.03	0.87	4.07	0.08
X does not Granger cause Y	1.14	0.03	1.14	0.03	0.51	0.62	0.30	0.04	4.07	0.08	0.14	0.03	2.22	0.17	0.46	0.05	0.00	0.03	0.73	0.52

率的格兰杰原因，且农地流转比重是化肥使用量的格兰杰原因，其他因果关系均不成立，因此农地流转比重是通过直接效应和中介效应共同影响食管癌发病率的。$X_1-M_1-Y_2$、$X_1-M_2-Y_1$、$X_2-M_1-Y_2$、$X_2-M_2-Y_2$ 和 $X_3-M_2-Y_1$ 未通过格兰杰因果检验将其剔除，无须进行接下来的检验，则假设 4、13~15、20~22、25 不成立。剩余的五组进行接下来的状态空间模型估计。

8.5 状态空间模型估计与分析

8.5.1 状态变量估计结果

利用 Eviews 10.0 软件通过递归迭代利用卡尔曼滤波算法，分别估计状态空间模型 8.1、模型 8.2、模型 8.3，五组状态空间模型的各变量的估计结果如表 8.5 所示。从表中可以看出，五组状态空间模型的状态变量 SV1、SV2、SV3、SV4 的 P 值都小于 0.05，表明四个状态变量都是显著的。同时，为了确定上述五组状态空间模型的估计效果是否正确，对每个模型的残差进行单位根检验，表 8.6 结果表明，模型的残差均通过单位根检验，因此模型的设定是可靠的，卡尔曼滤波的估计效果也是有效的。

表 8.5 状态空间模型估计结果

状态空间模型	状态空间模型估计	状态变量			
		SV1	SV2	SV3	SV4
$X_1-M_1-Y_1$	最终状态值	1321.494	0.079	−0.073	0.000
	Z 统计量	35.722	1.371	−8.698	−28.222
	P 值	0.000	0.000	0.000	0.000
$X_2-M_1-Y_1$	最终状态值	849.056	0.294	0.354	0.007
	Z 统计量	10.788	2.503	46.924	0.017
	P 值	0.000	0.012	0.000	0.026

续表

状态空间模型	状态空间模型估计	状态变量			
		SV1	SV2	SV3	SV4
$X_2-M_2-Y_1$	最终状态值	391.639	0.285	0.354	0.000
	Z 统计量	0.643	4.037	46.925	135.241
	P 值	0.000	0.000	0.000	0.000
$X_3-M_1-Y_1$	最终状态值	31.351	0.095	0.016	0.000
	Z 统计量	31.029	1.270	6.269	0.002
	P 值	0.000	0.024	0.000	0.000
$X_3-M_1-Y_2$	最终状态值	646.770	0.087	0.075	0.000
	Z 统计量	9.391	0.418	2.515	0.002
	P 值	0.000	0.002	0.012	0.000

表 8.6　状态空间模型残差单位根检验结果

状态空间模型	水平检验结果	状态变量			
		SV1	SV2	SV3	SV4
$X_1-M_1-Y_1$	t 统计量	-276.501	-315.293	0.615	-17.769
	P 值	0.000	0.000	0.039	0.000
	结论	平稳	平稳	平稳	平稳
$X_2-M_1-Y_1$	t 统计量	-3.994	-3.958	-1.828	-2.713
	P 值	0.018	0.019	0.056	0.026
	结论	平稳	平稳	平稳	平稳
$X_2-M_2-Y_1$	t 统计量	-3.766	-4.036	-1.828	-2.412
	P 值	0.020	0.013	0.027	0.023
	结论	平稳	平稳	平稳	平稳
$X_3-M_1-Y_1$	t 统计量	-35.803	-45.709	-3.380	-19.316
	P 值	0.000	0.000	0.036	0.000
	结论	平稳	平稳	平稳	平稳
$X_3-M_1-Y_2$	t 统计量	-27.659	-4.824	-3.902	-19.316
	P 值	0.000	0.018	0.020	0.000
	结论	平稳	平稳	平稳	平稳

为更直观地体现五组状态空间模型的四个状态变量随着时间的变化的动态变化轨迹，根据其历年估计值绘制成曲线图，可以对农用地利用影响公共健康的中介效应进行动态分析。

8.5.2 农地流转比重、化肥使用强度、食管癌发病率关系分析

X_1（农地流转比重）$-M_1$（化肥使用强度）$-Y_1$（食管癌发病率）的动态变化轨迹如图 8.1 所示。

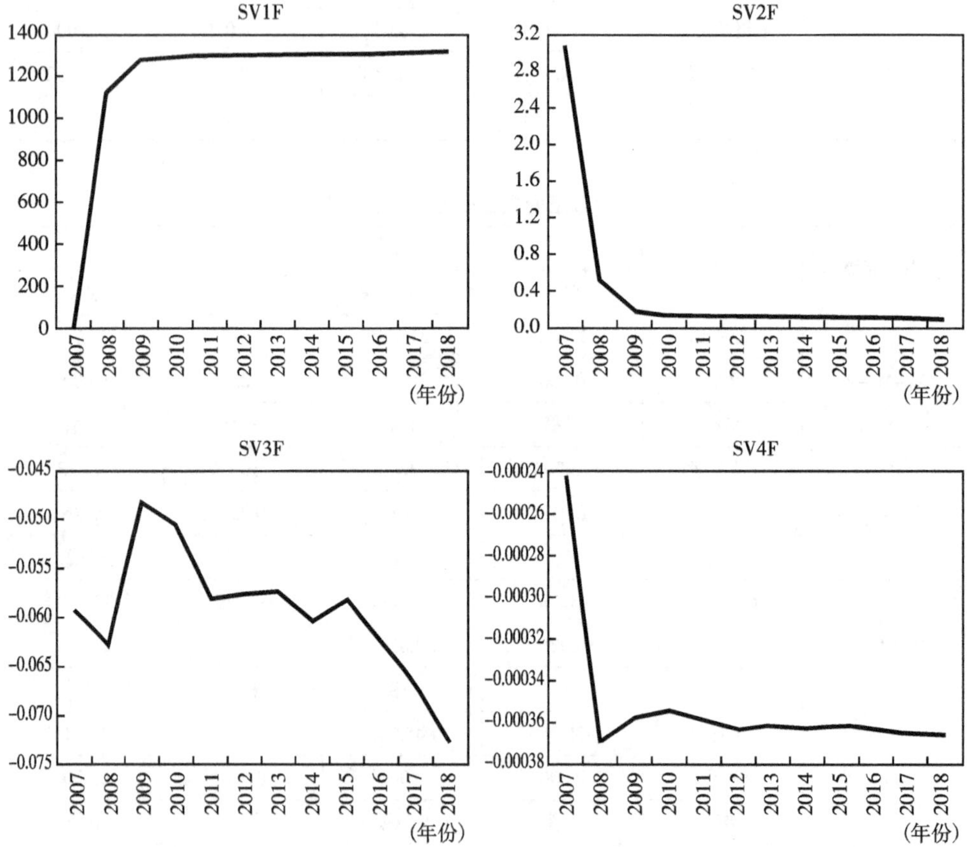

图 8.1 “农地流转比重—化肥使用强度—食管癌发病率”四个状态变量的动态变化趋势

从图 8.1 的 SV1F 和 SV2F 可以看出，农地流转比重、化肥使用强度与食管癌发病率之间尽管存在长期稳定的均衡关系，但农地流转比重和化肥使用强度的食管癌发病率提升弹性随时间的延长而改变，农地流转比重与化肥使

用强度对食管癌发病率的影响大体上具有此消彼长的时变效应，说明化肥使用强度在其中起到中介效应。

SV1F 图 8.1 的解释：弹性系数 SV1，代表化肥使用强度对食管癌发病率的影响。从图 8.1 中可以看出，SV1 随着时间的变化大体呈现出 2007~2009 年快速上升，2009~2018 年基本上稳定，系数维持在（1278.490，1321.494）之间，系数都为正值且数值较大，其背后是化肥使用强度的增加，会增加食管癌发病率增加的危险因素（胺、酰胺和硝酸盐）的含量，从而导致食管癌发病率增加，但最终化肥使用强度对食管癌发病的影响趋于稳定，因此假设 1 成立。其主要原因是，早期农民缺乏生态农业观念，为了追求农业的稳产和高产，往往忽视对农业生态环境的保护，容易在农业生产过程中大量使用化肥提升农作物产量，造成生态破坏和环境污染等问题（郑建明等，2009；张艾理，2010；裘国兴，2010）。化肥使用强度大且利用率低，使排放到环境中的化肥中的污染物（胺、酰胺和硝酸盐）含量增加，造成日益严重的环境污染，对公共健康造成威胁（周鑫鑫等，2013；焦红凯，2016）。流行病学研究显示，亚硝胺和亚硝酰胺是致食管癌的重要风险因素（白仁华，1978；焦红凯，2016），化肥主要通过以下两种途径在机体内转化成亚硝胺和亚硝酰胺增加患食管癌风险：①根据徐致祥等（2003）提出的“氮循环假说”，氮污染与食管癌的发生密切相关，化肥中的胺和酰胺是体内致癌物 N-亚硝基化合物前体物的主要来源，化肥的过度使用，造成水体中含氮化合物增加，造成氮污染。由于自来水厂常规处理并不能完全消除这些污染物，诱导食管癌发生的“三氮污染物”（硝酸盐氮、亚硝酸盐氮、氨氮）通过饮用水进入人体，内源性合成具有致癌活性的亚硝胺和亚硝酰胺，引起食管上皮细胞发生恶性转化促进恶性肿瘤的发生和发展（梁索原等，2012）。②流行病学研究表明，硝酸盐的摄入量与食管癌的发病相关。大量施用化肥，易使农作物和土壤中硝酸盐和亚硝酸盐的含量超标，这些污染物通过食物链进入人体后被还原成亚硝酸盐，在人体胃液的作用下转化为亚硝胺诱发食管癌（梁索原等，2012；焦红凯，2016；张高峰等，2017）。党中央国务院对测土配方施肥工作十分重视，2005 年中央一号文件提出“搞好沃土工程建设，推广测土配方施肥”，同时，萧山区农业局按照中央提出的“人与自然和谐发展”的理念，把农业面源污染治理工作列为现代农业建设的重点，萧山区农业环保工作从2005年开始到2009年成效显著，2009年之后，萧山区农业以生态建设为取向，积极应用推广减量节本增效技术：一是萧山区农业继续实施“沃土工程”，全面推广测土配方施肥技术，严格控制农民化肥施用，较好地解决了农业生产中因盲目过量施肥所造成的肥料资源浪费、环境污染、农产品质量下降等问题。二是推广“肥药双控”技术，使用杀虫灯、防虫网、生物农药等，降低农药化肥使用量，从源头上减少农业环境污染。三是推广应用农作物秸秆还田，提高土壤肥力，减少化肥使用。四是开展低产田改造工程，提高土地整体产出率（郑建明等，2009；裘国兴，2010；傅潇霞和程虹湘，2011；余水军和金琼，2013；张艾理，2015）。这些措施直接降低了排入环境的化肥中胺、酰胺和硝酸盐的含量，从源头切断了化肥氮污染源。随着自来水处理水平的提高和食品安全状况的改善，阻碍了环境污染物在人体内合成，所以萧山区化肥使用强度对食管癌发病率促进影响趋于稳定。

SV2F图的解释：弹性系数SV2，代表农地流转比重对食管癌发病率的全部直接影响。从图8.1中可以看出，SV2的变化趋势与SV1方向相反，2007~2009年快速下降，2009~2018年基本上维持稳定，系数维持在（0.079459，0.178016）之间，系数都为正值且数值较小，其背后是农地流转比重的增加，会增加由于农地流转比重增加带来的使食管癌发病率增加的危险因素（不良生活习惯、快速人口老龄化），但最终农地流转比重对食管癌发病的影响趋于稳定，因此假设28成立。其主要原因，大量的医学研究表明，食管癌的风险因素主要是环境、生活习惯、遗传等因素（王立东，2016；张雪等，2018）。随着城镇化和工业化的发展，萧山区为了加速农业发展从传统向现代化转型，促进农业和农村经济发展，增加了农地流转比重，农地流转比重的增加带来的经济的发展，人们生活习惯的调整，医疗条件的改善，再加上快速的人口老龄化，这些因素叠加在一起，导致了食管癌发病率的快速增加（刘新辉等，2017）。①不良生活饮食习惯是食管癌的危险因素之一。农地流转比重的增加，促进农民获得财产性增收，有利于激活大量农村剩余劳动力向城镇转移，从事第二、三产业，拓宽农民收入渠道，日益提高的物质生活质量和消费水平改变了人们的生活习惯。个人不良的生活习惯及饮食结构是食管癌激增的风险因素，比如抽烟酗酒、不锻炼身体、热饮热食、喜食酸泡烟熏食品等，导致了食管癌的发展。因为长期热饮热食会烫伤食管上皮细胞引发食管炎，导致黏膜上皮细胞恶变而发展成食管癌。酸泡烟熏食品如酸菜、腊肉含有很强的致癌物亚硝胺，是导致食管癌高发的原因。②医疗条件改善与食管癌发病率增加显著相关。农民流转出农地后，收入增加，随着生活条件日益改善，人们的健康意识越来越强，会定期进行体检，同时医疗条件的逐渐改善，所以发现食管癌的概率也越来越大。③快速人口老龄化会使食管癌发病率上升。流转出农地的，主要是散失劳动力的老年人，以及劳动力转移的年轻人，所以农地流转比重变高意味着部分劳动力老龄化。由于癌症的发病率与年龄密切相关，肿瘤多是中老年易发的，所以快速的人口老龄化会使食管癌发病率上升。

SV3F 图的解释：弹性系数 SV3，代表农地流转比重对食管癌发病率的全部影响，同时包括了直接影响和通过化肥使用强度的中介效应。从图 8.1 中可以看出，SV3 在 2007~2009 年波动上升，2009~2018 年波动下降，系数始终为负值。其背后是农地流转比重的增加，导致化肥使用强度的减少，使化肥中的使食管癌发病率增加的危险因素（胺、酰胺和硝酸盐）的含量降低，从而导致食管癌发病率降低，因此假设 12 成立。农地流转比重对食管癌发病率的直接影响是：农地流转比重增加食管癌发病率增加，影响程度降低到平稳，数值较小。农地流转比重对食管癌发病率的中介影响是：农地流转比重增加化肥使用强度下降从而导致食管癌发病率下降，影响程度降低到平稳，影响程度增大到平稳，数值较大。由于 SV1 数值远大于 SV2 数值，所以中介效应大于直接影响，使农地流转比重对食管癌发病率的全部影响为负值，且显著性逐年增加，农地流转比重增加会降低食管癌发病率。2007~2018 年，弹性系数显著为负，总体上是下降趋势，萧山区农地流转比重增加会降低食管癌发病率，且影响程度逐渐增强。这是因为萧山区为了响应 2005 年中央一号文件提出的“搞好沃土工程建设，推广测土配方施肥”，重视农业面源污染治理工作，随着萧山区农地流转比重增加，农户更注重农产品长期品牌效益，政府致力于农业现代发展和生态建设，再加上减量节本增效技术的推广，这些因素使化肥使用强度逐年下降，从而导致食管癌发病率下降（程相友，2016；

诸培新等，2016）。①随着农地流转比重增加，萧山区以创建省级以上品牌为重点，提升农业标准化生产水平，打造一批具有萧山特色的生态农业品牌，打造农产品精品，着力推进品牌经营，农户更注重农产品长期品牌效益会降低化肥使用强度，从而降低食管癌发病率。农地流转比重的增加，使农户逐渐脱离了小规模的自给自足的生产模式，随着大规模的资金投入发展土地适度规模经营，农产品以商品的形式进入市场，经济利益成为影响农户生产行为的重要因素，所以为了规避农业风险、稳定收入，农户在生产过程中会逐渐控制化肥使用强度，减少滥用化肥的行为，提高农产品的质量，注重农产品长期品牌效益，而非短期增收效益。化肥使用强度的降低，直接降低了排入环境的化肥中诱发食管癌的胺、酰胺和硝酸盐的含量，从而降低了食管癌发病率。②萧山区通过推广测土配方施肥、肥药双控、农作物秸秆还田、低产田改造等技术，降低了化肥使用量，较好地解决了农业生产中因盲目过量施肥所造成的肥料资源浪费、环境污染、农产品质量下降等问题。化肥使用强度的降低，直接降低了排入环境的化肥中诱发食管癌的胺、酰胺和硝酸盐的含量，从而降低了食管癌发病率。

SV4F 图的解释：弹性系数 SV4，代表农地流转比重对化肥使用强度的影响。从图 8.1 中可以看出，SV4 在 2007~2008 年下降，2008~2018 年基本上保持稳定，系数维持在（-0.0001169，-0.0001113）之间，系数一直显著为负值且数值较小，说明农地流转比重增大导致了化肥使用强度的减小，这种负向影响效力从增大到趋于稳定，因此假设 5 成立。这是因为 2005 年中央一号文件提出的“搞好沃土工程建设，推广测土配方施肥”工作成效显著，在 2008 年到达峰值，随着萧山区农地流转比重增加，首先，当地农户更注重农产品长期的效益，减少化肥使用强度来提高农产品的质量；其次，当地政府致力于农业现代发展和生态建设，规范农户化肥使用强度；最后，萧山区通过推广测土配方施肥、肥药双控、农作物秸秆还田、低产田改造等技术，提高化肥的使用率降低了化肥使用强度。这些因素导致了萧山区农地流转比重增加，化肥使用强度显著下降。2008 年之后，虽然农地流转比重仍然逐年增加，但是其对于化肥使用强度的影响趋于稳定，毕竟当前仍然无法实现“化肥零使用”。

8.5.3 非粮种植比重、化肥使用强度、食管癌发病率关系分析

X_2（非粮重植比重）$-M_1$（化肥使用强度）$-Y_1$（食管癌发病率）的动态变化轨迹如图 8.2 所示。

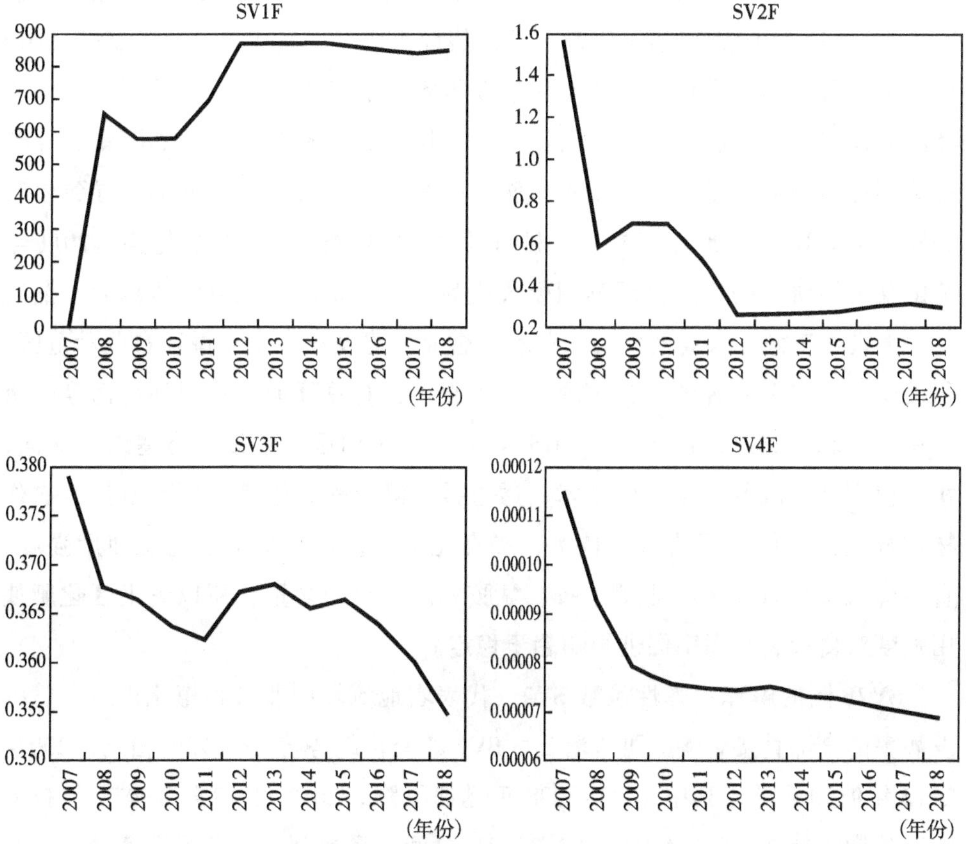

图 8.2 “非粮种植比重—化肥使用强度—食管癌发病率”四个状态变量的动态变化趋势

从图 8.2 的 SV1F 和 SV2F 可以看出，非粮种植比重、化肥使用强度与食管癌发病率之间尽管存在长期稳定的均衡关系，但非粮种植比重和化肥使用强度的食管癌发病率提升弹性随时间的延长而改变，非粮种植比重与化肥使用强度对食管癌发病率的影响大体上具有此消彼长的时变效应，说明化肥使用强度在其中起到中介效应。

SV1F 图的解释：弹性系数 SV1，代表化肥使用强度对食管癌发病率的影

响。从图中可以看出，SV1 随着时间的变化大体呈现出 2007~2012 年波动上升，其中 2007~2008 年快速上升，2012~2018 年基本上稳定，系数维持在（839.5422，874.1820）之间，系数都显著为正且数值较大，其背后是化肥使用强度的增加，会显著增加化肥中的使食管癌发病率增加的危险因素（胺、酰胺和硝酸盐）的含量，从而导致食管癌发病率增加，但是最终化肥使用强度对食管癌发病的影响趋于稳定，因此假设 1 成立。其主要原因，2007~2012 年，萧山区依赖大量使用化肥来快速获得农业的稳产和高产，从而促进农业经济的发展和农民收入增加，可由于化肥使用量大及利用率低等因素，导致排放到环境中的化肥中的污染物（胺、酰胺和硝酸盐）含量增加，导致食管癌发病率上升。而 2012 年之后，萧山区生态循环农业逐渐形成趋势，2011 年萧山某公司研发的生态循环利用模式成为萧山生态循环农业的典范后，涌现了一大批生态循环农业建设的农业示范企业，建设江东生态循环农业示范区，积极研发了多个品种的无公害绿色有机肥料，有效降低了化肥环境污染（余水军和金琼，2013；张艾理，2015）。同时，萧山区农业以生态建设为取向，积极应用推广减量节本增效技术，通过推广测土配方施肥、肥药双控、农作物秸秆还田、低产田改造等技术，提高化肥的使用率降低了化肥使用强度，直接降低了排入环境的化肥中胺、酰胺和硝酸盐的含量，所以萧山区化肥使用强度对食管癌发病率促进影响趋于稳定。

SV2F 图的解释：弹性系数 SV2，代表农地流转中非粮种植比重对食管癌发病率的全部直接影响。可以看出，SV2 的变化趋势与 SV1 方向相反，2007~2012 年波动下降，其中 2007~2008 年迅速下降，2012~2018 年基本上保持稳定，系数维持在（0.264909，0.313199）之间，系数都为正值且数值较小，其背后是非粮种植比重的增加，会增加由于非粮种植比重的增加带来的使食管癌发病率增加的危险因素，但最终非粮种植比重对食管癌发病的影响趋于稳定，因此假设 17 成立。其主要原因和农地流转比重对食管癌发病率的全部直接影响的原因类似。萧山区随着非粮种植比重的增加，农民的收入提高，劳动力开始向城镇转移，人们的生活习惯发生调整，医疗条件日趋完善，再加上快速的人口老龄化，诸多因素导致了食管癌发病率的上升（程相友，2016；诸培新等，2016）。

SV3F 图的解释：弹性系数 SV3，代表非粮种植比重对食管癌发病率的全部影响，同时包括了直接影响和通过化肥使用强度的中介效应。可以看出，SV3 在 2007~2008 年快速下降，2008~2015 年基本上稳定，系数维持在（0.362309，0.368053）之间，2015 年之后又开始下降，整体上是下降趋势，系数始终为正值。其背后是非粮种植比重的增加，导致化肥使用强度的增加，同时也伴随着导致诱发食管癌发病的危险因素（胺、酰胺和硝酸盐）的含量增加，从而导致食管癌发病率增加，因此假设 18 成立。其主要原因，随着萧山区农地流转比重的逐年增加，使得大量的农村剩余劳动力大量向城镇转移，加上种植粮食成本高收益低，以及土地经营者享受不到粮食补贴政策等因素，更多的农民更趋向种植收益较高的蔬果等非粮经济作物，农地流转一定程度上加剧了农业种植结构的“非粮化”现象（罗必良等，2018）。化肥作为一种最重要且基础的农业物质投入品，不仅可以提高农田肥力，而且可以提高单位面积粮食产量，所以在蔬果等非粮经济作物种植过程中更多使用化肥。随着萧山区非粮种植比重的逐年增加，由于非粮经济作物的单位施肥量远大于粮食作物，农村剩余劳动力的转移，农户家庭收入的提高，这些因素导致“非粮化”增加整体化肥使用强度（郑建明等，2009；Xin et al.，2012；余水军，2011）。①非粮经济作物的单位施肥量远大于粮食作物。Xin 等（2012）对于 1998~2008 年我国农业化肥年消费量的研究结果发现，蔬菜、水果等非粮经济作物单位面积化肥使用强度远高于粮食作物，所以萧山区非粮种植比重的增加，经济作物种植面积的扩大，可能会增加化肥的使用量。②非粮种植比重的逐年增加，使农村剩余劳动力的转移，而劳动力作为最基本的农业生产要素，是农业生产的能动因素和主导力量。农户需要通过增加其他生产要素来弥补农业劳动力结构性紧缺，因此增加了化肥的使用量。③非粮种植比重的逐年增加，促进农民获得财产性增收，拓宽农民收入渠道，农民收入得到提升。充裕的资金投入是促进农业生产并获得收益的有力保障，农民收入增加使农民有抗风险能力种植需肥量大但收益高的非粮经济作物，所以增加了化肥的使用量。化肥的施用与粮食安全、农业化肥面源污染、公共健康密切相关。过量、不合理地使用化肥，化肥残留的污染物会通过水循环、空气等途径降低农产品质量，造成严重的农业化肥面源污染，危害生态环境和公共健康。这些原因，使萧山区非粮种植比重的增加，引起化肥使用强度的增加，同时也伴随着增加化肥使用中的使食管癌发病率增加的危险因素（胺、酰胺和硝酸盐）的含量，从而导致食管癌发病率增加。总体趋势上，萧山区非粮种植比重对食管癌发病率的影响逐渐减少，其主要原因，随着萧山区非粮种植比重的增加，科技的发展，促进了集中产业化种植，土地的规模经营有效提高化肥的使用效率，直接降低了化肥使用强度。同时，萧山区农业以生态建设为取向，积极应用推广减量节本增效技术，全面推广测土配方施肥、肥药双控、农作物秸秆还田、低产田改造等技术，提高化肥利用率，降低化肥使用量，从源头上减少农业化肥污染（余水军等，2013；张艾理，2015）。另外，萧山区致力于创建省级农产品质量安全放心县，加强农产品质量监测，加大农业化肥投入品监管力度。化肥在农业生产中是生产力也是破坏力，关键点在于施肥的合理性，提高化肥使用效率，能直接降低化肥使用强度，直接减少化肥中的使食管癌发病率增加的危险因素（胺、酰胺和硝酸盐）的含量。

SV4F 图的解释：弹性系数 SV4，代表非粮种植比重对化肥使用强度的影响。可以看出，SV4 在 2007~2009 年下降，2009~2018 年基本上保持稳定，系数维持在（0.000069，0.000079）之间，系数一直显著为正值且数值较小，说明非粮种植比重增大导致了化肥使用强度的增加，非粮种植比重对化肥使用强度的影响快速下降到趋于稳定，因此假设 7 成立。这是因为相比种植粮食，在蔬果等非粮经济作物种植过程中会使用更多的化肥，所以非粮种植比重的增加会导致化肥使用强度增加。在 2009 年之前，萧山区由于非粮种植比重的增加促进了农地规模经济，致力于发展生态农业，提高了化肥使用效率，直接降低了化肥使用强度。所以，非粮种植比重对化肥使用强度促进作用快速下降。而 2009 年之后，随着萧山区的农地流转发展到一定阶段，农业种植结构逐渐稳定，非粮种植比重对化肥使用强度的影响将趋于平稳。

8.5.4 非粮种植比重、农药使用强度、食管癌发病率关系分析

X_2（非粮种植比重）$-M_2$（农药使用强度）$-Y_1$（食管癌发病率）的动态变化轨迹如图 8.3 所示。

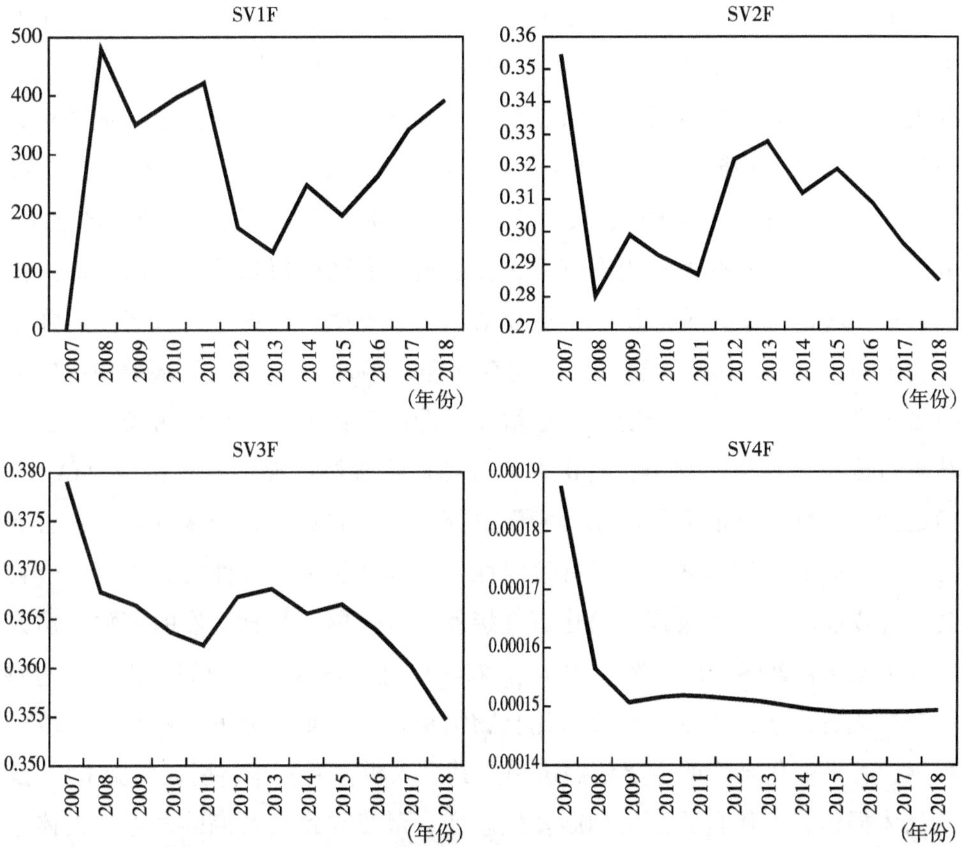

图 8.3 “非粮种植比重—农药使用强度—食管癌发病率”四个状态变量的动态变化趋势

从图 8.3 的 SV1F 和 SV2F 可以看出，非粮种植比重、农药使用强度与食管癌发病率之间尽管存在长期稳定的均衡关系，但非粮种植比重和农药使用强度的食管癌发病率提升弹性随时间的延长而改变，非粮种植比重与农药使用强度对食管癌发病率的影响大体上具有此消彼长的时变效应，说明农药使用强度在其中起到中介效应。

SV1F 图的解释：弹性系数 SV1，代表农药使用强度对食管癌发病率的影响。从图中可以看出，SV1 随着时间的变化大体呈现出 2007~2008 年快速上升，除了 2012~2015 年略微下降，2008~2018 年基本上稳定，系数维持在（132，477）之间，系数都显著为正且数值较大，其背后是农药使用强度的增加，会显著增加农药中使食管癌发病率增加的危险因素（有机氯类化合物）

的含量，从而导致食管癌发病率增加，但最终农药使用强度对食管癌发病的影响趋于稳定，因此假设20成立。其主要原因，目前常用的农药主要包括：有机氯、有机磷和有机氮类的杀虫剂、杀菌剂和除草剂。农药是一把“双刃剑”，一方面，农药是当前农业生产用预防、消灭、控制农作物病、虫、草、鼠害的不可或缺的有毒化学物质，农药的广泛使用能有效提高农业生产效率；另一方面，由于农药的利用率较低，极易造成农药残留超标的问题，对人体及其他生物的健康构成威胁。早期在萧山区农业生产过程中，农药使用强度大利用率低，极易形成农药残留（应杏秋等，2009），使排放到环境中的农药中的污染物（有机氯化合物）含量增加，造成日益严重的环境污染，对公共健康造成极大威胁。其中，有机氯化合物已经被国际癌症研究机构（IARC）确定为致癌物。目前大量的流行病学研究显示，农药的累积暴露与使食管癌的发生发展有密切的联系，具有致癌性、致畸性和致突变性的有机氯化合物会通过皮肤黏膜、呼吸道、消化道直接侵入人体内，是食管癌的高危致病因素（于宏杰，2009；邱斐斐，2016）。农药中直接进入环境中的有机氯农药残留会造成有机氯污染物，有机氯化合物结构稳定、难以分解，极易在环境中积累，有机氯化合物的主要致癌机制是其进入机体后富集，引起细胞DNA及染色体损伤，人体食管上皮细胞发生恶变，最终导致食管癌的发生。人体主要通过两种途径吸收有机氯化合物：其一，人体直接接触有有机氯农药残留的物质，如空气、水、土壤，经过皮肤和呼吸道的途径被人体吸收。其二，通过食物链的途径经过消化道被人体吸收，除了直接摄入有有机氯农药残留的粮食和果蔬，还包括摄入因为食物链而富集有机氯农药的水产品，最后有机氯化合物通过食物链的逐步富集及放大作用，在人体内蓄积浓度越来越高（魏玲霞等，2015）。而2008年之后，一方面，国家陆续禁止了高毒的有机氯农药的使用，虽然仍有残留但是逐年分解，随着时间的推移，残留的有机氯农药的含量逐年降低，降低了农药中使食管癌发病率增加的危险因素（有机氯类化合物）的含量，降低了农药对食管癌的危害。另一方面，萧山区农业以生态建设为取向，积极应用推广减量节本增效技术，萧山区采取了一系列措施，一是推广“肥药双控”技术，使用杀虫灯、防虫网、生物农药等，降低农药化肥使用强度，从源头上减少农业环境污染。二是应用统防统治技术，提高了农药利用率，降低了农药对环境的污染，提高了农产品品质。三是积极开展病虫及生态环境预测预报，实施农作物重大病虫无害化治理，降低了农药使用量，减少了农药面源污染（裘国兴，2010；傅潇霞和程虹湘，2011；张艾理，2015）；降低了排放入环境的有机氯污染物的含量，降低了农药对食管癌的危害。

SV2F 图的解释：弹性系数 SV2，代表农地流转中非粮种植比重对食管癌发病率的全部直接影响。可以看出，SV2 的变化趋势与 SV1 方向相反，2007~2008 年快速下降，除了 2012~2015 年略微上升，2008~2018 年基本上保持稳定，系数维持在（0.280，0.328）之间，系数都为正值且数值较小，其背后是非粮种植比重的增加，会增加由于非粮种植比重的增加带来的使食管癌发病率增加的危险因素，但是最终非粮种植比重对食管癌发病的影响趋于稳定，因此假设 17 成立。其主要原因和上一组的原因类似。

SV3F 图的解释：弹性系数 SV3，代表非粮种植比重对食管癌发病率的全部影响，同时包括了直接影响和通过农药使用强度的中介效应。从图中可以看出，SV3 在 2007~2008 年快速下降，2008~2015 年基本上稳定，系数维持在（0.3623，0.3681）之间，2015 年之后又开始下降，整体上是下降趋势，系数始终为正值。其背后是非粮种植比重的增加，导致农药使用强度的增加，同时伴随着导致诱发食管癌发病的危险因素（有机氯类化合物）的含量增加，从而导致食管癌发病率增加，因此假设 19 成立。其主要原因是，农药在当前农业生产中预防、消灭、控制农作物病、虫、草、鼠害上发挥着重要的作用，所以在目前农业生产过程中仍然需要使用农药。随着萧山区非粮种植比重的逐年增加，一方面，农村剩余劳动力向城镇转移，农药的使用减少了劳动力的投入，节约了种植成本；另一方面，瓜果蔬菜等非粮经济作物的病虫害种类繁多且发生频率高，使用农药能提高非粮作物的生产效率，减少经济损失，节约种植成本。农药的大量不合理施用，会造成农药残留，有机氯污染物会通过皮肤、呼吸道、消化道等途径被人体吸收，危害生态环境和公共健康。这些原因，使随着萧山区非粮种植比重的增加，引起农药使用强度增加，同时也伴随着增加农药使用中的使食管癌发病率增加的危险因素（有机氯化合物）的含量，从而导致食管癌发病率增加。总体趋势上，萧山区非粮种植比重对食管癌发病率的影响逐渐减少，其主要原因，在农业生产中农药是一把“双刃剑”，所有的有利面都在科学合理使用农药这一基本原则上，合理使用农药能直接降低农药使用强度，直接减少农药中的使食管癌发病率增加的危险因素（有机氯化合物）的含量，降低其对食管癌发病率的影响。随着萧山区非粮种植比重的增加，萧山区农业局按照中央提出的“人与自然和谐发展”的理念，以及 2005 年中央一号文件提出的“搞好沃土工程建设，推广测土配方施肥”，积极推广“肥药双控”和统防统治等减量节本增效技术，提高了农药利用率，降低农药化肥使用量，减少农业环境污染，同时积极开展病虫及生态环境预测预报，实施农作物重大病虫无害化治理，降低了农药使用量，减少了农药面源污染（余水军和金琼，2013；张艾理，2015）。

SV4F 图的解释：弹性系数 SV4，代表非粮种植比重对农药使用强度的影响。可以看出，SV4 在 2007~2009 年迅速下降，2009~2018 年基本上保持稳定，系数维持在（0.000149，0.000152）之间，系数一直显著为正值且数值较小，说明非粮种植比重增大导致了农药使用强度的增加，非粮种植比重对农药使用强度的影响从快速下降到最终逐渐趋于稳定，因此假设 8 成立。这是因为，农药能有效防止农作物病虫害，保障充足、优质的作物生产，所以在瓜果蔬菜等非粮经济作物的种植过程中更多使用农药，所以非粮种植比重的增加会导致农药使用强度的增加。但农药的投入增长不可能无限，在一定技术水平下，慢慢趋于稳定。

8.5.5 非农户比重、化肥使用强度、食管癌发病率关系分析

X_3（非农户比重）$-M_1$（化肥使用强度）$-Y_1$（食管癌发病率）的动态变化轨迹如图 8.4 所示。

从图 8.4 的 SV1F 和 SV2F 可以看出，非农户比重、化肥使用强度与食管癌发病率之间尽管存在长期稳定的均衡关系，但非农户比重和化肥使用强度的食管癌发病率提升弹性随时间的延长而改变，非农户比重与化肥使用强度对食管癌发病率的影响大体上具有此消彼长的时变效应，说明化肥使用强度在其中起到中介效应。

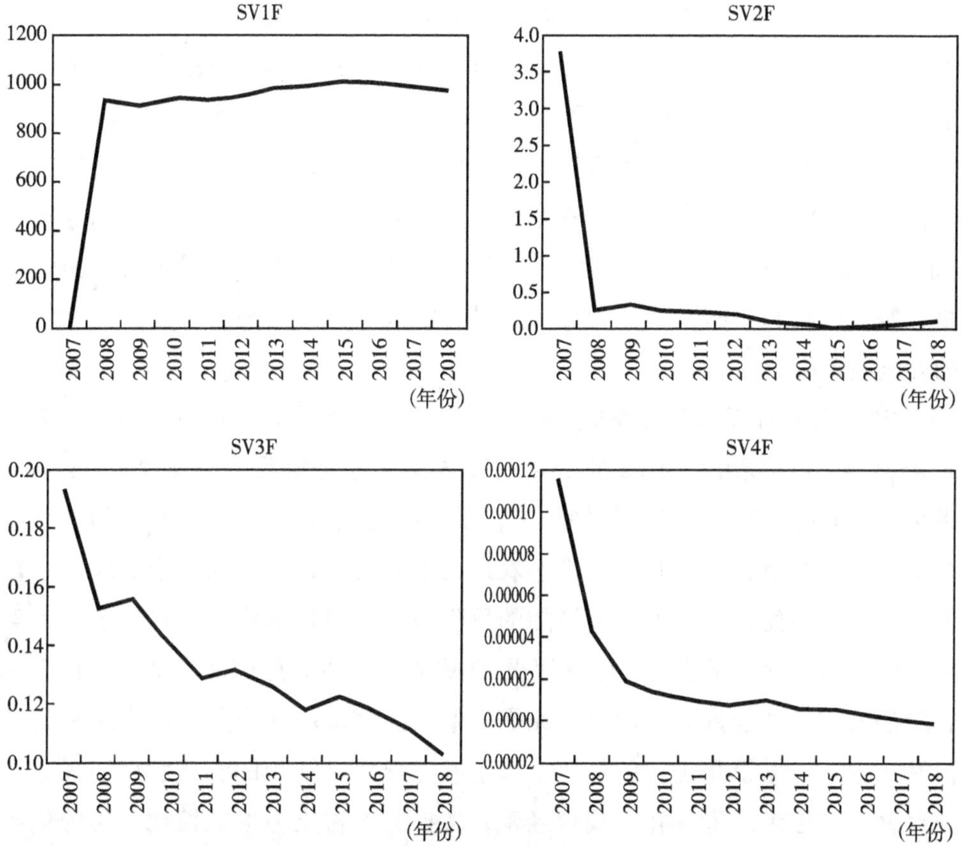

图 8.4　“非农户比重—化肥使用强度—食管癌发病率”四个状态变量的动态变化趋势

SV1F 图的解释：弹性系数 SV1，代表化肥使用强度对食管癌发病率的影响。可以看出，SV1 随着时间的变化大体呈现出 2007~2008 年快速上升，2008~2018 年基本上保持稳定，系数维持在（912，1013）之间，系数都显著为正值且数值较大，其背后是化肥使用强度的增加，会显著增加化肥中的使食管癌发病率增加的危险因素（胺、酰胺和硝酸盐）的含量，从而导致食管癌发病率增加，但是最终化肥使用强度对食管癌发病的影响趋于稳定，因此假设 1 成立。造成这一现象的原因，与前两组的化肥使用强度对食管癌发病率的影响因素大致相同。随着萧山区化肥使用强度的增加，化肥残留的污染物（胺、酰胺和硝酸盐）直接沉淀到土地，或通过水循环、大气循环等途径引起粮食安全隐患，造成严重的农业化肥面源污染，对公共健康造成威胁，导致了食管癌发病率的上升。但自从2005年中央一号文件提出“搞好沃土工程建设，推广测土配方施肥”后，萧山区对测土配方施肥工作十分重视，以生态建设为取向，应用推广减量节本增效技术，积极实施“沃土工程”，全面推广测土配方施肥技术，严格控制农民化肥施用，较好地解决了农业生产中因盲目过量施肥所造成的肥料资源浪费、环境污染、农产品质量下降等问题（余水军等，2013；张艾理，2015），降低了排放到环境中的化肥残留的污染物（胺、酰胺和硝酸盐）的含量，所以萧山区化肥使用强度对食管癌发病率的影响趋于稳定。

SV2F图的解释：弹性系数SV2，代表非农户比重对食管癌发病率的全部直接影响。可以看出，SV2的变化趋势与SV1方向相反，2007~2008年迅速下降，2008~2018年基本上保持稳定，系数维持在（0.02，0.33）之间，系数都为正值且数值较小，其背后是非农户比重的增加，会增加由于非农户比重的增加带来的使食管癌发病率增加的危险因素，但是最终非农户比重对食管癌发病率的影响趋于稳定，因此假设23成立。其主要原因和农地流转比重对食管癌发病率的全部直接影响的原因类似。随着萧山区农业生产力水平的提高和工业化、城镇化进程的加速，为了满足现代化新型的农业发展需求，农业经营方式逐渐从零碎化小规模经营，转换为农村土地的规模化、集约化和组织化生产。与农地流转市场迅猛发展相伴随的是流转流向的多样化，发展多种形式的适度规模经营，培育包括种植大户、专业合作社、企业等新型规模经营主体。随着萧山区非农户比重的增加，经营规模扩大，农业生产效率提高，农民收入增加，城乡收入差距减小，大量农村剩余劳动力转移，生活水平的提高使人们的生活习惯改变，医疗条件日趋完善，再加上快速的人口老龄化，诸多因素导致了食管癌发病率的上升。

SV3F图的解释：弹性系数SV3，代表非农户比重对食管癌发病率的全部影响，同时包括了直接影响和通过化肥使用强度的中介效应。可以看出，SV3在2007~2018年波动下降，系数始终显著为正。因此假设24成立。总体上，农地流转中非农户比重的增加可导致食管癌发病率增加，但这种增长趋势逐步减弱。结合SV4F图，发现两者趋势比较接近。非农户比重的增加可导致食管癌发病率增加，是因为非农户比重的增加导致的化肥使用强度的变化。而最终食管癌发病率仍然保持低增长的趋势，其主要原因可能是在萧山区农地流转中非农户比重的增加一般意味着当地有了诸如苗木、蔬菜等规模化经营主体，当地农村生活水平会随之改善。随着人的寿命的增长以及医疗条件的改善，增加了发现食管癌的可能性。

SV4F 图的解释：弹性系数 SV4，代表非农户比重对化肥使用强度的影响。可以看出，SV4 在 2007~2009 年下降，2009~2018 年基本上保持稳定，系数维持在（-0.00008，0.00018）之间，除了 2018 年系数都显著为正值且数值较小，说明非农户比重增大导致了化肥使用量的增加，非农户比重对化肥使用强度的影响程度快速降低并趋于稳定，因此假设 9 成立。这是因为，农业产生过程中伴随着化肥投入，随着农地流转市场的迅猛发展，非农户比重逐渐增大，农业向规模化经营发展。大量农村剩余劳动力转移，导致了劳动力成本不断增加，种植大户农业生产成本压力较大。同时，早期农地经营者更加注重经济利益而忽视对生态环境的保护，所以农地经营者在早期倾向于选择使用化肥来弥补劳动力不足，在一定程度上增加了化肥投入水平（张艾理，2010；裘国兴，2010）。所以非农户比重的增加导致了化肥使用强度增加。但从 2005 年中央一号文件提出“搞好沃土工程建设，推广测土配方施肥”后，萧山区对测土配方施肥工作十分重视，把农业面源污染治理工作列为现代农业建设的重点。种植大户、专业合作社、企业等非农户新型规模经营主体比重增加，适度规模经营扩大，市场化后规模经营主体更注重农产品质量，从而降低了化肥使用强度，直接减少化肥中的使食管癌发病率增加的危险因素（胺、酰胺和硝酸盐）的含量，降低其对食管癌发病率的影响。

首先，农业适度规模经营优化改善了施肥方式和品种，同时加上机械化水平的提高，降低了化肥使用强度。随着萧山区非农户比重的增大，农村土地向种植大户、专业合作社、企业等新型规模经营主体集中，降低耕地细碎化程度，扩大耕地规模，逐渐形成适度规模经营，产生了规模经济（傅潇霞等，2011）。农业生产向专业化、合作化和集约化方向发展。一方面，规模化的经营主体更愿意投资和采用集约高效的农业生产技术，优化施肥方式和改善化肥品种，应用精准施肥和测土配方施肥等农业节肥技术，有效提高化肥利用率，降低和控制单位面积化肥使用强度，同时开发生物有机肥对化肥的替代，从而减少整体化肥使用总量；另一方面，规模化的经营主体由于耕地规模较大，会普遍采用先进的现代农业机械装备，提高了农业生产效率，一定程度上降低农业生产对化肥的依赖程度，从而降低化肥使用强度。从整体上降低化肥使用强度，进而控制并降低化肥过量、不合理施用带来的农业面源污染问题。

其次，市场化后规模经营主体更注重农产品质量，从而降低了化肥使用强度。随着萧山区非农户比重的增大，人们收入的增加，生活水平的提高，使人们在农产品消费量增加且更追求品质。萧山区以创建省级以上品牌为重点，提升农业标准化生产水平，打造一批具有萧山特色的生态农业品牌，打造农产品精品，着力推进品牌经营（张艾理，2015）。种植大户、专业合作社、企业等新型规模经营主体通常是与市场接轨，此时他们更关注的是长期经济利益而非短期效益。过量施用化肥会对粮食安全构成威胁，所以种植大户、专业合作社、企业等会因地制宜科学种田，严格控制化肥的使用量，提高农产品的质量，从而整体上降低了化肥使用强度。

8.5.6 非农户比重、化肥使用强度、直肠癌发病率关系分析

X_3（非农户比重）$-M_1$（化肥使用强度）$-Y_2$（直肠癌发病率）的动态变化轨迹如图 8.5 所示。

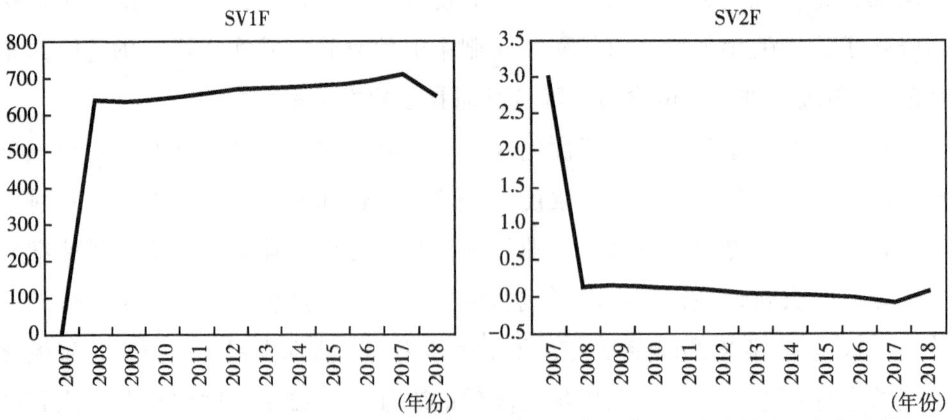

图 8.5 “非农户比重—化肥使用强度—直肠癌发病率”四个状态变量的动态变化趋势

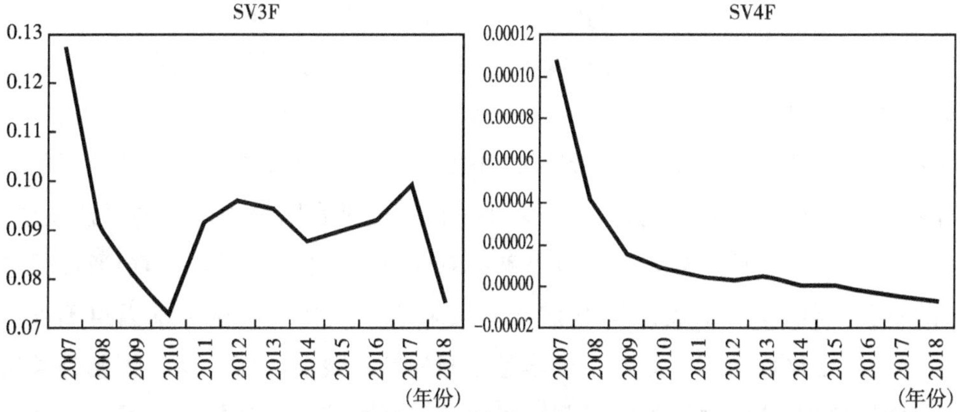

图 8.5 “非农户比重—化肥使用强度—直肠癌发病率”四个状态变量的动态变化趋势（续）

从图 8.5 的 SV1F 和 SV2F 可以看出，非农户比重、化肥使用强度与直肠癌发病率之间尽管存在长期稳定的均衡关系，但非农户比重和化肥使用强度的直肠癌发病率提升弹性随时间的延长而改变，非农户比重与化肥使用强度对直肠癌发病率的影响大体上具有此消彼长的时变效应，说明化肥使用强度在其中起到中介效应。

SV1F 图的解释：弹性系数 SV1，代表化肥使用强度对直肠癌发病率的影响。可以看出，SV1 随着时间的变化大体呈现出 2007~2008 年快速上升，2008~2018 年基本上保持稳定，系数维持在（633，708）之间，系数都显著为正值且数值较大，其原因是化肥使用强度的增加，会增加化肥中使直肠癌发病率增加的危险因素重金属（镉和砷）和硝酸盐的含量，从而导致直肠癌发病率增加，但最终化肥使用强度对直肠癌发病的影响趋于稳定，因此假设 2 成立。其主要原因是萧山区农业生产过程中化肥使用量大（张艾理，2010；裘国兴，2010），直接排放环境中的残留化肥中的重金属（镉和砷）和硝酸盐的含量较高。流行病学研究表明，重金属元素（镉、砷）以及硝酸盐会通过食物链的方式，经消化道途径被人体吸收，造成肠道黏膜上皮细胞发生癌变，是直肠癌的高危致病因素。化肥存在重金属残留风险，例如，磷肥的原材料磷矿石中含有一定量的镉、砷、汞、铅等有害重金属。化肥中的有害重金属（砷、镉、铅、铬、汞）是造成土壤污染的主要物质。长期过量施用化肥会使土壤胶体分散，对重金属污染物的吸附能力降低，化肥中的重金属不断积累在土壤中，农田土壤及农作物中重金属元素超标，降低农产品品质。通过“重金属—农田土壤—农作物—食物链”的影响路径，最终进入食物链危害人体健康。其中，化肥中的重金属“镉和砷”是国际癌症研究机构（IARC）确定的1级致癌物（刘欣璐和刘起展，2016）。长期摄入重金属镉残留超标的农作物，会使镉在人体富集，镉通过EMT机制促进直肠癌细胞株的恶性发展，引发直肠癌。而长期摄入含有过量砷的农作物，在机体富集的砷会通过促进直肠癌肿瘤的血管生成，阻碍DNA修复和引发氧化应激诱导基因组不稳定性，进而导致直肠癌。另外，土壤是化肥的第一载体，氮、磷、钾肥是常用的农用化肥，其中过量施用氮肥，残留的氮肥直接与空气接触，铵离子易变成硝酸根离子，被土壤和作物吸收，造成农田土壤和作物硝酸盐积累。同时，土壤中的硝酸盐经过淋洗等过程进入地下水，逐年积累，污染范围越来越大，含量越来越高，地下水硝酸盐污染日益严重。最终通过饮用水和农作物的途径，硝酸盐通过食物链被人体摄入，在机体中经细菌作用转化为亚硝酸盐，再与直肠内的胺结合形成致癌的亚硝胺，进而导致直肠癌。而2008年之后，即使化肥使用强度逐年增加，但化肥使用强度的致癌作用毕竟有限，最终癌症发病率趋于稳定。

SV2F图的解释：弹性系数SV2，代表农地流转中非农户比重对直肠癌发病率的直接影响。可以看出，SV2的变化趋势与SV1方向相反，2007~2008年快速下降，2008~2018年基本上保持稳定，系数维持在（−0.07，0.11）之间。系数除了2017年都为正值且数值较小，其背后是非农户比重的增加，会增加由于非农户比重的增加带来的使直肠癌发病率增加的危险因素（不良膳食结构和生活习惯、快速人口老龄化），但最终非农户比重对直肠癌发病率的影响趋于稳定，因此假设26成立。农地流转中非农户比重的提高，意味着更多的农民脱离农业生产，进入到城镇或者城市中进行非农就业和生活。目前基本公认高脂肪、高蛋白和低纤维素的饮食习惯，以及长期食用烧烤、腌渍、熏制食品是直肠癌发生的高危因素（许岸高等，2004）。2008年之前，农地流转中非农户比重的增加，使农民收入大幅增加，日益提高的物质生活质量和消费水平改变了农民的生活习惯，在中国普遍存在城市的直肠癌发病率高于农村，城市化的生活方式容易导致直肠癌发病率升高，因此早期萧山区随着农地流转中非农户比重的增加出现了直肠癌发病率增高的趋势。但萧山区一直是杭州市的中心城区，特别是2015年后，萧山区与杭州市区一体化越来越明显，萧山区农村与城市的生活方式越来越相似，因此农地流转中非农户比重的增加对直肠癌发病率的影响逐渐弱化。

SV3F图的解释：弹性系数SV3，代表非农户比重对直肠癌发病率的全部影响，包括了直接影响和通过化肥使用强度的中介效应。可以看出，SV3在2007~2010年波动下降，2010~2018年基本上稳定，系数维持在（0.073，0.099）之间，系数始终显著为正。农地流转中非农户比重的增加，导致化肥使用强度的增加，同时也伴随着导致诱发直肠癌发病的危险因素（镉、砷和硝酸盐）的含量增加，从而导致直肠癌发病率增加，因此假设27成立。其主要原因是，根据非农户比重对直肠癌发病率的直接影响保持下降的趋势的结论，导致SV3F图趋势的主要原因是非农户比重通过影响化肥使用强度再影响了直肠癌发病率。从SV1F可以发现化肥使用强度对直肠癌发病率仍然保持正的影响，并且这种作用没有弱化的趋势。而是萧山区非农户比重的增加后，种植大户、专业合作社、企业等非农户规模经营主体更容易出现农地“非粮化”经营倾向，经营经济效益较高的蔬果等经济作物。研究表明，蔬菜是人体摄入硝酸盐的主要来源，占了约70%，而蔬菜是喜肥喜硝的经济作物，氮肥使用量大大超过粮食作物，易导致硝酸盐积累（苏胜齐等，2004）。过量、不合理地使用化肥，化肥残留的污染物（镉、砷和硝酸盐）不断积累在土壤中，会造成土壤和作物重金属污染以及地下水硝酸盐污染，重金属元素（镉、砷）以及硝酸盐最终会通过食物链的方式，这是直肠癌的高危致病因素。而最终SV3F的曲线回到了正的最低点，其关键原因是SV4F中发现，临近2018年非农户比重的增加不再对化肥使用强度有明显的改变。

SV4F图的解释：弹性系数SV4，代表非农户比重对化肥使用强度的影响。该图与第四组状态空间模型“非农户比重—化肥使用强度—食管癌发病率”的SV4图一致，其背后是非农户比重增加导致了化肥使用量的增加，非农户比重对化肥使用强度的影响程度快速降低并最终趋于稳定，最终非农户比重的增加不再对化肥使用强度有明显的改变。因此假设9成立。

8.6 中介效应的检验和估算

利用 Eviews10.0 软件对五组状态空间模型进行农用地利用影响公共健康的中介效应检验。然后根据 MacKinnon 等（1995）提出的计算公式计算中介效应占比。公式如下：

$$中介效应占比=\frac{SV1\times SV4}{SV1\times SV4+SV2} \tag{8.4}$$

其中，SV1 和 SV4 为中介效应，SV2 为直接效应。五组模型的具体中介效应检验结果和相关计算如表 8.7 所示。

表 8.7 中介效应检验结果

解释变量	被解释变量	中介变量	原系数	中介效应			直接效应	检验结果	比重(%)
X	Y	M	SV3	SV1	SV4	Sobel	SV2		
X1	Y1	M1	-0.0091* (0.0386)	-0.0001** (0.0033)	1287.531* (0.0474)	—	0.1546* (0.0373)	中介效应显著	48.18
X2	Y1	M1	0.4445* (0.0173)	0.000075* (0.0463)	774.8699* (0.0376)	—	0.3864* (0.0284)	中介效应显著	13.08
X2	Y1	M2	0.3533* (0.0173)	0.00015* (0.0199)	307.9852 (0.7357)	2.1597	0.3069* (0.0201)	中介效应显著	12.21
X3	Y1	M1	0.1223* (0.0451)	0.000011* (0.0186)	967.9159** (0.0255)	—	0.1111* (0.0429)	中介效应显著	10.76
X3	Y2	M1	0.0416* (0.0475)	0.000011* (0.0186)	656.9659* (0.0351)	—	0.0342* (0.0276)	中介效应显著	18.04

注：系数下方括号内数值是 t 统计量对应的概率 P 值。Sobel 检验统计量 Z 在 5%显著性水平下临界值是 0.97。

根据所有时段的计算结果，得到五组变量的历年的中介效应占比动态趋势图，绘制下图准确刻画各时点的动态关系（见图 8.6、图 8.7、图 8.8、图 8.9、图 8.10）。

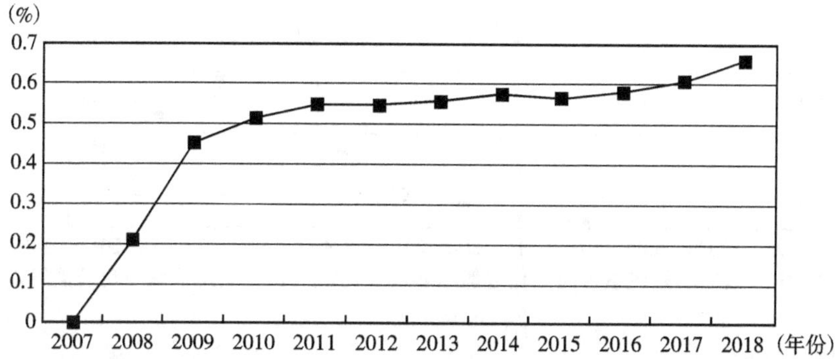

图 8.6　中介效应的效应量占比变化趋势（农地流转比重—化肥使用强度—食管癌发病率）

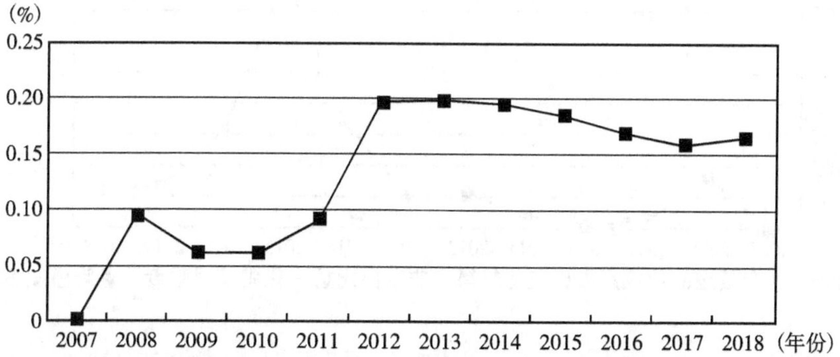

图 8.7　中介效应的效应量占比变化趋势（非粮重植比重—化肥使用强度—食管癌发病率）

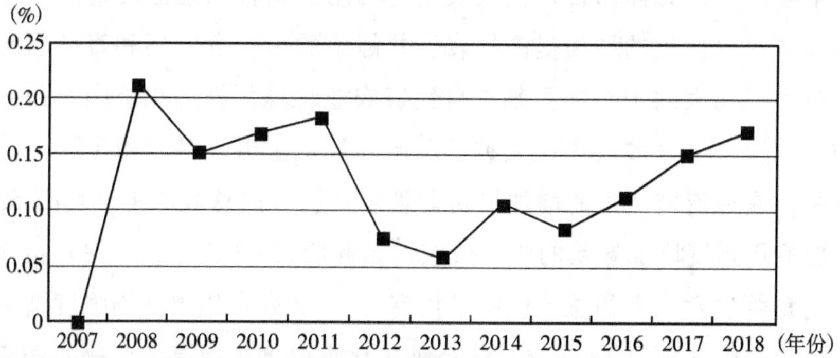

图 8.8　中介效应的效应量占比变化趋势（非粮种植比重—农药使用强度—食管癌发病率）

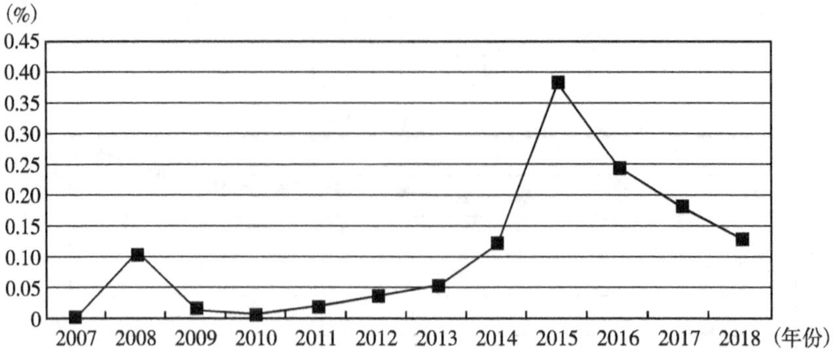

图 8.9　中介效应的效应量占比变化趋势（非农户比重—化肥使用强度—食管癌发病率）

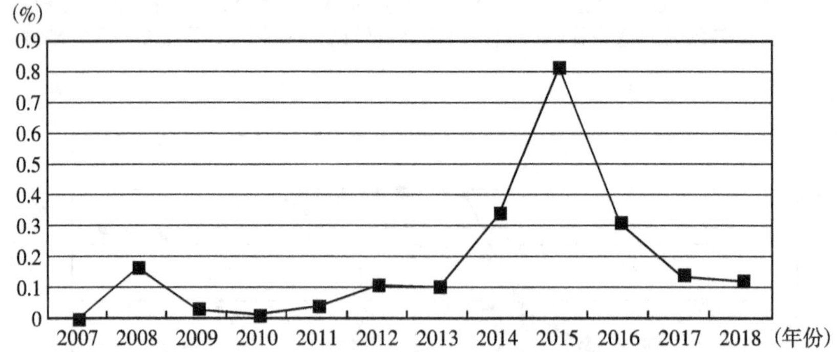

图 8.10　中介效应的效应量占比变化趋势（非农户比重—化肥使用强度—直肠癌发病率）

从五组变量的历年的中介效应占比动态趋势图可以看出，在 2007~2018 年的样本期间内，总体而言，代表农用地利用的指标农地流转比重、非粮种植比重和非农户比重的增加提高代表公共健康的指标食管癌和直肠癌发病率的总效应中平均大约 15%的贡献来自代表农业环境污染物化肥和农药使用强度的中介效应，中介效应占比大致呈现出“波动上升—基本稳定”的动态趋势。其中，农地流转比重的增加提高食管癌发病率的总效应中平均有 48.18%来自化肥使用强度增加导致的中介效应，因此假设 12 成立；非粮种植比重的增加提高食管癌发病率的总效应中平均有 13.08%来自化肥使用强度增加导致的中介效应，因此假设 18 成立；非粮种植比重的增加提高食管癌发病率的总效应中平均有 12.21%来自农药使用强度增加导致的中介效应，因此假设 19 成立；非农户比重的增加提高食管癌发病率的总效应中平均有 10.76%来自化肥使用强度增加导致的中介效应，因此假设 24 成立；非农户比重的增加提高直肠癌发病率的总效应中平均有 18.04%来自化肥使用强度增加导致的中介效应，因此假设 27 成立。五组变量的具体中介效应占比及变化趋势如表 8.8 所示。

表 8.8　中介效应占比及变化趋势

解释变量	被解释变量	中介变量	中介效应占比（%）	中介效应占比变化趋势
X	Y	M		
X_1	Y_1	M_1	48.18	波动上升—基本稳定
X_2	Y_1	M_1	13.08	波动上升—基本稳定
X_2	Y_1	M_2	12.21	波动上升—基本稳定
X_3	Y_1	M_1	10.76	平稳—上升—下降
X_3	Y_2	M_1	18.04	平稳—上升—下降

8.7　本章结论与讨论

基于“农地流转—污染性投入”构建农地利用对健康的影响分析框架，分析由农地流转比重、非粮种植比重和非农户比重表征的农地流转，通过农药使用强度、化肥使用强度两个中介变量，影响食管癌发病率和直肠癌发病率两个健康变量的特征。完成 ADF 单位根检验、Johansen 协整检验以及格兰杰因果检验这三个前置检验确定实证模型，再运用状态空间模型和中介效应检验模型动态视角检验各变量间的影响路径。在浙江省萧山区实证区的研究发现：

农用地利用影响健康的过程中，农地流转直接效应和污染性投入强度的中介效应并存：化肥使用强度对食管癌、直肠癌发病率有着显著的正向影响，农药使用强度对食管癌发病率有着显著的正向影响；农地流转比重对化肥使用强度有着显著的负向影响，非粮种植比重对化肥、农药使用强度有着显著的正向影响，非农户比重对化肥使用强度有着显著的正向影响；农地流转比重、非粮种植比重对食管癌发病率有着显著的正向影响，非农户比重对食管癌、直肠癌发病率有着显著的正向影响；化肥使用强度在农地流转比重、非粮种植比重、非农户比重与食管癌发病率之间存在显著的中介作用；化肥使用强度在非农户比重与直肠癌发病率之间存在显著的中介作用；农药使用强度在非粮种植比重与食管癌发病率之间存在显著的中介作用。

但过往涉及农地利用对健康的影响并不多，本章的研究存在以下两点不足，需要在后续研究中改进：①样本数据的时间有待延长。因为考虑到数据的可获得性，本章的研究数据是从 2007~2018 年的时间序列数据，虽然从理论上该数据的时间长度足以展开实证检验，但是考虑到农用地利用对人的健康的影响具有明显的滞后效应，若可以扩展数据的时间长度，将会得到更多的结论。②变量选择可以更为丰富。现在宏观的疾病数据获得非常困难。本书研究中仅获取了少量的癌症发病率数据，研究中选择了食管癌、直肠癌发病率作为被解释变量衡量健康是并不全面的，后续值得进一步探讨环境污染对其他疾病发病率的长期动态影响，特别是诸如高血压、心理疾病等。同时，肿瘤疾病发病情况存在地域差异，因此分析农地利用对健康的影响研究需要结合当地实际情况进行分析。

9 研究结论与展望

9.1 研究的主要结论

（1）转型期的中国农村转型诱导着农地利用集约水平的变化。本书以浙江为实证区，从区域城镇化、农业产业化和农业商品化所描述的农村转型对农地集约利用度产生了显著性的影响。研究结果表明：城镇人口比重和农业生产满足能力与投入强度呈正相关。城镇人口比重、二三产业发展水平和城乡收入差距与产出强度呈正相关，而粮食播种面积比重和经济作物比重与产出强度呈负相关。农业科技服务和粮食播种面积比重与利用度呈正相关，而农业机械化与利用度呈负相关。冗余分析表明，区域城镇化的单一影响与农业商品化的单一影响相似。这些影响高于农业产业化的影响。同时，区域城镇化和农业商品化在两个维度共同影响中起着最重要的作用。区域城镇化、农业产业化和农业商品化的三个维度共同影响最大。农地利用集约度的变化更多地受到区域城镇化和农业商品化的影响。

（2）经济发达地区的经济转型诱导着农地利用中的景观格局变化，农业景观变化、土地利用/覆盖变化、社会经济发展和政府规划之间存在着复杂的联系。以浙江省宁波市为实证区，从全球化、分权化与市场化三个维度描述经济转型，并对农业景观变化通过时间序列遥感图像和一套景观指标进行量化，再运用结构方程模型对农业景观变化与经济转型之间的关系以及不同空间规划区中的土地利用/覆被因素进行可视化和比较。研究结果表明：农业景观变化在两个空间规划区呈现相似的趋势；然而，农业景观变化在非城市规划区比城市规划区更重要。在非城市规划区农业景观以更快的速度转变为分散、不规则、减少和孤立模式。两个空间规划区的经济转型驱动因素和土地利用/覆被中介因素存在显著差异。对于城市规划区，经济转型通过建设用地形态变化和水域空间密度增加影响农业景观变化。对于非城市规划区，经济转型通过林地形态变化和建设用地空间密度增加影响农业景观变化。此外，农业景观变化决定因素的相对重要性在两个空间规划区之间有所不同。在城市规划区，市场化对农业景观变化的影响发挥了更为关键的作用，而非城市规划区的分权化对农业景观变化的影响更大。

（3）中国的快速城镇化诱导着农地利用中的污染性投入强度的增加。以湖北省实证区，从城镇人口比重和二三产业比重来表征城镇化，分析城镇化对农药使用强度、化肥使用强度和农膜使用强度的影响。研究结果表明：

城镇人口比重和二三产业比重冲击后，农药使用强度最初的响应分别为正值和负值，响应持续上升。城镇人口比重和二三产业比重冲击后，化肥使用强度的初始响应分别为正值和负值；反应先减少后增加。城镇人口比重冲击后，农膜使用强度的响应先增大后减小，但二三产业比重冲击的响应则相反。此外，对其自身冲击，农药使用强度、化肥使用强度和农膜使用强度的响应在最初为正向响应，并呈现下降趋势。基于方差分解，自身的冲击，解释了初始阶段农药使用强度、化肥使用强度和农用薄膜使用强度变化的原因。然而，随着时间推移，城镇人口比例的增加在后期农药使用强度的变化中起着至关重要的作用。同样，城镇人口比例对农膜使用强度变化的贡献持续增加。

（4）提高农地利用集约水平与控制农地利用碳排放量容易陷入两难选择的困境，理想的碳排放效率可以寻找到以碳排放作为成本，适度的农地利用集约水平。构建农地集约利用度计算模型与农地集约利用投入产出指标，计算中国 31 个省份的农地集约利用度；基于松弛测度模型，构建 SBM 模型投入产出指标，计算各省份的农地集约利用碳排放总效率、技术效率与规模效率。研究结果表明：农地集约利用程度高低与农地集约利用碳排放总效率高低并不保持普遍一致；农地集约利用碳排放总效率有效省份集中分布在西部地区，农地集约利用度较高的长三角、珠三角、京津冀地区主要省份的农地集约利用碳排放总效率普遍较低；区域农地集约利用碳排放技术效率不足是导致总效率偏低的主要原因，而规模效率不足对总效率影响较小。针对总效率无效省份，给出调整投入冗余量、期望产出不足量与非期望产出冗余量的低碳优化方案，并构建结合了东部、中部、西部地区区域农地利用与经济发展特点的低碳优化策略，以期最终可以改善农地集约利用碳排放效率。

（5）构建起城镇化—农地流转—农地利用碳排放分析框架，关注城镇化的人口城镇化、就业城镇化、土地城镇化三个方面，选择农地流转规模、农地流转去向、流转耕地用途分别作为中介变量，并在控制农业经济因素、农业结构因素、农业规模因素以及东部、中部、西部区域差异后，运用中介效应检验模型实证分析城镇化对农地利用碳排放的影响路径。研究结果表明：人口城镇化对农地利用碳排放有显著负向影响；人口城镇化对农地流转规模、农地流转去向以及流转耕地用途三个中介变量均产生显著正向影响；在人口城镇化和农地利用碳排放之间，农地流转规模作存在遮掩效应而中介效应不成，农地流转去向、流转耕地用途发挥部分负向中介效应；人口城镇化对农地利用碳排放均产生负向直接效应。就业城镇化对农地利用碳排放存在显著负向影响；就业城镇化对农地流转规模、农地流转去向以及流转耕地用途三个中介变量均产生显著正向影响；在就业城镇化和农地利用碳排放之间，农地流转规模产生正向完全中介效应，农地流转去向以及流转耕地用途则产生负向完全中介效应。土地城镇化对农地利用碳排放存在显著负向影响；土地城镇化对农地流转规模、农地流转去向以及流转耕地用途三个中介变量均产生显著正向影响；在土地城镇化和农地利用碳排放之间，农地流转规模产生正向完全中介效应，而农地流转去向、流转耕地用途中介效应均不成立。

（6）基于“农地流转—污染性投入”构建农地利用对健康的影响分析框架，以浙江杭州萧山区为实证区，分析由农地流转比重、非粮种植比重和非农户比重表征的农地流转，通过农药使用强度、化肥使用强度两个中介变量，影响食管癌发病率和直肠癌发病率两个健康变量的特征。完成 ADF 单位根检验、Johansen 协整检验以及格兰杰因果检验这三个前置检验确定实证模型，再运用状态空间模型和中介效应检验模型动态视角检验各变量间的影响路径。

研究结果发现：农用地利用影响健康的过程中，农地流转直接效应和污染性投入强度的中介效应并存：化肥使用强度对食管癌、直肠癌发病率有着显著的正向影响，农药使用强度对食管癌发病率有着显著的正向影响；农地流转比重对化肥使用强度有着显著的负向影响，非粮种植比重对化肥、农药使用强度有着显著的正向影响，非农户比重对化肥使用强度有着显著的正向影响；农地流转比重、非粮种植比重对食管癌发病率有着显著的正向影响，非农户比重对食管癌、直肠癌发病率有着显著的正向影响；化肥使用强度在农地流转比重、非粮种植比重、非农户比重与食管癌发病率之间存在显著的中介作用；化肥使用强度在非农户比重与直肠癌发病率之间存在显著的中介作用；农药使用强度在非粮种植比重与食管癌发病率之间存在显著的中介作用。

9.2 研究的可能创新与不足

9.2.1 可能的创新之处

（1）提出了一个宏观转型诱导农地利用的分析框架。无数个复杂多样的农地经营主体背后存在着微观的农地利用影响因素，但微观的农地利用影响因素并不能摆脱宏观转型的影响。本书研究中提出了构建多维度的农村转型体系和经济转型指标体系的思路，分析了宏观转型诱导农地利用的数量变化和宏观转型诱导农地利用的空间结构变化，解释了宏观尺度的社会经济转型中单一变量以及多变量构成的特定维度对农地利用变化的作用。这一研究，首先将过往分散的宏观尺度变量对农地利用的影响，统一到了宏观转型这一框架下。其次，提出的分析框架具有较好的推广性，它适用于不同区域宏观转型对不同土地类型利用的影响分析。

（2）明确了“可接受环境影响”的农地利用价值取向。一个完美的农地利用应该是有限投入下最大化期望产出，并且不需要承担环境污染等非期望产出。但在现实条件下，完美的农地利用是无法实现的。非期望产出作为农地利用的成本，客观存在也无法回避。本书研究基于相对效率的视角，选择农地利用碳排放为切入点，将碳排放作为农地利用获得期望产出的必要环境成本，提出了碳排放效率有效下的适度农地集约利用。探索了一定社会经济发展条件下，协调增加农地利用中农产品等期望产出与降低环境负面影响等非期望产出的路径。

（3）寻找了“宏观转型—农地利用—环境影响—人的发展”这一全景式农地利用中关键的中介变量。中介变量的缺失很容易导致无法观察全景式农地利用中的细部特征，甚至会导致研究逻辑中缺乏连贯性。本书研究结合中国当前的农地制度改革，选择农地流转这一中介变量贯通起城镇化与农地利用碳排放，选择农地利用投入这一中介变量贯通起农地流转与人的健康。从而将过往研究中相对割裂的“宏观转型—农地利用—环境影响—人的发展”更加紧密地联系在一起，也更加全面地观察了剧烈变化着的宏观转型、农地利用、农地产权变化等对环境和人的影响程度与影响方式。这些工作都是有益的新的尝试。

9.2.2 进一步研究方向

作为一个比较复杂的研究，受笔者的知识水平、研究时间以及其他客观条件制约，总是存在着遗憾，未来进一步研究的方向，笔者认为应该关注以下几点：

（1）理论依据的加强。本书研究是一个跨学科的研究，不论是宏观层面的社会经济转型，还是涉及的环境影响和健康问题，都归属于各自复杂的学科。本书并没能吸取上述各自学科的理论基础，建构起本书中涉及的“宏观转型—农地利用—环境影响—人的发展”几个环节的完整的理论依据。尽管这并不影响本书的推进，但要进一步加深对“宏观转型—农地利用—环境影响—人的发展”的理解，更加科学地观察到隐藏在现象背后的规律，未来的研究仍然需要加强对理论依据的探寻和整合。

（2）跨研究尺度问题的分析。本书研究尽管没有涉及宏观转型与微观的地块和个体农地经营主体关系分析，但这一问题显然有研究的意义。但如何将不能对应的尺度下的各种变量进行统一，这需要寻找到适当的办法。其思路应该有两种：一是对变量的处理，可能需要寻找到不同样本数量的变量的匹配；二是模型的突破，可借助多智能体等模拟工具来进行尝试。

（3）宏观转型政策和农地利用引导的细部构思。通过本书研究提出了未来在宏观转型政策和农地利用引导等方面需要注意的一些地方分散在每一章中，但该部分的研究并不是本书的重点，也没有进行深度的展开。在以后研究中可以考虑给出一定价值取向下的宏观转型政策和农地利用引导的初步框架。这部分研究不仅是为了提出一些对策建议，实际上该工作又可以反过来思考本书研究中的一些结论是否符合中国农地利用和社会经济发展的实际，是否忽略了部分关键的变量从而导致方向的误差。这个工作是很有现实意义与理论意义的。

参考文献

[1] Abdullah S A, Nakagoshi N. Changes in landscape spatial pattern in the highly developing state of Selangor peninsular Malaysia [J]. Landscape and Urban Planning, 2006 (77): 263-275.

[2] Abolhassani M, Asadikaram G, Paydar P, et al. Organochlorine and organophosphorous pesticides may induce colorectal cancer; A case-control study [J]. Ecotoxicology and environmental safety, 2019 (178): 168-177.

[3] Ali A M S. Population pressure, agricultural intensification and changes in rural systems in Bangladesh [J]. Geoforum, 2007, 38 (4): 720-738.

[4] Anderson M J, Cribble N. A. Partitioning the variation among spatial, temporal and environmental components in a multivariate data set [J]. Austral Ecology, 2010, 23 (2): 158-167.

[5] Anley Y, Bogale A, Haile-Gabriel A. Adoption decision and use intensity of soil and water conservation measures by smallholder subsistence farmers in Dedo district, Western Ethiopia [J]. Land degradation and development, 2007, 18 (3): 289-302.

[6] Aregay F A, Minjuan Z. Impact of irrigation on fertilizer use decision of farmers in China: A case study in Weihe River Basin [J]. Sustainable Development, 2012, 5 (4): 74-82.

[7] Arvor D, Meirelles M, Dubreuil V, et al. Analyzing the agricultural transition in Mato Grosso, Brazil, using satellite-derived indices [J]. Applied Geography, 2012 (32): 702-713.

[8] Aunan K, Wang S. Internal migration and urbanization in China: Impacts

on population exposure to household air pollution (2000-2010) [J]. Science Total Environment, 2014 (481): 186-195.

[9] Babu S C, Huang J, Venkatesh P, et al. A comparative analysis of agricultural research and extension reforms in China and India [J]. China Agricultural Economic Review, 2015, 7 (4): 541-572.

[10] Badland H, Mavoa S, Villanueva K, et al. The development of policy-relevant transport indicators to monitor health behaviours and outcomes [J]. Journal of transport and health, 2015, 2 (2): 103-110.

[11] Baron R M , Kenny D A. The moderate-mediator variable distinction in social psychological research: Conceptual, strategic, and statistical considerations [J]. Journal of Personality and Social Psychology, 1986 (51): 1173-1182.

[12] Baus P, Kovάc U, Pauditsovά E, et al. Identification of interconnections between landscape pattern and urban dynamics-Case study Bratislava Slovakia [J]. Ecological Indicators, 2014 (42): 104-111.

[13] Benoît M, Rizzo D, Marraccini E, et al. Landscape agronomy: A new field for addressing agricultural landscape dynamics [J]. Landscape Ecology, 2012 (27): 1385-1394.

[14] Benton T G, Dougill A J, Fraser E D G, et al. How to use the global land bank to both produce food and conserve nature: Examining extensive vs intensive agriculture [J]. World Agriculture, 2011, 2 (1): 14-21.

[15] Björklund J, Limburg K. E, Rydberg T. Impact of production intensity on the ability of the agricultural landscape to generate ecosystem services: An example from Sweden [J]. Ecological Economics, 1999, 29 (2): 269-291.

[16] Bollen K. Structural Equations with Latent Variables [M]. New York: John Wiley and Sons, 1989.

[17] Bonny S. Ecologically intensive agriculture: Nature and challenges [J]. Cahiers Agricultures, 2011, 20 (6): 451-462.

[18] Boserup E. The Conditions of Agricultural Growth [M]. London: Allen & Unwin, 1965.

[19] Bourrié G, Trolard F, Chanzy A, et al. Sustainable Intensive Agriculture: Evidence from Aqueous Geochemistry [J]. Procedia Earth and Planetary Science, 2013, 7 (2): 93-96.

[20] Brasselle A S, Gaspart F, Platteau J P. Land tenure security and investment incentives: Puzzling evidence from Burkina Faso [J]. Development. Economics, 2002, 67 (2): 373-418.

[21] Breslin S. Decentralization, globalization and China's partial re-engagement with the global economy [J]. New Political Economy, 2000 (5): 205-226.

[22] Brookfield H. C. Intensification and disintensification in Pacific agriculture [J]. Pacific Viewpoint, 1972, 13 (1): 30-48.

[23] Brown P W, Schulte L A. Agricultural landscape change (1937-2002) in three townships in Iowa, USA [J]. Landscape and Urban Planning, 2011 (100): 202-212.

[24] Chadha G K, Sharma R K. Farm size irrigation and intensity of land use in Indian agriculture [J]. Artha Vijnana, 1982, 24 (1): 15-28.

[25] Chan K. W, Hu Y. Urbanization in China in the 1990s: New definition different series and revised trends [J]. China Review, 2003 (3): 49-71.

[26] Chen J, Chang K, Karacsonyi D, et al. Comparing urban land expansion and its driving factors in Shenzhen and Dongguan, China [J]. Habitat International, 2014 (43): 61-71.

[27] Chen Y, Li X, Tian Y, et al. Structural change of agricultural land use intensity and its regional disparity in China [J]. Journal of Geographical Sciences, 2009, 19 (5): 545.

[28] Chibwana C, Shively G, Fisher M, et al. Measuring the impacts of Malawi's farm input subsidy programme [J]. African Agricultural Resources Economics, 2014, 9 (2): 132-147.

[29] Christiansen F. Food security, urbanization and social stability in China [J]. Journal of Agrarian Change, 2009, 9 (4): 548-575.

[30] Cooper W W, Seiford L M, Tone K. Data Envelopment Analysis: A

Comprehensive Text with Models, Applications, References and DEA-solver Software [M]. Berlin: Springer, 2007.

[31] Council of Europe. European Landscape Convention [EB/OL]. http: //conventions.coe.int/Treaty/en/Treaties/Html/176htm/, 2000.

[32] Cumming S, Vernier P. Statistical models of landscape pattern metrics with applications to regional scale dynamic forest simulation [J]. Landscape Ecology, 2002 (17): 433-444.

[33] Dalkey N, Helmer O. An experimental application of the Delphi method to the use of experts [J]. Management science, 1963, 9 (3): 458-467.

[34] de Janvry A., Gordillo G., Platteau J.-P., et al. Access to land, rural poverty, and public action [M]. Oxford: Oxford University Press, 2001.

[35] Debolini M, Marraccini E, Rizzo D, et al. Mapping localspatial knowledge in the assessment of agricultural systems: A case study on the provision of agricultural services [J]. Applied Geography, 2013 (42): 23-33.

[36] Dickey D A, Fuller W A. Distribution of the estimators for autoregressive time series with a unit root [J]. American Statistical Association, 1979 (74): 427-431.

[37] Dietrich J P, Schmitz C, Müller C, et al. Measuring agricultural land-use intensity-A global analysis using a model-assisted approach [J]. Ecological Modelling, 2012 (232): 109-118.

[38] Ding C, Lichtenberg E. Land and urban economic growth in China [J]. Journal of Regional Science, 2011, 51 (2): 299-317.

[39] Dong G, Mao X, Zhou J, et al. Carbon footprint accounting and dynamics and the driving forces of agricultural production in Zhejiang Province, China [J]. Ecological Economics, 2013, 91 (7): 38-47.

[40] Dubey A, Lal R. Carbon footprint and sustainability of agricultural production systems in Punjab, India, and Ohio, USA [J]. Journal of Crop Improvement, 2009, 23 (4): 332-350.

[41] Eggleston H S, Buendia L, Miwa K, et al. 2006 IPCC Guidelines for

National Greenhouse Gas Inventories [M]. Kanagawa: Institute for Global Environmental Strategies, 2006.

[42] Erb K H, Haberl H, Jepsen M R, et al. A conceptual framework for analysing and measuring land-use intensity [J]. Current Opinion in Environmental Sustainability, 2013, 5 (5): 464.

[43] Factor R, Awerbuch T, Levins R, et al. Social and land use composition determinants of health: Variability in health indicators [J]. Health & Place, 2013 (22): 90-97.

[44] Filippini R, Marraccini E, Lardon, et al. Is the choice of a farm's commercial market an indicator of agricultural intensity? Conventional and short food supply chains in periurban farming systems [J]. Agronomy, 2016, 11 (1): 1-5.

[45] Fischer G, Winiwarter W, Cao G. Yet al. Implications of population growth and urbanization on agricultural risks in China [J]. Population Environment, 2012, 33 (2-3): 243-258.

[46] Fu B, Hu C, Chen L, et al. Evaluating change in agricultural landscape pattern between 1980 and 2000 in the Loess hilly region of Ansai County China [J]. Agriculture Ecosystems and Environment, 2006 (114): 387-396.

[47] Gagliardi B, Pettigrove V. Removal of intensive agriculture from the landscape improves aquatic ecosystem health [J]. Agriculture, Ecosystems & Environment, 2013, 176 (8): 1-8.

[48] Gao J, Wei Y D, Chen W, et al. Economic transition and urban land expansion in Provincial China [J]. Habitat International, 2014 (44): 461-473.

[49] García-Ruiz J M, Lana-Renault N. Hydrological and erosive consequences of farmland abandonment in Europe, with special reference to the Mediterranean region-A review [J]. Agriculture, ecosystems & environment, 2011, 140 (3-4): 317-338.

[50] Gourley C, Ridley A. Controlling non-point source pollution in Australian agricultural systems [J]. Pedosphere, 2005, 15 (6): 768-777.

[51] Grace J B. Structural equation modeling for observational studies [J]. The Journal of Wildlife Management, 2008, 72 (1): 14-22.

[52] Granger C W Investigating causal relations by econometric models and cross-spectral methods [J]. Econometrica, 1969 (37): 424-438.

[53] Hao H, Li X. Agricultural land use intensity and its determinants in ecologically-vulnerable areas in North China: a case study of Taipusi County, Inner Mongolia Autonomous Region [J]. Journal of Resources and Ecology, 2011, 2 (2): 117-125.

[54] Hao L, Huang L, Wang W, et al. Evaluation of the impact of planting structure on water resources [J]. Environmental Engineering and Management, 2013, 10 (7): 899-903.

[55] Havel M.B. Delineation of property rights as institutional foundations for urban land markets in transition [J]. Land Use Policy, 2014 (38): 615-626.

[56] Hayes A F. Beyond Baron and Kenny: Statistical mediation analysis in the new millennium [J]. Communication monographs, 2009, 76 (4): 408-420.

[57] He C, Zhu S. Economic transition and industrial restructuring in China: Structural convergence or divergence? [J]. Post -Communist Economies, 2007 (19): 317-342.

[58] Heikkinen R. K, Luoto M, Kuussaari M, et al. New insights into butterfly-environment relationships using partitioning methods [J]. Biological Sciences, 2005, 272 (1577): 2203-2210.

[59] Helfand G E, House B W. Regulating nonpoint source pollution under heterogeneous conditions [J]. American Journal of Agricultural Economics, 1995, 77 (4): 1024-1032.

[60] Hendryx M, Conley J, Fedorko E, et al. Permitted water pollution discharges and population cancer and non-cancer mortality: Toxicity weights and upstream discharge effects in US rural-urban areas [J]. International Journal of Health Geographics, 2012, 11 (1): 9.

[61] Hernández A, Miranda M, Arellano E.C, et al. Landscape dynamics

and their effect on the functional connectivity of a Mediterranean landscape in Chile [J]. Ecological Indicators, 2015 (48): 198-206.

[62] Hou J, Fu B, Liu Y, et al. Ecological and hydrological response of farmlands abandoned for different lengths of time: Evidence from the Loess Hill Slope of China [J]. Global and Planetary Change, 2014 (113): 59-67.

[63] Hu L, Bentler P M. Evaluating model fit [A]. Hoyle R H. Structural equation modelling [C]. Thousand Oaks, California: Sage Publications, 1995.

[64] Hu W, Wang H, Dong L, et al. Source identification of heavy metals in peri-urban agricultural soils of southeast China: An integrated approach [J]. Environmental Pollution, 2018 (237): 650-661.

[65] Huang J, Hu R, Rozelle S, et al. Transgenic varieties and productivity of smallholder cotton farmers in China [J]. Agricultural and Resource Economics, 2002, 46 (3): 367-387.

[66] Huang J, Yang J, Rozelle S. The political economy of food pricing policy in China [R]. WIDER Working Paper, 2013.

[67] Huang S, Wang S, Budd W. W. Sprawl in Taipei's peri-urban zone: Responses to spatial planning and implications for adapting global environmental change [J]. Landscape and Urban Planning, 2009a (90): 20-32.

[68] Huang Y, Wang L, Wang W, et al. Current status of agricultural soil pollution by heavy metals in China: A meta-analysis [J]. Science of The Total Environment, 2019b (651): 3034-3042.

[69] Huang Z, Wei Y.D, He C, et al. Urban land expansion under economic transition in China: A multilevel modeling analysis [J]. Habitat International, 2015 (47): 69-82.

[70] Huijbregts M A J, Thissen U, Guinée J B, et al. Priority assessment of toxic substances in life cycle assessment. Part I: Calculation of toxicity potentials for 181 substances with the nested multi-media fate, exposure and effects model USES-LCA [J]. Chemosphere, 2000, 41 (4): 541-573.

[71] Huy H T, Nonneman W. Economic effects of labor migration on agricul-

tural production of farm households in the Mekong River Delta region of Vietnam [J]. Asian and Pacific Migration Journal, 2016, 25 (1): 3-21.

[72] Ivanov V, Kilian L. A practitioner's guide to lag order selection for VAR impulse response analysis [J]. Studies Nonlinear Dynamics Econometrics, 2005, 9 (1): 1219-1253.

[73] Ivanova L, Dimitrov P, Ovcharova D., et al. Economic transition and household food consumption. A study of Bulgaria from 1985 to 2002[J]. Economics and Human Biology, 2006 (4): 383-397.

[74] Jaga K, Dharmani C. The epidemiology of pesticide exposure and cancer: A review [J]. Reviews on Environmental Health, 2005, 20 (1): 15-38.

[75] Jiang L, Deng X, Seto K C. The impact of urban expansion on agricultural land use intensity in China [J]. Land Use Policy, 2013 (35): 33-39.

[76] Johansen S, Juselius K. Maximum likelihood estimation and inference on cointegration with applications to the demand for money [J]. Oxford Bulletin Economics. Statistics, 1990, 52 (2): 169-210.

[77] Jorgenson A K. Foreign direct investment and pesticide use intensity in less-developed countries: A quantitative investigation [J]. Society Natural Resources, 2007, 20 (1): 73-83.

[78] Kelloway E K. Using LISREL for structural equation modeling: A researcher's guide [M]. Califomia: Sage, 1998.

[79] Kemper N, Ha L V., Klump R. Property rights and consumption volatility: Evidence from a land reform in Vietnam [J]. World Development, 2015 (71): 107-130.

[80] Keogh-Brown M R, Smith R D. The economic impact of SARS: How does the reality match the predictions? [J]. Health policy, 2008, 88 (1): 110-120.

[81] Khalid A. M, Kawai M. Was financial market contagion the source of economic crisis in Asia? Evidence using a multivariate VAR model [J]. Asian Economics, 2003, 14 (1): 131-156.

[82] Kirchner M, Schmidt J, Kindermann G, et al. Ecosystem services and economic development in Austrian agricultural landscapes–The impact of policy and climate change scenarios on trade–offs and synergies [J]. Ecological Economics, 2015 (109): 161–174.

[83] Kishida Y. Agricultural mechanization and industry in Asia [J]. Agricultural Mechanization in Asia African and Latin America, 2017, 48 (2): 11.

[84] Klimek S, Lohss G, Gabriel D. Modelling the spatial distribution of species–rich farmland to identify priority areas for conservation actions [J]. Biological Conservation, 2014 (174): 65–74.

[85] Koufteros X A. Testing a model of pull production: A paradigm for manufacturing research using structural equation modeling [J]. Journal of operations Management, 1999, 17 (4): 467–488.

[86] Kühling I, Broll G, Trautz D. Spatio–temporal analysis of agricultural land–use intensity across the western Siberian grain belt [J]. Science of the Total Environment, 2016, 544 (3): 271–280.

[87] Kumar S, Managi S, Matsuda A. Stock prices of clean energy firms oil and carbon markets: a vector autoregressive analysis [J]. Energy. Economics, 2012, 34 (1): 215–226.

[88] Lam S, Pham G, Nguyen–Viet H. Emerging health risks from agricultural intensification in Southeast Asia: A systematic review [J]. International journal of occupational and environmental health, 2017, 23 (3): 250–260.

[89] Lee Y C, Ahern J, Yeh C T. Ecosystem services in peri–urban landscapes: The effects of agricultural landscape change on ecosystem services in Taiwan's western coastal plain [J]. Landscape and Urban Planning, 2015 (139): 137–148.

[90] Leitao A B, Ahern J. Applying landscape ecological concepts and metrics in sustainable landscape planning [J]. Landscape and urban planning, 2002, 59 (2): 65–93.

[91] Levers C, Butsic V, Verburg P H, et al. Drivers of changes in agri–

cultural intensity in Europe [J]. Land Use Policy, 2016 (58): 380-393.

[92] Li G, Rozelle S, Brandt L. Tenure land rights and farmer investment incentives in China [J]. Agricultural Economics, 1998, 19 (1): 63-71.

[93] Li H, Wei Y, Liao F, et al. Administrative hierarchy and urban land expansion in transitional China [J]. Applied Geography, 2015 (56): 177-186.

[94] Li J, Deng X, Seto K C. The impact of urban expansion on agricultural land use intensity in China [J]. Land Use Policy, 2013, 35 (14): 33-39.

[95] Li W, Wang X. Changes in agricultural land use in China: 1981-2000 [J]. Asian Geographer, 2003, 22 (1-2): 27-42.

[96] Liang C, Jiang P, Chen W, et al. Farmland protection policies and rapid urbanization in China: A case study for Changzhou City [J]. Land Use Policy, 2015 (48): 552-566.

[97] Liang Z, Gao L, Zhao X, et al. Assessment of metal pollution, its potential health risks, and origin in different land use types in Zhuhai City, China [J]. Archives of environmental contamination and toxicology, 2019, 76 (2): 295-307.

[98] Lin J Y. Rural reforms and agricultural growth in China [J]. American Economic Review, 1992, 82 (1): 34-51.

[99] Liu E K, He W Q, Yan C R. "White revolution" to "white pollution" -agricultural plastic film mulch in China [J]. Environmental Research Letters, 2014, 9 (9): 7-14.

[100] Liu G, Wang H, Cheng Y, et al. The impact of rural out-migration on arable land use intensity: Evidence from mountain areas in Guangdong, China [J]. Land Use Policy, 2016 (59): 569-579.

[101] Liu K, Qin J, Zhang B, et al. Physiological traits yields and nitrogen translocation of ratoon rice in response to different cultivations and planting periods [J]. African Journal of Agricultural Research, 2012 (7): 2539-2545.

[102] Liu Y, Feng Y, Zhao Z, et al. Socioeconomic drivers of forest loss and fragmentation: A comparison between different land use planning schemes and

policy implications [J]. Land Use Policy, 2016 (54): 58-68.

[103] Liu Y, Li J, Yang Y. Strategic adjustment of land use policy under the economic transformation [J]. Land Use Policy, 2018 (74): 5-14.

[104] Long H, Jian Z, Liu Y. Differentiation of rural development driven by industrialization and urbanization in eastern coastal China [J]. Habitat International, 2009, 33 (4): 454-462.

[105] Long H, Zou J, Pykett J, et al. Analysis of rural transformation development in China since the turn of the new millennium [J]. Applied Geography, 2011, 31 (3): 1094-1105.

[106] Lu C, Andres L. Reconstructing organophosphorus pesticide doses using the reversed dosimetry approach in a simple physiologically-based pharmacokinetic model [J]. Journal of toxicology, 2012 (1): 7-14.

[107] Lu C, Fenske R A, Simcox N J, et al. Pesticide exposure of children in an agricultural community: Evidence of household proximity to farmland and take home exposure pathways [J]. Environmental research, 2000, 84 (3): 290-302.

[108] Lu H, Xie H. Impact of changes in labor resources and transfers of land use rights on agricultural non-point source pollution in Jiangsu Province, China [J]. Journal of environmental management, 2018 (207): 134-140.

[109] Ma J, Fan Z. P, Huang L. H. A subjective and objective integrated approach to determine attribute weights [J]. European Journal of Operational Re-search, 1999, 112 (2): 397-404.

[110] Ma L, Feng S, Reidsma P, et al. Identifying entry points to improve fertilizer use efficiency in Taihu Basin China [J]. Land Use Policy, 2014 (37): 52-59.

[111] MacKinnon D P, Warsi G, Dwyer J H. A simulation study of mediated effect measures [J]. Multivariate behavioral research, 1995, 30 (1): 41-62.

[112] Maes W. H, Fontaine M, Rongé K, et al. A quantitative indicator framework for stand level evaluation and monitoring of environmentally sustainable

forest management [J]. Ecological Indicators, 2011, 11 (2): 468-479.

[113] Maggino F, Ruviglioni E. Obtaining weights: from objective to subjective approaches in view of more participative methods in the construction of composite indicators [J]. Proceedings NTTS: new techniques and technologies for statistics, 2009 (1): 37-46.

[114] McCune B, Mefford M J. PC-ORD: multivariate analysis of ecological data; Version 4 for Windows [M]. MjM software design, 1999.

[115] Mekasha A, Gerard B, Tesfaye K, et al. Inter-connection between land use/land cover change and herders' /farmers' livestock feed resource management strategies: A case study from three Ethiopian eco-environments [J]. Agriculture Ecosystems and Environment, 2014 (188): 150-162.

[116] Mittal J, Kashyap A. Real estate market led land development strategies for regional economic corridors-A tale of two mega projects [J]. Habitat International, 2015 (47): 205-217.

[117] Müller D, Leitão P J, Sikor T. Comparing the determinants of cropland abandonment in Albania and Romania using boosted regression trees [J]. Agricultural Systems, 2013 (117): 66-77.

[118] Murgue C, Therond O, Leenhardt D. Toward integrated water and agricultural land management: Participatory design of agricultural landscapes [J]. Land Use Policy, 2015 (45): 52-63.

[119] Ntow W J, Gijzen H J, Kelderman P, et al. Farmer perceptions and pesticide use practices in vegetable production in Ghana [J]. Pest Management. Science, 2006, 62 (4): 356-365.

[120] Olofsson P, Foody G. M, Herold M, et al. Good practices for estimating area and assessing accuracy of land change [J]. Remote Sensing of Environment, 2014 (148): 42-57.

[121] Padgham J, Jabbour J, Dietrich K. Managing change and building resilience: A multi-stressor analysis of urban and peri-urban agriculture in Africa and Asia [J]. Urban Climate, 2015 (12): 183-204.

[122] Pan G, Xu Y, Yu Z, et al. Analysis of river health variation under the background of urbanization based on entropy weight and matter-element model: A case study in Huzhou City in the Yangtze River Delta, China [J]. Environmental Research, 2015 (139): 31-35.

[123] Pandey B, Seto K.C. Urbanization and agricultural land loss in India: Comparing satellite estimates with census data [J]. Environmental Management, 2015 (148): 53-66.

[124] Paracchini M L, Correia T P, Loupa-Ramos I, et al. Progress in indicators to assess agricultural landscape valuation: How and what is measured at different levels of governance [J]. Land Use Policy, 2015 (53): 71-85.

[125] Parcerisas L, Marull J, Pino J, et al. Land use changes landscape ecology and their socioeconomic driving forces in the Spanish Mediterranean coast [J]. Environmental Science and Policy, 2012 (23): 120-132.

[126] Park C S, Han I. A case-based reasoning with the feature weights derived by analytic hierarchy process for bankruptcy prediction [J]. Expert Systems with Applications, 2002, 23 (3): 255-264.

[127] Pesaran H H, Shin Y. Generalized impulse response analysis in linear multivariate models [J]. Economics Letters, 1998, 58 (1): 17-29.

[128] Phillips P C. Fully modified least squares and vector autoregression [J]. Econometrica, 1995, 63 (5): 1023-1078.

[129] Phimister E, Roberts D. The effect of off-farm work on the intensity of agricultural production [J]. Environment Research Economics, 2006, 34 (4): 493-515.

[130] Ping Y C. Explaining land use change in a Guangdong county: the supply side of the story [J]. The China Quarterly, 2011 (207): 626-648.

[131] Pollman C D. Mercury cycling in aquatic ecosystems and trophic state-related variables-implications from structural equation modeling [J]. Science of the total environment, 2014 (499): 62-73.

[132] Porter M E. Location, competition, and economic development: Local

clusters in a global economy [J]. Economic development quarterly, 2000, 14 (1): 15-34.

[133] Potgieter L, Van Vuuren J H, Conlong D E. The role of heterogeneous agricultural landscapes in the suppression of pest species following random walk dispersal patterns [J]. Ecological Modelling, 2015 (306): 240-246.

[134] Pribadi D.O, Pauleit S. The dynamics of peri-urban agriculture during rapid urbanization of Jabodetabek Metropolitan Area [J]. Land Use Policy, 2015 (48): 13-24.

[135] Qian Y, Weingast B R. China's transition to markets: market-preserving federalism, Chinese style [J]. The Journal of Policy Reform, 1996, 1 (2): 149-185.

[136] Qiu B, Li H, Zhou M, et al. Vulnerability of ecosystem services provisioning to urbanization: A case of China [J]. Ecological Indicators, 2015 (57): 505-513.

[137] Remor A P, Totti C C, Moreira D A, et al. Occupational exposure of farm workers to pesticides: Biochemical parameters and evaluation of genotoxicity [J]. Environment International, 2009, 35 (2): 273-278.

[138] Rempel R. Patch Analyst 4: computer software program produced by the author at Centre for Northern Forest Ecosystem Research [J]. Lakehead University Campus (http: //flash. lakeheadu. ca/rrempel/patch/download. htm), 2008 (1): 7-14.

[139] Renetzeder C, Schindler S, Peterseil J, et al. Can we measure ecological sustainability? Landscape pattern as an indicator for naturalness and land use intensity at regional national and European level [J]. Ecological Indicators, 2010, 10 (1): 39-48.

[140] Rounsevell M D A, Ewert F, Reginster I, et al. Future scenarios of European agricultural land use: II. Projecting changes in cropland and grassland [J]. Agriculture, Ecosystems & Environment, 2005, 107 (2-3): 117-135.

[141] Sabarwal A, Kumar K, Singh R P. Hazardous effects of chemical pes-

ticides on human health-Cancer and other associated disorders [J]. Environmental toxicology and pharmacology, 2018 (63): 103-114.

[142] Santibáñez-Andrade G, Castillo-Argüero S, Vega-Peña E V, et al. Structural equation modeling as a tool to develop conservation strategies using environmental indicators: The case of the forests of the Magdalena river basin in Mexico City [J]. Ecological Indicators, 2015 (54): 124-136.

[143] Shen P, You H. Assessing agricultural non-point source pollution load of Nitrogen and Phosphorus in Hangzhou, China [J]. Nature Environment and Pollution Technology, 2016, 15 (2): 683-687.

[144] Shen Z, Liao Q, Hong Q, et al. An overview of research on agricultural non-point source pollution modelling in China [J]. Separation and Purification Technology, 2012, 84 (9): 104-111.

[145] Shi X, Heerink N, Qu F. Does off-farm employment contribute to agriculture-based environmental pollution? new insights from a village-level analysis in Jiangxi province, China [J]. China Economic Review, 2011, 22 (4): 524-533.

[146] Shortle J S, Horan R D. The economics of nonpoint pollution control [J]. Journal of economic surveys, 2001, 15 (3): 255-289.

[147] Shriar A J. Agricultural intensity and its measurement in frontier regions [J]. Agroforestry Systems, 2000, 49 (3): 301-318.

[148] Siebert S, Portmann F T, Döll P. Global patterns of cropland use intensity [J]. Remote Sensing, 2010, 2 (7): 1625-1643.

[149] Sims C. A. Macroeconomics and reality [J]. Econometrica, 1980, 48 (1): 1-48.

[150] Singh A. Poor-drainage-induced salinization of agricultural lands: Management through structural measures [J]. Land Use Policy, 2019 (82): 457-463.

[151] Smith L E D, Siciliano G. A comprehensive review of constraints to improved management of fertilizers in China and mitigation of diffuse water pollu-

tion from agriculture [J]. Agriculture Ecosystems Environment, 2015 (209): 15-25.

[152] Sreeja K G, Madhusoodhanan C G, Eldho T I. Transforming river basins: Post-livelihood transition agricultural landscapes and implications for natural resource governance [J]. Journal of Environmental Management, 2015 (159): 254-263.

[153] Su S, Hu, Y, Luo, F, et al. Farmland fragmentation due to anthropogenic activity in rapidly developing region [J]. Agricultural Systems, 2014 (131): 87-93.

[154] Su S, Jiang Z, Zhang Q, et al. Transformation of agricultural landscapes under rapid urbanization: a threat to sustainability in Hang-Jia-Hu region, China [J]. Applied Geography, 2011 (31): 439-449.

[155] Su S, Li D, Hu Y, et al. Spatially non-stationary response of ecosystem service value changes to urbanization in Shanghai, China [J]. Ecological Indicators, 2014, 45 (5): 332-339.

[156] Su S, Li D, Zhang Q, et al. Temporal trend and source apportionment of water pollution in different functional zones of Qiantang River, China [J]. Water research, 2011, 45 (4): 1781-1795.

[157] Su S, Luo F, Mai G, etal. Farmland fragmentation due to anthropogenic activity in rapidly developing region [J]. Agricultural. Systems, 2014 (131): 87-93.

[158] Su S, Ma X, Xiao R. Agricultural landscape pattern changes in response to urbanization at ecoregional scale [J]. Ecological Indicators, 2014 (40): 10-18.

[159] Su S, Sun Y, Lei C, et al. Reorienting paradoxical land use policies towards coherence: A self-adaptive ensemble learning geo-simulation of tea expansion under different scenarios in subtropical China [J]. Land Use Policy, 2017 (67): 415-425.

[160] Su S, Wang Y, Luo F, et al. Peri-urban vegetated landscape pattern

changes in relation to socioeconomic development [J]. Ecological Indicators, 2014 (46): 477-486.

[161] Su S, Xiao R, Zhang, Y. Monitoring agricultural soil sealing in peri-urban areas using remote sensing [J]. Photogrammetric Engineering and Remote Sensing, 2014 (80): 367-372.

[162] Su S, Yang C, Hu Y, et al. Progressive landscape fragmentation in relation to cash crop cultivation [J]. Applied Geography, 2014 (53): 20-31.

[163] Su S, Zhang Q, Pi J, et al. Public health in linkage to land use: theoretical framework, empirical evidence, and critical implications for reconnecting health promotion to land use policy [J]. Land Use Policy, 2016 (57): 605-618.

[164] Su S, Zhou X, Wan C, et al. Land use changes to cash crop plantations: Crop types multilevel determinants and policy implications [J]. Land Use Policy, 2016 (50): 379-389.

[165] Sun B, Zhang L, Yang L, et al. Agricultural non-point source pollution in China: Causes and mitigation measures [J]. AMBIO, 2012 (41): 370-379.

[166] Sun H. Pesticide in the Mississippi River floodplain and its possible linkage to colon cancer risk in the US [J]. Toxicological & Environmental Chemistry, 2018, 100 (8-10): 794-814.

[167] Swinnen J F M, Dries L, Macours K. Transition and agricultural labor [J]. Agricultural Economic, 2015, 32 (1): 15-34.

[168] Tabachnick B G, Fidell L S, Ullman J B. Using multivariate statistics [M]. Boston, MA: Pearson, 2007.

[169] Tan F, Lu Z. Study on the interaction and relation of society economy and environment based on PCA-VAR model: As a case study of the Bohai Rim region China [J]. Ecological Indicators, 2015 (48): 31-40.

[170] Tan R, Beckmann V, van den Berg L, et al. Governing farmland conversion: Comparing China with the Netherlands and Germany [J]. Land Use

Policy, 2009, 26 (4): 961-974.

[171] Tao R, Su F, Liu M, et al. Land leasing and local public finance in China's regional development: Evidence from prefecture level cities [J]. Urban Studies, 2010 (47): 2217-2236.

[172] ter Braak C J F, Smilauer P. CANOCO Reference Manual and Canodraw for Windows User's Guide: Software for Canonical Community Ordination (Version 4.5) [R]. Microcomputer Power, 2002.

[173] Tian G, Liu J, Xie Y, et al. Analysis of spatio-temporal dynamic pattern and driving forces of urban land in China in 1990s using TM images and GIS [J]. Cities, 2005, 22 (6): 400-410.

[174] Tone K. A slacks-based measure of efficiency in data envelopment analysis [J]. European Journal of Operational Research, 2001, 130 (3): 498-509.

[175] Tsiafouli M A, Thébault E, Sgardelis S P, et al. Intensive agriculture reduces soil biodiversity across Europe [J]. Global. Chang Biology, 2015, 21 (2): 973-85.

[176] Turner B L, Doolittle W. E. The concept and measure of agricultural intensity [J]. Professional Geographer, 1978, 30 (3): 297-301.

[177] Udry C. Gender agricultural production and the theory of the household [J]. Political Economy, 1996 (104): 1010-1046.

[178] Valcke M, Bourgault M H, Rochette L, et al. Human health risk assessment on the consumption of fruits and vegetables containing residual pesticides: A cancer and non-cancer risk/benefit perspective [J]. Environment international, 2017 (108): 63-74.

[179] Valipour M, Ziatabar Ahmadi M, Raeini-Sarjaz M, et al. Agricultural water management in the world during past half century [J]. Archives of Agronomy and Soil Science, 2015, 61 (5): 657-678.

[180] Valipour M. Future of agricultural water management in Africa [J]. Archives of Agronomy and Soil Science, 2015, 61 (7): 907-927.

[181] Vatsa D K, Saraswat D C. Agricultural mechanization in hills of Hi-

machal Pradesh-A case study [J]. Agricultural Mechanization, 2003, 34 (1): 66-72.

[182] Wan C, Su S. Neighborhood housing deprivation and public health: Theoretical linkage, empirical evidence, and implications for urban planning [J]. Habitat International, 2016 (57): 11-23.

[183] Wang J, Chen G, Christie P, et al. Occurrence and risk assessment of phthalate esters (PAEs) in vegetables and soils of suburban plastic film greenhouses [J]. The Science of the Total Environment, 2015 (523): 129-137.

[184] Ward M H, Jones R R, Brender J D, et al. Drinking water nitrate and human health: An updated review [J]. International journal of environmental research and public health, 2018, 15 (7): 1557.

[185] Wei Y D, Leung C K. Development zones, foreign investment, and global city formation in Shanghai [J]. Growth and Change, 2005 (36): 16-40.

[186] Wei Y H D. Restructuring for growth in urban China: transitional institutions, urban development, and spatial transformation [J]. Habitat International, 2012, 36 (3): 396-405.

[187] Weng M, Pi J, Tan B, et al. Area deprivation and liver cancer prevalence in Shenzhen, China: A spatial approach based on social indicators [J]. Social. Indicators. Research, 2017, 133 (1): 317-332.

[188] West T O, Marland G. A synthesis of carbon sequestration, carbon emissions, and net carbon flux in agriculture: comparing tillage practices in the United States [J]. Agriculture, Ecosystems & Environment, 2002, 91 (1): 217-232.

[189] Wu H X, Meng X. Do Chinese farmers reinvest in grain production? [J]. China Economic Review, 1997, 7 (2): 123-134.

[190] Wu Y, Xi X, Tang X, et al. Policy distortions, farm size, and the overuse of agricultural chemicals in China [J]. Proceedings National Academy of Sciences, 2018, 115 (27): 7010-7015.

[191] Wu Y. Chemical fertilizer use efficiency and its determinants in China's

farming sector [J]. China Agricultural Economic Review, 2011, 3 (2): 117-130.

[192] Xiao R, Su S, Mai G, et al. Quantifying determinants of cash crop expansion and their relative effects using logistic regression modeling and variance partitioning [J]. International journal of applied earth observation and geoinformation, 2015 (34): 258-263.

[193] Xie H, Cheng L, Lu H. Farmers' responses to the winter wheat fallow policy in the groundwater funnel area of China [J]. Land Use Policy, 2018 (73): 195-204.

[194] Xie H, He Y, Zou J, et al. Spatio-temporal difference analysis of cultivated land use intensity based on emergy in the Poyang lake eco-economic zone of China [J]. Geographical Sciences, 2016, 26 (10): 1412-1430.

[195] Xie H, Liu G. Spatiotemporal differences and influencing factors of multiple cropping index in China during 1998-2012 [J]. Geographer Science, 2015, 25 (11): 1283-1297.

[196] Xie H, Wang W, Zhang X. Evolutionary game and simulation of management strategies of fallow cultivated land: a case study in Hunan province, China [J]. Land Use Policy, 2018 (71): 86-97.

[197] Xie Y, Mei Y, Tian G, et al. Socio-economic driving forces of arable land conversion: A case study of Wuxian City China [J]. Global Environmental Change, 2005 (15): 238-252.

[198] Xin L, Li X, Tan M. Temporal and regional variations of China's fertilizer consumption by crops during 1998-2008 [J]. Journal of Geographical Sciences, 2012, 22 (4): 643-652.

[199] Xu B, Lin B. Carbon dioxide emissions reduction in China's transport sector: A dynamic VAR (vector auto regression) approach [J]. Energy, 2015 (83): 486-495.

[200] Xu J, Grumbine R E, Beckschäfer P. Landscape transformation through the use of ecological and socioeconomic indicators in Xishuangbanna, Southwest China, Mekong Region [J]. Ecological Indicators, 2014 (36): 749-

756.

[201] Yang G, Hao X, Li C, et al. Effect of land use on soil Phosphorus sorption-desorption under intensive agricultural practices in plastic-film greenhouses [J]. Pedosphere, 2014, 24 (3): 367-377.

[202] Yang X, Wang F, Meng L, et al. Farmer and retailer knowledge and awareness of the risks from pesticide use: A case study in the Wei River catchment China [J]. Science Total Environment, 2014 (497): 172-179.

[203] You H, Hu X, Wu Y, et al. Farmland use intensity changes in response to rural transition in Zhejiang province, China [J]. Land Use Policy, 2018 (1): 350-361.

[204] You H, Zhang X. Ecoefficiency of intensive agricultural production and its influencing factors in China: An application of Dea-Tobit analysis [J]. Discrete Dynamics in Nature and Society, 2016 (1): 7-14.

[205] You H. Agricultural landscape dynamics in response to economic transition: comparisons between different spatial planning zones in Ningbo region, China [J]. Land Use Policy, 2017 (61): 316-328.

[206] You H. Impact of urbanization on pollution-related agricultural input intensity in Hubei, China [J]. Ecological Indicators, 2016 (62): 249-258.

[207] You H. Quantifying megacity growth in response to economic transition: a case of Shanghai, China[J]. Habitat International, 2016 (53): 115-122.

[208] You H. Quantifying the coordinated degree of urbanization in Shanghai, China [J]. Quality and Quantity, 2016, 50 (3): 1273-1283.

[209] Zeković S, Vujošević M, Maričić T. Spatial regularization planning instruments and urban land market in a post-socialist society: The case of Belgrade [J]. Habitat International, 2015 (48): 65-78.

[210] Zhang C, Lin Y. Panel estimation for urbanization energy consumption and CO_2 emissions: A regional analysis in China [J]. Energy Policy, 2012 (49): 488-498.

[211] Zhang W, Li H, Sun D, et al. A statistical assessment of the impact

of agricultural land use intensity on regional surface water quality at multiple scales [J]. Environment Resesrch and Public Health, 2012, 9 (11): 4170-4186.

[212] Zhang W, Li H. Characterizing and assessing the agricultural land use intensity of the Beijing mountainous region [J]. Sustainability, 2016, 8 (11): 1180

[213] Zhang X P, Cheng X M. Energy consumption carbon emissions and e-conomic growth in China[J]. Ecological Economics, 2009, 68 (10): 2706-2712.

[214] Zhang X, Mount T D, Boisvert R N. Industrialization, urbanization and land use in China [J]. Journal of Chinese Economic and Business Studies, 2004, 2 (3): 207-224.

[215] Zhang Y, Wang T, Cai C, et al. Landscape pattern and transition under natural and anthropogenic disturbance in an arid region of northwestern China [J]. Earth Observation and Geoinformation, 2016 (44): 1-10.

[216] Zhao X, Lynch Jr, J G, et al. Reconsidering Baron and Kenny: Myths and truths about mediation analysis [J]. Journal of Consumer Research, 2010 (37): 197-206.

[217] Zheng L, Qunhui H Tie L, Weifu Z. The process and problems of in-dustrialization and urbanization in China: the status of the tenth five-year plan and recommendations for the Eleventh Five-year Plan [J]. Chinese. Economy, 2007, 40 (1): 6-30.

[218] Zhong T, Chen Y, Huang X. Impact of land revenue on the urban land growth toward decreasing population density in Jiangsu province, China [J]. Habitat International, 2016 (58): 34-41.

[219] Zhong T, Qian Z, Huang X, et al. Impact of the top-down quota-oriented farmland preservation planning on the change of urban land-use intensity in China [J]. Habitat International, 2018 (77): 71-79.

[220] Zhong T, Xue D, Zhao L, et al. Concentration of heavy metals in vegetables and potential health risk assessment in China [J]. Environmental Geo-chemistry and Health, 2018b, 40 (1): 313-322.

［221］ Zhou M, Cai Y, Guan X, et al. A hybrid inexact optimization model for land-use allocation of China [J]. Chinese Geographical Science, 2015a, 25 (1): 62-73.

［222］ Zhou M, Tan S, Tao Y, et al. Neighborhood socioeconomics, food environment and land use determinants of public health: Isolating the relative importance for essential policy insights [J]. Land Use Policy, 2017 (68): 246-253.

［223］ Zhou M, Tan S, Zhang L. Influences of different land use spatial control schemes on farmland conversion and urban development [J]. Plos one, 2015b, 10 (4): 7-14.

［224］ 白玲玉，曾希柏，李莲芳，等. 不同农业利用方式对土壤重金属累积的影响及原因分析［J］. 中国农业科学，2010（1）：96-104.

［225］ 白仁华. 亚硝胺类和亚硝酰胺类在胃肠道癌瘤病因学上的意义［J］. 天津医药肿瘤学附刊，1978（2）：84-85.

［226］ 包群，邵敏. 外资进入与所有制约束下的劳动力价格差异［J］. 国际贸易问题，2009（7）：97-105.

［227］ 包宗顺，徐志明，高珊，等. 农村土地流转的区域差异与影响因素——以江苏省为例［J］. 中国农村经济，2009（4）：23-30.

［228］ 鲍静，张士云. 粮食作物规模经营对化肥使用量的影响——以安徽省 11 个县 198 户小麦种植农户为例［J］. 沈阳农业大学学报（社会科学版），2019，21（2）：141-146.

［229］ 卞亦文. 基于 DEA 的环保政策下投入及产出拥挤分析［J］. 统计与决策，2009（18）：69-71.

［230］ 蔡为民，吴云青，刘瑶，等. 农地流转与城镇化的互动关系和耦合协调性研究——基于中国 2000~2014 年的时间序列数据［J］. 干旱区资源与环境，2017，31（5）：33-38.

［231］ 蔡运龙. 中国农村转型与耕地保护机制［J］. 地理科学，2001（1）：1-6.

［232］ 曹志宏，梁流涛，郝晋珉，黄淮海地区农用地利用集约度及其时空分布［J］. 资源科学，2009，31（10）：1779-1786.

[233] 曾贤刚. 中国区域环境效率及其影响因素 [J]. 经济理论与经济管理，2011（10）：103-110.

[234] 陈广生，田汉勤. 土地利用/覆盖变化对陆地生态系统碳循环的影响 [J]. 植物生态学报，2007（2）：189-204.

[235] 陈明星，陆大道，张华. 中国城市化水平的综合测度及其动力因子分析 [J]. 地理学报，2009，64（4）：387-398.

[236] 陈瑞，郑毓煌，刘文静. 中介效应分析：原理、程序、Bootstrap 方法及应用 [J]. 营销科学学报，2013（4）：120-135.

[237] 陈水英，毕如田，曹毅，等. 忻州市农用地集约利用时空变化分析 [J]. 中国农业资源与区划，2013，34（1）：103-108.

[238] 陈伟，吴群. 考虑耕地质量差异影响的江苏省耕地集约利用评价 [J]. 农业工程学报，2013，29（15）：244-253.

[239] 程相友，信桂新，陈荣蓉，等. 农地流转对农业生态系统的影响 [J]. 中国生态农业学报，2016，24（3）：335-344.

[240] 仇焕广，栾昊，李瑾，等. 风险规避对农户化肥过量施用行为的影响 [J]. 中国农村经济，2014（3）：85-96.

[241] 邓楚雄，谢炳庚，李晓青，等. 基于投影寻踪法的长株潭城市群地区耕地集约利用评价 [J]. 地理研究，2013（11）：2000-2008.

[242] 邓楚雄，谢炳庚，李晓青，等. 长沙市耕地集约利用时空变化分析 [J]. 农业工程学报，2012，28（1）：230-237.

[243] 邓绍坡，骆永明，宋静，等. 典型地区多介质环境中多氯联苯、镉致癌风险评估 [J]. 土壤学报，2011，48（4）：731-742.

[244] 丁敬磊，刘光远，赵美平. 农地流转、劳动力转移及城镇化耦合协调度研究——基于城乡统筹发展的视角 [J].中国农业资源与区划，2016，37（2）：37-44.

[245] 董秀茹，王秋兵，石水莲. 农用地集约利用评价指标体系的建立 [J]. 土壤通报，2008，39（2）：209-213.

[246] 杜国明，刘彦随，黑龙江省耕地集约利用评价及分区研究 [J]. 资源科学，2013，35（3）：554-560.

［247］杜辉，胡振虎. 中国农村人口转移、农业国际竞争与惠农政策调整［J］. 农业经济，2017（11）：6-12.

［248］杜习乐，吕昌河，王海荣. 土地利用/覆被变化（LUCC）的环境效应研究进展［J］. 土壤，2011，43（3）：350-360.

［249］樊纲，王小鲁，马光荣. 中国市场化进程对经济增长的贡献［J］. 经济研究，2011，46（9）：4-16.

［250］范允舟，明星，王玮玮，等. 中国消化道癌症与饮水相关危险因素Meta 分析［J］. 现代预防医学，2013，40（11）：7-8.

［251］傅潇霞，程虹湘. 萧山生态循环农业发展现状及对策［J］. 杭州农业与科技，2011（2）：11-13.

［252］官卫华，刘正平，周一鸣. 城市总体规划中城市规划区和中心城区的划定［J］. 城市规划，2013，37（9）：81-87.

［253］韩德官，廖和平，杨伟，等. 基于回归分析的重庆市长寿区城镇化进程中的耕地保护问题研究［J］. 中国农学通报，2014，30（8）：150-155.

［254］何凌云，黄季焜. 土地使用权的稳定性与肥料使用——广东省的实证研究［J］. 中国农村观察，2005（1）：42-48.

［255］贺三维，潘鹏，诸云强，等. 农用地集约利用评价的新模型研究［J］. 自然资源学报，2012（3）：460-467.

［256］洪银兴. 中国经济转型和转型经济学［J］. 经济学动态，2006（7）：26-31.

［257］花晓波，阎建忠，王琦，等. 大渡河上游河谷与半山区耕地利用集约度及影响因素的对比分析［J］. 农业工程学报，2013（20）：234-244.

［258］黄宝荣，张慧智，王学志. 城市扩张对北京市城乡结合部自然和农业景观的影响——以昌平区三镇为例［J］. 生态学报，2014，34（22）：56-58.

［259］黄祖辉，米松华. 农业碳足迹研究［J］. 农业经济问题，2011（11）：40-47.

［260］江海燕，周春山，肖荣波. 广州公园绿地的空间差异及社会公平研究［J］. 城市规划，2010，34（4）：43-48.

［261］蒋震. 土地财政问题再思考——“消费补贴投资”的工业化和城镇

化发展模式 [J]. 经济理论与经济管理，2014 (8)：20-30.

[262] 焦红凯. 环境与疾病——食管癌高发区林州市的相关历史地理研究 [D]. 青海师范大学博士学位论文，2016.

[263] 柯武刚，史漫飞. 制度经济学：社会秩序与公共政策 [M]. 北京：商务印书馆，2003.

[264] 柯新利，马才学. 城镇化对耕地集约利用影响的典型相关分析及其政策启示 [J]. 中国土地科学，2013 (11)：4-10.

[265] 孔祥斌，李翠珍，张凤荣，等. 基于农户土地利用目标差异的农用地利用变化机制研究 [J]. 中国农业大学学报，2010，15 (4)：57-64.

[266] 孔祥斌，张凤荣. 中国农户土地利用阶段差异及其对粮食生产和生态的影响 [J]. 地理科学进展，2008 (2)：112-120.

[267] 孔祥伦，李云龙，韩美，等. 1986~2016 年黄河三角洲土地利用/覆被变化及景观格局分析 [J]. 西南林业大学学报（自然科学版），2020，40 (4)：122-131.

[268] 匡远配，陆钰凤. 农地流转实现农业、农民和农村的同步转型了吗 [J]. 农业经济问题，2016 (11)：4-14.

[269] 李波，张俊飚. 基于我国农地利用方式变化的碳效应特征与空间差异研究 [J]. 经济地理，2012，32 (7)：135-140.

[270] 李芳，冯淑怡，曲福田. 发达国家化肥减量政策的适用性分析及启示 [J]. 农业资源与环境学报，2017，34 (1)：15-23.

[271] 李俊杰. 民族地区农地利用碳排放测算及影响因素研究 [J]. 中国人口·资源与环境，2012 (22)：42-47.

[272] 李昕，文婧，林坚. 土地城镇化及相关问题研究综述 [J]. 农业经济，2012 (8)：1042-1049.

[273] 李颖，黄贤金，甄峰. 江苏省区域不同土地利用方式的碳排放效应分析 [J]. 农业经济，2008 (S2)：102-107.

[274] 梁金修. 推进农业用地土地流转——江苏省泰州市黄桥镇双桥村调查 [J]. 宏观经济管理，2011 (12)：55-56.

[275] 梁龙，吴文良，郭岩彬，等. 华北地区农田潜在生态毒性评估与农

业可持续发展——以山东桓台县冬小麦—夏玉米轮作系统为例［J］. 农业环境与发展，2011（4）：94-99.

［276］梁青青. 我国农地资源利用的碳排放测算及驱动因素实证分析［J］. 软科学，2017（1）：81-84.

［277］梁索原，曹玉，陈志峰，等. 磁县食管癌高发区农村饮用水中“三氮”含量的调查研究［J］. 中华肿瘤防治杂志，2012，19（9）：649-651.

［278］林英彦. 土地经济学通论（第五版）［M］. 台湾：文笙书局股份有限公司，1999.

［279］刘宏静. 云南省宣威市癌症高发区土壤和农作物多环芳烃污染状况研究［D］. 云南大学博士学位论文，2008.

［280］刘奇. 农村社会转型与“三农”政策取向［J］. 中国农村经济，2007（4）：4-11.

［281］刘少杰. 当代中国社会转型的实质与缺失［J］. 学习与探索，2014（9）：33-39.

［282］刘守英. 土地制度变革与经济结构转型——对中国 40 年发展经验的一个经济解释［J］. 中国土地科学，2018，32（1）：1-10.

［283］刘欣璐，刘起展. 自噬与氧化应激在砷致癌作用中的研究进展［J］. 中华地方病学杂志，2016，35（1）：67-70.

［284］刘新辉，刘剑峰，李月凯. 癌症患者家属对肿瘤防治知识认知程度调查分析［J］. 实用医药杂志，2017（1）：60-61.

［285］龙花楼. 论土地利用转型与乡村转型发展［J］. 地理科学进展，2012，31（2）：131-138.

［286］龙云，任力. 农地流转对农业面源污染的影响——基于农户行为视角［J］. 经济学家，2016（8）：81-87.

［287］陆大道，陈明星. 关于“国家新型城镇化规划（2014~2020）”编制大背景的几点认识［J］. 地理学报，2015，70（2）：179-185.

［288］栾江，李婷婷，马凯. 劳动力转移对中国农业化肥面源污染的影响研究［J］. 世界农业，2016（2）：63-69.

［289］罗必良，仇童伟. 中国农业种植结构调整：“非粮化”抑或“趋粮

化”［J］. 社会科学战线，2018（2）：39-51.

［290］罗向明，张伟，谭莹. 政策性农业保险的环境效应与绿色补贴模式［J］. 农村经济，2016（11）：13-21.

［291］罗小娟，冯淑怡，Reidsma Pytrik，等. 基于农户生物—经济模型的农业与环境政策响应模拟——以太湖流域为例［J］. 中国农村经济，2013（11）：72-85.

［292］骆永明等. 土壤污染毒性、基准与风险管理［M］. 北京：科学出版社，2016.

［293］马文军，人伟，易倩. 产业安全研究——理论、方法与实证［M］. 北京：中国社会科学出版社，2018.

［294］闵继胜，孔祥智. 我国农业面源污染问题的研究进展［J］. 华中农业大学学报（社会科学版），2016（2）：59-66.

［295］倪超，杨胜天. 黑龙江省耕地集约利用评价及障碍因素诊断［J］. 干旱区资源与环境，2014，28（12）：32-37.

［296］牛晓春，杜忠潮，李同昇. 基于新型城镇化视角的区域城镇化水平评价——以陕西省 10 个省辖市为例［J］. 干旱区地理，2013，36（2）：354-363.

［297］牛毓君，师学义，王立芹，等. 基于模糊综合评价模型的农用地集约利用研究［J］. 国土与自然资源研究，2013（2）：17-20.

［298］欧维新，连鹏，逄谦. 基于水污染总量控制的土地利用管控分区——以无锡市为例［J］. 自然资源学报，2014，29（1）：1-12.

［299］戚晓鹏，计伟，任红艳，等. 淮河流域上消化道肿瘤与环境污染的模型分析［J］. 地球信息科学学报，2012，14（4）：432-441.

［300］乔家君，吴娜琳，李德洗. 河南省农田利用集约度时空变化及其影响环境［J］. 地理研究，2012，31（9）：1598-1610.

［301］邱斐斐. 饮用水中亚硝胺和微囊藻毒素联合作用与食管癌的关系研究［D］. 东南大学博士学位论文，2016.

［302］裘国兴. 城市化进程中萧山现代农业发展的重点、模式和对策研究［J］. 新农村，2010（9）：16-17.

［303］曲福田，冯淑怡，俞红. 土地价格及分配关系与农地非农化经济机制研究——以经济发达地区为例［J］. 中国农村经济，2001（12）：54-60.

［304］曲福田，卢娜，冯淑怡. 土地利用变化对碳排放的影响［J］. 中国人口·资源与环境，2011（10）：76-83.

［305］任琛琛. 农地规模化的效应及其影响因素［D］. 浙江大学博士学位论文，2019.

［306］阮弋飞，邬奇峰，张丹，等. 临安市主要农地土壤酸化特征及其改良技术探讨［J］. 农学学报，2016，6（3）：21-26.

［307］宋章建，曹宇，谭永忠，等. 土地利用/覆被变化与景观服务：评估、制图与模拟［J］. 应用生态学报，2015，26（5）：1594-1600.

［308］苏敏. 转入农地规模及经营权稳定性对农户化肥投入的影响［D］. 南京农业大学博士学位论文，2017.

［309］苏胜齐，王正银，李会合，等. 几种化学物质配施对小白菜硝酸盐和营养品质的影响［J］. 植物营养与肥料学报，2004，10（4）：407-412.

［310］孙芹芹，黄金良，洪华生，等. 九龙江流域城镇建设用地与河流水质关系研究［J］. 环境科学，2011，32（10）：2849-2854.

［311］孙雄燕. 滇池流域土地利用对水体污染影响研究［J］. 生态经济，2017，33（5）：171-174.

［312］谭永忠，何巨，岳文泽，等. 全国第二次土地调查前后中国耕地面积变化的空间格局［J］. 自然资源学报，2017，32（2）：186-197.

［313］汤茜，丁圣彦. 多功能农业景观：内涵、进展与研究范式［J］. 生态学报，2020，40（13）：4689-4697.

［314］田云，李波，张俊飙，等. 我国农地利用碳排放的阶段特征及因素分解研究［J］. 中国地质大学学报（社会科学版），2011，11（1）：59-63.

［315］田云，张俊飙，李波. 湖北省农地利用碳排放时空特征与脱钩弹性研究［J］. 长江流域资源与环境，2012，21（12）：1514-1519.

［316］王帆宇，朱炳元. 社会转型的实质与当代中国视野［J］. 江苏社会科学，2014（3）：134-141.

［317］王立东. 食管癌环境和遗传危险因素交互作用的分子基础和精准预

防［J］. 中国肿瘤临床，2016（43）：515-520.

［318］王谦，文军. 社会转型与当代转型社会学研究的理论脉络［J］. 江海学刊，2019（3）：110-118.

［319］王倩. 粮食主产区农户农地流转行为及影响研究［D］. 西北农林科技大学博士学位论文，2019.

［320］王珊珊，张广胜. 非农就业对农户碳排放行为的影响研究——来自辽宁省辽中县的证据［J］. 资源科学，2013（9）：1855-1862.

［321］王图展，周应恒，胡浩. 农户兼业化过程中的“兼业效应”、“收入效应”［J］. 江海学刊，2005（3）：70-75.

［322］王向东，龚健.“多规合一”视角下的中国规划体系重构［J］. 城市规划学刊，2016（2）：88-95.

［323］王新越，秦素贞，吴宁宁. 新型城镇化的内涵、测度及其区域差异研究［J］. 地域研究与开发，2014，33（4）：69-75.

［324］王秀圆，阎建忠. 山区农户耕地利用集约度及其影响因素——以重庆市 12 个典型村为例［J］. 地理研究，2015（5）：895-908.

［325］魏玲霞，周轶慧，王莹，等. 淀山湖水生生物中有机氯化合物的浓度与富集特征［J］. 长江流域资源与环境，2015，24（1）：128-134.

［326］温忠麟，叶宝娟. 中介效应分析：方法和模型发展［J］. 心理科学进展，2014（5）：731-745.

［327］温忠麟，张雷，侯杰泰，等. 中介效应检验程序及应用［J］. 心理学报，2004（5）：614-620.

［328］吴波. 安徽城镇化下“倒逼”农地流转机制研究［J］. 中国农村科技，2011（8）：46-49.

［329］吴次芳，叶艳妹，汪晖. 我国国有土地使用制度改革的回顾与思考［J］. 中国软科学，1996（1）：56-59.

［330］吴郁玲，顾湘，周勇. 农户视角下湖北省耕地集约利用影响因素分析［J］. 中国土地科学，2012，26（2）：50-55.

［331］伍芬琳，李琳，张海林，等. 保护性耕作对农田生态系统净碳释放量的影响［J］. 生态学杂志，2007，26（12）：2035-2039.

［332］武春桃. 城镇化对中国农业碳排放的影响——省际数据的实证研究［J］. 经济经纬，2015（1）：12–18.

［333］夏玉莲，曾福生. 农村土地流转、生态效应与区域差异——基本中国 31 个省份面板数据的实证分析［J］. 山东农业大学学报（社会科学版），2013，15（3）：40–46.

［334］夏玉莲，匡远配，曾福生. 农地流转、区域差异与效率协调［J］. 经济学家，2016（3）：87–95.

［335］谢梦，武爱文. 环境污染物与消化道肿瘤［J］. 世界复合医学，2015（2）：168–174.

［336］谢天，濮励杰，张晶，等. 基于 PSR 模型的城乡交错带土地集约利用评价研究——以南京市栖霞区为例［J］.长江流域资源与环境，2013，22（3）：279–284.

［337］辛良杰，李鹏辉，李秀彬，等. 黑河中游绿洲区地膜残留特征及农户行为分析［J］. 自然资源学报，2016（8）：1310–1321.

［338］徐致祥，谭家驹，陈凤兰，等. 农家肥料污染水源诱发鸡咽食管癌胃癌和肝癌［J］. 中华肿瘤杂志，2003，25（4）：344–347.

［339］许岸高，姜泊，钟旭辉，等. 广东地区近 20 年大肠癌临床特征的变化趋势［J］. 中华医学杂志，2006，86（4）：272–275.

［340］许宁，董梦萌，王媛媛，等. 我国某河流域肿瘤高发地区消化道肿瘤死亡率环境影响因素流行病学研究［J］. 经济研究，2015，5（2）：106–110.

［341］阎建忠，卓仁贵，谢德体，等. 不同生计类型农户的土地利用——三峡库区典型村的实证研究［J］. 地理学报，2010，65（11）：1401–1410.

［342］颜丙金，石培基. 甘肃省耕地集约利用及其驱动力研究［J］. 中国农学通报，2011，27（33）：108–113.

［343］燕群，徐建华，陈公德. 中国农用地集约度与农业气候适宜度的空间关系研究［J］. 生态科学，2008（2）：107–113.

［344］杨钧. 中国农业碳排放的地区差异和影响因素分析［J］. 河南农业大学学报，2012，46（3）：336–342.

［345］杨开忠，陶然，刘明兴. 解除管制、分权与中国经济转轨［J］. 中

国社会科学，2003（3）：4-17，205.

［346］杨忍，刘彦随，郭丽英，等. 环渤海地区农村空心化程度与耕地利用集约度的时空变化及其耦合关系［J］. 地理科学进展，2013，32（2）：181-190.

［347］杨文静，董梦萌，窦燕生，等. 基于决策树的消化道肿瘤环境影响因素流行病学研究［J］. 环境与健康杂志，2016，33（9）：804-807.

［348］杨晓忠，施桂兰. 加强健康教育 提高人群“健商”［J］. 中国初级卫生保健，2002，16（9）：61-62.

［349］杨志清. 农药污染对农业劳动者健康的危害［J］. 中国农学通报，2006（1）：331-334.

［350］姚士谋，张平宇，余成，等. 中国新型城镇化理论与实践问题［J］. 地理科学，2014，34（6）：641-647.

［351］姚洋. 非农就业结构与土地租赁市场的发育［J］. 中国农村观察，1999（2）：3-5.

［352］姚洋. 农地制度与农业绩效的实证研究［J］. 中国农村观察，1998（6）：1-10.

［353］姚洋. 中国农地制度：一个分析框架［J］. 中国社会科学，2000（2）：54-65.

［354］叶剑平，蒋妍，丰雷. 中国农村土地流转市场的调查研究［J］. 中国农村观察，2006（4）：48-55.

［355］应杏秋，洪萍，李峰，等. 萧山区市售蔬菜瓜果农药残留现状调查［J］. 浙江预防医学，2009（2）：33-34.

［356］于伯华，吕昌河. 城市边缘区耕地面积变化时空特征及其驱动机制——以北京市顺义区为例［J］. 地理科学，2008（3）：348-353.

［357］于宏杰. 江苏省扬中市食管鳞癌肿瘤相关基因的基因型和表型研究［D］. 复旦大学博士学位论文，2009.

［358］余水军，金琼. 2013 年萧山农业发展呈四大特点［J］. 杭州农业与科技，2013（3）：7-8.

［359］袁承程，刘黎明，任国平，等. 农地流转对洞庭湖区水稻产量与氮

素污染的影响［J］. 农业工程学报，2016，32（17）：182-190.

［360］袁东波，陈美球. 基于农药化肥使用视角分析不同兼业类型农户耕地质量保护行为［J］. 浙江农业科学，2018，59（2）：310-314.

［361］袁艺，谢锋，史培军. 快速城市化过程中城镇用地与农业用地的景观斑块特征研究——以深圳市为例［J］. 北京师范大学学报（自然科学版），2003（6）：835-842.

［362］张艾理. 萧山区积极发展低碳农业［J］. 杭州农业与科技，2010（3）：48-48.

［363］张高峰，凌云杉，刘仲. 济南市平阴县饮用水中重金属，亚硝酸盐与食管癌的关系研究［J］. 预防医学论坛，2017，23（9）：706-709.

［364］张建君. 经济转型与中国的转型经济学［J］. 甘肃理论学刊，2008（5）：101-105.

［365］张军. 淮河流域沈丘县上消化道癌症环境流行病学研究［D］. 中国疾病预防控制中心博士学位论文，2010.

［366］张琳，张凤荣，安萍莉，等. 不同经济发展水平下的耕地利用集约度及其变化规律比较研究［J］. 农业工程学报，2008，24（1）：108-112.

［367］张平. 延吉市居住空间演变研究［D］. 延边大学博士学位论文，2014.

［368］张清海，林绍霞，林昌虎. 贵州农业非点源污染土壤重金属含量特征及区域差异性研究［J］. 中国环境监测，2011，27（1）：88-91.

［369］张桃林，李忠佩，王兴祥. 高度集约农业利用导致的土壤退化及其生态环境效应［J］. 土壤学报，2006（5）：843-850.

［370］张悟民，徐福强. 农业环境污染与人类疾病的关系［J］. 环境保护，1997（6）：46-47.

［371］张小洁，张忠潮. 土地规模化经营对农业碳排放的影响机制［J］. 广东农业科学，2012（20）：176-179.

［372］张新焕，杨德刚，王昌燕，等. 基于地块尺度的耕地集约利用与环境压力关系——以塔里木河流域 780 个地块为例［J］. 中国生态农业学报，2012，20（5）：635-642.

[373] 张雪，李珊，刘蕊. 南阳地区食管癌诱发危险因素及防治知识认知调查 [J]. 社区医学杂志，2018 (1)：31-32.

[374] 赵亮，龚健，王文婷，等. 基于灰色概率模型的耕地集约利用评价——以湖北省为例 [J]. 水土保持研究，2014 (4)：263-267.

[375] 郑杭生. 改革开放三十年：社会发展理论和社会转型理论 [J]. 中国社会科学，2009 (2)：10-19，204.

[376] 郑建明，程湘虹，莫锋. 萧山区农业面源污染治理情况存在问题及对策 [J]. 杭州农业与科技，2009 (4)：20-22.

[377] 智静，高吉喜，中国城乡居民食品消费碳排放对比分析 [J]. 地理科学进展，2009 (5)：429-434.

[378] 周青，黄贤金，濮励杰，等. 区域农地利用变化强度及其驱动机制研究——以原锡山市为例 [J]. 长江流域资源与环境，2003，12 (6)：535-540.

[379] 周鑫鑫. 设施农业肥料高投入对土壤环境次生盐渍化的影响研究 [D]. 东华大学博士学位论文，2013.

[380] 朱会义，李秀彬，辛良杰. 现阶段我国耕地利用集约度变化及其政策启示 [J]. 自然资源学报，2007 (6)：907-915.

[381] 朱莉芬，黄季焜. 城镇化对耕地影响的研究 [J]. 经济研究，2007 (2)：137-145.

[382] 朱天明，杨桂山，姚士谋，等. 农用地集约利用与农产品消费市场可达性关系研究 [J]. 人文地理，2010 (3)：84-89.

[383] 诸培新，苏敏，颜杰. 转入农地经营规模及稳定性对农户化肥投入的影响——以江苏四县 (市) 水稻生产为例 [J]. 南京农业大学学报 (社会科学版)，2017，17 (4)：85-94.

[384] 邹伟，张晓媛. 土地经营规模对化肥使用效率的影响——以江苏省为例 [J]. 资源科学，2019，41 (7)：1240-1249.

后 记

始于20世纪70年代末的中国改革开放，给中国带来了影响深远的社会经济转型。中国逐步从高度集中的计划经济体制向市场经济体制转型；从农业的、乡村的、封闭的传统社会向工业的、城镇的、开放的现代社会转型。我们身边无数千差万别的农地使用者，依靠自己的行为逻辑和自身禀赋，通过利用土地这一最基本的生产要素创造着财富，维系着国家的农业生产。但是在宏观转型的时代背景下，微观农地利用影响因素并不能摆脱宏观转型的影响。例如当前诸如引起广泛关注的大面积的“农地非农化”、“农地非粮化”、“农地非食物化”，在诸如农地使用者特征等微观农地利用影响因素背后，也容易观察到宏观转型中社会经济变化带来的诱导作用。我撰写本书的原因，主要是想探究除了传统研究中涉及较多的农地利用变化的微观影响因素之外，农地利用发生数量与结构的改变是否蕴含着难以抗拒的宏观转型带来的诱导作用；在此作用下农地利用发生演变过程中对环境具有怎样的影响；由此带来的对人的生存影响（健康）如何。从而我希望我的研究有助于寻找到一个问题的答案：是否应该为转型期土地利用寻找更加理想的价值取向？在农地利用中，除了人类孜孜以求的经济产出外，是否应该同时关注土地利用环境效应与对人的公平？沿着这个研究思路，经过多年的研究，本书作为一个阶段性成果对前面一个阶段的积累进行了总结与呈现。

本书的研究中先后得到了国家自然科学基金面上项目（71874151）、教育部人文社会科学研究规划基金项目（18YJA630134）、浙江省哲学社会科学规划课题（20NDJC127YB）等基金项目的支持。本书第四章“农地利用的景观变化”中遥感数据的分析得到了武汉大学城镇化研究室的帮助。本书第七章“农地利用碳排放的城镇化影响”和第八章“农地利用对健康的影响”中的中介效应分析与状态空间模型估计由我指导的研究生胡晓炜和吴沈燕完成。在此一一致谢！

在本书即将付梓面世之际，特别要感谢浙江大学土地与国家发展研究院院长吴次芳教授在百忙之中为本书作序。吴次芳教授也是我的博士生导师，从学习他的早期著作《土地生态学》开始，本书的整个研究思路起源于博士求学期间关注土地利用的碳排放问题，并逐步演变到关注“社会经济转型—土地利用—环境影响”这一更加复杂的交叉学科问题。这种分析思路的形成与成熟为这本书的研究奠定了基础。

感谢经济管理出版社相关人员付出的艰辛劳动和所做的工作。本书在撰写中参考了大量的文献资料和科研成果，虽然已经尽最大可能注明，但难免挂万漏一，敬请原谅和指正。受时间和精力的限制，书中难免有不足之处，希望批评指正，以指导我们今后更好地开展研究。

游和远

2020 年 10 月 1 日